実務家が語る取締役会のいまと今後の展望

上場企業のコーポレートガバナンスに関する
大規模実態調査を踏まえて

三菱UFJ信託銀行 コーポレートガバナンス実務者研究会 ［編著］

◆

Corporate Governance

商事法務

◇はしがき

　本書は、三菱 UFJ 信託銀行が主催するコーポレートガバナンス実務者研究会におけるこれまでの議論をとりまとめたものである。

　本研究会は、上場企業の在るべきコーポレートガバナンス体制や運営について調査・研究するとの目的の下、コーポレートガバナンスについて先進的な取組みを行う以下の企業から、ガバナンス実務の第一線を担う実務家が参加している。

第 1 期（2019 年 11 月〜2021 年 3 月）
　ＮＴＴドコモ、グリー、セブン＆アイ・ホールディングス、リクルートホールディングス
第 2 期（2021 年 7 月〜2022 年 3 月）
　Ｊ．フロント リテイリング、Ｔ＆Ｄホールディングス、ピジョン、富士通、本田技研工業
第 3 期（2022 年 8 月〜2023 年 3 月）
　アドバンテスト、いすゞ自動車、小松製作所、ＴＢＳホールディングス、野村ホールディングス
第 4 期（2023 年 10 月〜2024 年 3 月）
　味の素、双日、日東電工、日本航空、ブラザー工業

　また、本研究会は、2019 年の発足以来、会社法やコーポレートガバナンスの分野でご活躍の後藤元教授（東京大学大学院法学政治学研究科）、倉橋雄作弁護士（倉橋法律事務所。2023 年 3 月まで中村・角田・松本法律事務所）、塚本英巨弁護士（アンダーソン・毛利・友常法律事務所外国法共同事業）に指導を仰ぎ、第 4 期は、後藤元教授に代わって得津晶教授（一橋大学大学院法学研究科）をお迎えしている。

　本研究会は、これら構成員により、昨今のコーポレートガバナンスに関するトピックスについて議論を交わし、今後の取締役会運営等にかかる実務の在り方について一定の方向性を見出す取組みを継続してきた。また、本研究会は、これらの議論の成果を、実務に悩む企業に広く還元することを掲げている。本書はかかる方針に基づき刊行するものである。

i

　本書は、本研究会のこれまでの議論を集約しつつ、注目すべき取組みを実施している企業に対するインタビューの内容も掲載した。さらに、後藤教授、倉橋弁護士、塚本弁護士からは、近時のガバナンス上の重要テーマに関する寄稿を賜り、各章末尾にこれを付した。本研究会に対する日々のご指導も含め、先生方には心より御礼を申し上げたい。

　本書には、弊社の「ガバナンスリサーチ®2023」の調査結果を多分に盛り込んでいる。ガバナンスリサーチは、上場企業向けのコーポレートガバナンスに関する本邦最大級のアンケート調査であり、2023年度調査では、1,306社が参加した。ガバナンスリサーチの調査結果からは、コーポレートガバナンスに関し、いま各社が何に取り組み、何に悩んでいるのかが明らかになっている。

　コーポレートガバナンスの世界は、「形式から実質へ」といわれるようになって久しい。各種委員会の設置など、コーポレートガバナンス・コード等を背景とする外形的な体制の整備は、多くの企業で一巡したと思われ、今後は自社に即した実効的な取組みを行うことが肝要である。本書が、かかる環境において、ガバナンス実務に真摯に取り組む皆様の一助になれば幸甚である。

2024年5月
三菱UFJ信託銀行　法人コンサルティング部
コーポレートガバナンス実務者研究会事務局

目　次

資料編

CG コード	東京証券取引所「コーポレートガバナンス・コード」（2021 年 6 月 11 日改訂）
CGS ガイドライン	経済産業省「コーポレート・ガバナンス・システムに関する実務指針」（2022 年 7 月 19 日改訂）
対話ガイドライン	金融庁「投資家と企業の対話ガイドライン」（2021 年 6 月 11 日改訂）
社外取締役ガイドライン	経済産業省「社外取締役の在り方に関する実務指針」（2020 年 7 月 31 日策定）
ガバナンスリサーチ	三菱 UFJ 信託銀行が実施する上場企業向けのコーポレートガバナンスに関する本邦最大級のアンケート調査。なお、「ガバナンスリサーチ」は三菱 UFJ 信託銀行株式会社の登録商標である。

◇コーポレートガバナンス実務者研究会 ディスカッション参加者等

※各参加者の肩書は原則としてディスカッション参加当時のものである。

〈第 1 期参加企業〉

　グリー株式会社 コーポレート本部 総務部長　松村真弓

　株式会社リクルートホールディングス 経営企画部 リーダー　川口智広

〈第 2 期参加企業〉

　Ｊ．フロント リテイリング株式会社 法務部長　加藤崇司

　株式会社Ｔ＆Ｄホールディングス 総務部総務課長　半田達也

　ピジョン株式会社 法務部 シニアマネージャー　金森宗義

　富士通株式会社 コーポレートガバナンス法務部 シニアマネージャー
　前田倫子

〈第 3 期参加企業〉

　株式会社アドバンテスト 総務部 総務課長　石井利幸

　いすゞ自動車株式会社 事業推進部 ガバナンスグループ グループリーダー
　加藤淳

　株式会社小松製作所 総務部 文書課 課長　青島聡子

　株式会社ＴＢＳホールディングス 総務局コーポレート業務推進部 担当部長
　小山秀之

　野村ホールディングス株式会社 経営企画部 ヴァイス・プレジデント
　高良大地

〈常任顧問〉

　東京大学大学院法学政治学研究科 教授　後藤元

　倉橋法律事務所（2023 年 3 月まで中村・角田・松本法律事務所）弁護士
　倉橋雄作

　アンダーソン・毛利・友常法律事務所外国法共同事業 弁護士　塚本英巨

〈事務局〉

　三菱 UFJ 信託銀行株式会社 法人コンサルティング部

コーポレートガバナンス実務者研究会　ディスカッション参加者等

〈ファシリテーター〉

　法人コンサルティング部

　　マスターフェロー　牧野達也

　　部付部長　中川雅博

〈本書の監修〉

　法人コンサルティング部　会社法務グループ

　　グループマネージャー　梅澤典男

　　上級調査役　野村剛宏

　　調査役　白木絵利加

　　調査役　椎名洋平

〈「インタビュー」担当〉

　法人コンサルティング部　会社法務グループ

　　上級調査役　野村剛宏、調査役　白木絵利加（第1章）

　同　コーポレート・ガバナンス戦略グループ

　　シニアコンサルタント　神野敬司（第2章、第3章）

　　コンサルタント　籠島淳矢（第3章）

〈「三菱UFJ信託銀行の視点」執筆担当〉

　法人コンサルティング部　会社法務グループ

　　上級調査役　野村剛宏、調査役　白木絵利加（第1章）

　同　コーポレート・ガバナンス戦略グループ

　　主席コンサルタント　佐川裕一（第2章）

　　コンサルタント　志村保（第3章）

第1章

取締役会の役割・運営、社外取締役の活用

研究会におけるディスカッション

1 独立社外取締役の比率・役割と取締役会の役割

- 2021年6月のCGコードの改訂により、プライム市場上場会社は、取締役会の構成として独立社外取締役を3分の1以上（必要と考える会社は過半数）選任すべきことが定められた（原則4－8）。この原則の実務上の影響は大きく、上場会社では、独立社外取締役の増加・比率向上が着実に図られている。一方で、その割合の独立社外取締役を選任する必要性について、上場会社において本質的な理解が進んでいるであろうか。形式的なコード対応がなされているという側面はないであろうか。独立社外取締役が「過半数」になると、取締役会において、独立社外取締役の反対を押し切って議案を承認するということは成し得ない。その意味では「過半数」は、取締役会の均衡を変えるといえる。もっとも、日本の取締役会の実務として、全会一致の決議を原則としている会社も多いと思われ、その意味では、独立社外取締役の反対票は、1票以上の意味をもつとも考えられる。そう考えると、「3分の1」でも「過半数」でも、実際には大きな運営上の変化はないとの評価もできよう。日本の実務はこのまま「3分の1」から「過半数」へと進んでいくだろうか。

- また、独立社外取締役の適切な割合は、自社における独立社外取締役の役割をどう考え、ひいては自社の取締役会の役割をどう考えるかから導き出されるものであるといえよう。三菱UFJ信託銀行が上場企業に対して実施したアンケート調査（ガバナンスリサーチ）によれば、独立社外取締役に求める役割として、「助言」や「監督」があげられているが、果たしてそのいずれが適切であろうか。独立社外取締役に対して求める役割は、取締役会に対して求める役割とも連動する。この点、経済産業省

- の CGS ガイドラインの改訂（2022 年 7 月）において、取締役会が果たすべき役割としての「監督」の意味が整理されるとともに、取締役会の役割と機関設計の関係が整理された。これらについて、実務はどう対応すべきであろうか。

- さらに、同ガイドラインでは、米国における Board3.0 に関する議論を踏まえ、日本でも資本市場を意識した経営に関する知識等を備えた者を取締役として選任することが選択肢の一つであるとして言及された。Board3.0 については、実務家の間で、一時期大きな関心を集めたが、必ずしもその本質が正しく伝わっていなかったようにも思われる。この議論の本質はどこにあるであろうか。

- 開示の面からは、令和元年（2019 年）改正会社法により、社外取締役に期待される役割が事業報告の記載事項となった。また、CG コード補充原則 4－11 ①の改訂（2021 年 6 月）により、スキル・マトリックスの開示が一般的となった。どのように作成・開示すべきか、当初は実務家を悩ませたこれらについて、数年を経て、現在は一応の落ち着きをみせたようにみえる。しかし、双方の開示の連動性が乏しい、またスキル・マトリックスについては、会社の戦略等を踏まえたストーリー性を感じにくい、形式的開示になってしまっているということはないか。
　──1 では以上の論点に関する議論を紹介する。

(1)　独立社外取締役の比率―「3 分の 1」と「過半数」―、規律の変化にどう向き合うか

【原則 4－8.　独立社外取締役の有効な活用】
　独立社外取締役は会社の持続的な成長と中長期的な企業価値の向上に寄与するように役割・責務を果たすべきであり、上場会社はそのような資質を十分に備えた独立社外取締役を少なくとも 2 名以上選任すべきである。
　また、業種・規模・事業特性・機関設計・会社をとりまく環境等を総合的に勘案して、自主的な判断により、少なくとも 3 分の 1 以上の独立社外取締役を選任することが必要と考える上場会社は、上記にかかわらず、そのための取組み方針を開示十分な人数の独立社外取締役を選任すべきである。

(出所) CG コード（2018 年 6 月改訂版。改訂時の履歴付き）

> 【原則４−８. 独立社外取締役の有効な活用】
>
> 　独立社外取締役は会社の持続的な成長と中長期的な企業価値の向上に寄与するように役割・責務を果たすべきであり、プライム市場上場会社はそのような資質を十分に備えた独立社外取締役を少なくとも２名３分の１（その他の市場の上場会社においては２名）以上選任すべきである。
>
> 　また、上記にかかわらず、業種・規模・事業特性・機関設計・会社をとりまく環境等を総合的に勘案して、少なくとも３分の１以上過半数の独立社外取締役を選任することが必要と考えるプライム市場上場会社（その他の市場の上場会社においては少なくも３分の１以上の独立社外取締役を選任することが必要と考える上場会社）は、上記にかかわらず、十分な人数の独立社外取締役を選任すべきである。

（出所）CG コード（2021 年 6 月改訂版。改訂時の履歴付き）

▷ファシリテーター（三菱 UFJ 信託銀行）

　最初のテーマとして、独立社外取締役の比率を取り上げます。CG コードにおける、独立社外取締役の比率に関する規律である原則 4-8 は、プライム市場上場企業は３分の１、そして必要と考える場合には過半数といった形に変わってきています。また、ガバナンスリサーチは、独立社外取締役の理想の構成割合について、各社のお考えを明らかにしています[1]。また、３分の１以上の選任を求める機関投資家も多くなっています（図表 1-1）。

　皆様は、CG コードの規律の変化をどのように捉えていらっしゃるでしょうか。また、独立社外取締役比率は、（独立）社外取締役の役割、ひいては取締役会の役割をどう考えるかという点と密接に関わると思います。独立社外取締役の比率に関するご意見をうかがったのち、これらに関する議論に入ってまいりたいと思います。

---

1)　Q1（207 頁）。なお、取締役の員数について Q2（207 頁）、取締役会の多様性について Q3（208 頁）。派生論点として、昨今注目される女性役員比率向上について Q4（208 頁）。

図表 1-1

機関投資家	「社外取締役の数・比率」に関する議決権行使基準の主な内容
アセットマネジメント One	✓社外取締役が 2 名以上でない場合、または 1/3 以上でない場合、代表取締役に原則反対。指名委員会等設置会社の場合は、指名委員会の構成員に原則反対
三菱 UFJ 信託銀行	✓独立性のある社外取締役が 2 名以上かつ 1/3 以上でない場合、取締役候補者全員に反対
三井住友トラスト・アセットマネジメント	✓独立社外取締役が 2 名以上かつ 1/3 以上（プライム市場上場会社以外は 2 名以上）でない場合、取締役選任に反対
りそなアセットマネジメント	✓独立性のある社外取締役が 1/3 以上選任されていない場合、合理的かつ納得性のある説明がなければ、代表取締役の選任に反対。指名委員会等設置会社の場合は、指名委員の取締役再任にも反対
ブラックロック・ジャパン	✓独立社外取締役 2 名以上（監査役設置会社で買収防衛策導入の場合および監査等委員会設置会社は独立社外取締役 1/3 以上、指名委員会等設置会社は独立社外取締役半数以上）でない場合、取締役会構成に責任を有する取締役の選任に反対
野村アセットマネジメント	✓社外取締役が過半数に満たない場合、会長・社長等の取締役再任に原則として反対 ✓ただし、2024 年 10 月までは社外取締役が 1/3 を下回る場合、2024 年 11 月以降は「指名に関するガバナンス」を整備している場合で社外取締役が 1/3 を下回る場合に、会長・社長等の取締役選任に反対 ※「指名に関するガバナンスを整備している場合」とは、法定又は任意の指名委員会を設置し、その委員に 2 名以上の社外取締役を含み、かつ委員のうち社内取締役の人数が社外取締役の人数より少ない場合をいう
大和アセットマネジメント	✓独立社外取締役 2 名以上（プライム市場上場会社は 2 名以上かつ 1/3 以上）でない場合、代表取締役（代表執行役）の再任に反対
日興アセットマネジメント	✓独立社外取締役が 2 名以上かつ 1/3 以上選任されない場合、原則として経営トップである取締役選任議案に反対

※2024 年 4 月時点

▷石井（アドバンテスト）

　当社では 2022 年 6 月総会後の時点では独立社外取締役比率は 45% です（その後 2023 年 6 月より過半数）。私個人としては独立社外取締役が

研究会参加企業の役員の状況等

| 社名 | 機関設計 | 役員の状況 | | | | 東証市場区分 |
| | | 2022年6月総会後 | | 2023年6月総会後 | | |
		取締役員数（独立社外取締役員数）[独立社外取締役比率]	監査役員数（独立社外監査役員数）	取締役員数（独立社外取締役員数）[独立社外取締役比率]	監査役員数（独立社外監査役員数）	
アドバンテスト	監査等委員会設置会社2)	11 (5) [45.4%]	－	9 (5) [55.5%]	－	プライム
いすゞ自動車	監査等委員会設置会社3)	13 (5) [38.4%]	－	同左		
小松製作所	監査役会設置会社	9 (4) [44.4%]	5 (3)	同左		
ＴＢＳホールディングス	監査役会設置会社	9 (3) [33.3%]	5 (3)	10 (4) [40.0%]	5 (3)	
野村ホールディングス	指名委員会等設置会社4)	12 (8) [66.6%]	－	13 (9) [69.2%]	－	

過半数在籍することの最大のメリットは、機関投資家への訴求力ではないかと思っています。

　世間的には、独立社外取締役が過半数いると代表取締役を社外取締役主導で変更できるといわれていますが、では独立社外取締役が3分の1では変更できないのかという話になると、個人的には必ずしもそうではないと考えています。変更議案への賛成が3分の1で、否決されましたとなった場合でも、仮に独立社外取締役が全員辞任しましたとなった場合、代表

2) 2015年に監査役会設置会社から移行。
3) 2021年に監査役会設置会社から移行。
4) 2003年に監査役会設置会社から移行。

取締役側には大きな説明責任が発生します。3分の1であったとしても、社外取締役を辞任するくらいの覚悟があれば、実際には代表取締役を代えることができるのではないかと個人的には思っています。

　そう考えると、代表取締役の変更というような観点からみると、過半数にメリットがあるというのは少し違和感があるかなと思います。一方で、機関投資家への説明責任・説得力という観点であれば、独立社外取締役が過半数在籍することは重要な要素であると考えています。

▷加藤（いすゞ自動車）

　取締役会の実効性評価において適切と考える社外取締役比率を聞くことがありまして、「現状の環境を踏まえると3分の1程度が適切ではないか」という意見もあれば、一方で、「もっと社外の比率を上げたほうが議論が活性化する」という意見もあります。

　もしかしたら、社内取締役は今の比率に満足し、社外取締役はもっと自分と同じ属性の人が欲しいと思うトレンドもあるのではないかと思っていまして、その辺を少しお聞かせいただければなと思います。

▷塚本（アンダーソン・毛利・友常法律事務所外国法共同事業）

　一般論としては、社長の影響力が大きい会社が多いと思いますので、社外取締役からしたら、その人数が多く、また、割合も高いほうがいろいろとやりやすいと思っている人たちもいるのではないかと感じています。

　社外取締役を過半数とすべきかどうかという点は、誰が、社長をはじめとする執行陣を選び、また、場合によっては交代することについての意思決定を、取締役の多数派として行っているかという、取締役会の在り方の本質に関わる問題です。

　アドバンテストの石井さんのおっしゃるとおり、社外取締役が3分の1に留まる場合であろうと、社外取締役として、やるべきことはやり、場合によっては辞任する覚悟も持っていないといけないというのは確かにそうなのですが、そこまでの覚悟を持って就任している社外取締役がどこまでいるのかという問題もあろうかと思います。

　社外取締役が過半数の場合も、社外取締役自身が社長の候補者を一から

探すということではありませんが、多数派である以上、社外取締役が責任をもって社長の候補者を評価して選ぶ必要があり、選び方も変わり得ますので、個人的には、社外取締役が過半数いるかどうかで、本質的な違いが生ずると思っています。

▷倉橋（中村・角田・松本法律事務所）

　アドバンテストの石井さんのご意見と同意見です。社長の交代の転機、トリガーになるかどうかという観点でいくと、社外取締役が３分の１もいれば、大きな質的な変容があると思います。仮に社外取締役が過半数いたら劇的な変化があるかと考えてみると、社外取締役が自ら次の社長を見つけてこられるかというと、社内の人材リソースについて精通していない限り社内人材を次の社長に見つけてくることもできませんし、どこかの人材コンサルに頼んで、良い経営者を連れてこられるかというと、そのようなことは社外取締役が責任を持って完遂できるとは思いません。それはグローバルにみても同じなのではないかと思います。

　結局、社長の交代が起こるときとは、社内的なクーデターといいますか、社内政治が健全に起こることによって、社長が交代するということではないかと思います。社外取締役が３分の１いれば、社内の政治が起こったときに、社外取締役を説得したなら取締役会の過半数を握ることになるので、３分の１でも十分に、いい意味で政治という言葉を使っていますけれども、そういったポジティブな意味での政治が起こる仕組みになりますから、十分機能するのではないかと私は思います。

▷後藤（東京大学）

　まず、CG コードが３分の１まで段階的に引き上げてきたこと自体は、私は非常に意味があったことだと思っております。アメリカなどの実証研究を見たりしても、会社によって最適な社外取締役比率というものは異なっており、各社が最適なものを選ぶべきであって、「ノー・ワン・サイズ・フィッツ・オール」だということがいわれるわけですが、他方で、一連のガバナンス改革以前の日本で見られた「０人」というワンサイズがフィッツ・オールなわけではもちろんない。また、「１人」も「２人」も、

やはり少し少ないと言えば少ないけれども、まずはそこから始めて、取りあえず一つのきりのいい数字として「3 分の 1」というのが、一種のゴールになり得るかなと以前から思っていたのですけれども、2010 年ごろから議論が始まったとして、そこまで 10 年かけてたどり着いたということは、日本らしく時間はかかったけれども、非常に結構なことかなと思います。

　現状では 3 分の 1 がベストプラクティスということになろうとしているわけですが、今後はそれが一種のミニマムスタンダードとなっていくかと思います。そのうえで、それ以上の独立性を求めるのかどうか、そこから本当の意味での各社の選択というのが始まるのだろうなと思っております。

　そのうえで、今の倉橋先生のご意見に対してですが、社外取締役が過半数いると、取締役会が有能な経営者を解任してしまうことがありうる、よくスティーブ・ジョブズを Apple の取締役会が首にした例が挙げられますが、そういう問題があると指摘されることがある一方で、3 分の 1 でも十分ガバナンスが効く会社はあるということかと思います。ただし、3 分の 1 の意見が十分尊重されるかは、やはり会社のそれまでの歴史ですとか、風土とか、あと一番大きいのは株主構成だと思いますが、こういった要素に左右されるので、それらの状況次第ではやはり過半数いたほうがうまくいくのではないかと思われる方もいるような気がいたします。

　結局その会社にとっての最適なレベルはどこでしょうという話で、それが 3 分の 1 でもうまく機能させられるし、従来もきちんとやってきましたということであれば、それで良いということかと思いますが、問題はそれを投資家がどれだけ理解してくれているかだと思います。機関投資家に取締役会の過半数の社外取締役を置いてくれといわれるのは、よくみてもらえていないからなのか、それともやはりどこか物足りないところがあると感じられているからなのか。後者だとすると、その原因が何なのかを突き止める作業はしっかりしたほうがいいと思います。

▷倉橋（中村・角田・松本法律事務所）

　過半数か、3分の1かでいくと、私はたとえばボードの構成が過半数を超え始めると、そこで過半数で止まらなくて、一気にCEO、CFO、COOが2名か3名くらいいて、あとは全員社外取締役で、実は現場に責任を持っている方も皆、オフィサーに下りていくほうに行ってしまうと思います。そのような取締役会が企業価値向上に資する会社もあると思いますし、逆にデメリットが強く発生する会社もあるのではないかと思います。

　どういう問題意識かというと、その取締役会のCEOとその右腕のCFOがいて、あとは全員社外取締役ばかりになると、結局、社外取締役が普段接しているのはCEOとなり、情報源がCEOに依存していってしまうと思います。そうすると、昔から議論されていますが、情報という意味でボードがCEOに依存し、社外取締役がイニシアティブを発揮するような社長交代が起こりにくくなる、そういった弊害もあるのかなとも思います。

　何を申し上げたいかというと、取締役会の構成をどうすれば社長のサクセッションが上手くいく、という単純な話ではなく、より重要であるのは社外取締役の機能発揮のための条件をいかに充足するかにあるのではないか。社外取締役が重要なプレゼンスを持つ中で、その社外取締役にどのようにして、市場には表れないプライベートの情報を出していくのか。いわゆる360度評価ではないですけれど、CEOの仕事ぶりについての定性的な評価が可能になるような情報をいかに出すかというところがポイントで、むしろそちらの仕組みのほうの議論に焦点を当てなければいけないのではないかと、あえて申し上げています。

　結局、社外取締役が持っている情報は、株価であったり、ピア比較といった同業他社との比較で自社だけ沈んでいるとか、そういったことになってくると、そういった資本市場が持っている情報だけで行動していくことになってしまって意味があるのかとか、そのような問題意識で申し上げました。

　もちろん他方で、機関投資家についてはわかりやすく過半数にしたほうがレーティングが上がるとか、説明が楽だとか、そういった話はもちろん

あるとは思いますが、実質をみていくと過半数かどうかで CEO のサクセッションがいい意味で機能するかどうかというのは、少し違うのではないかなという問題意識もあります。

▷後藤（東京大学）

　いまの倉橋先生のご意見については、おっしゃるとおりで、確かに過半数では止まらないのではないかということはあるかもしれません。

　結局、一番重要になるのは、情報が入ってきて判断できるかということかと思います。アメリカで金融危機以降ずっと議論されていたのは、多くの社外取締役から成るボードは実はその点で弱みがあったということで、今、倉橋先生がおっしゃったことそのものです。Board3.0 というのも、取締役会にどうやって情報を上げるかということにつながってくる話なのかと思います。

▷ファシリテーター（三菱 UFJ 信託銀行）

　本研究会の過去の議論では、ある企業から、「今後過半数をどうやって目指していくかというお話は、社外の人数を増やすよりも社内の人数をどうやって減らすかというところにポイントがある。従業員にとって、社内取締役というのはある意味〝上がりのポジション〟という認識があるので、その意識をどのように変えていくかというのは現実の課題としてあるように思う」とのご発言もありました。また、別の企業からは「もしかしたら、社内の人ほど今の比率で満足されているのではないか、そこに社外取締役と認識のギャップがあるのではないか」とのご趣旨のご発言もあり、共通した問題意識を感じます。独立社外取締役の比率向上を考える場合、社内の意識改革も必要になってくるといえそうです。

　⑵　社外取締役に求める役割・経験、取締役会に求める役割

▷ファシリテーター（三菱 UFJ 信託銀行）

　社外取締役の適切な比率を考えるうえでは、社外取締役に何を求めるかという検討が不可欠だと思います。また、過去の本研究会では、社外取締役の役割がどうあるべきかは、取締役会の役割をどのようなものとして位

置づけるのかによって変わってくるという議論がありました。

　取締役会の機能に関しては、伝統的には、重要な業務執行の決定を行うマネジメントボードとしての取締役会には「助言」機能が求められてきた、その結果として社外取締役にも「助言」機能を求めてきたものと理解しています。一方、CG コードが前提とするモニタリングボード（モニタリング型の取締役会）では、「監督」機能が重要といわれてきました。その結果、社外取締役の監督機能が重視されるようになってきたと思います。

　ガバナンスリサーチは、独立社外取締役に求める役割や、経験・スキルについて各社の考えを明らかにしています[5]。

　また、CGS ガイドラインでも言及されたように、この取締役会の役割は、機関設計とも密接にかかわってくるところです（図表1-2）。

　これらを踏まえ、まずは取締役会に求める役割についての各社の認識を伺いたいと思います。

図表1-2
○　取締役会の典型的な姿は、以下のとおり、(A) 取締役会を監督に特化させることを志向するモデル、(B) 取締役会の意思決定機能を重視しつつ取締役会内外の監督機能の強化を志向するモデルの二つに大別される。

	(A)取締役会を監督に特化させることを志向する会社	(B)取締役会の意思決定機能を重視しつつ取締役会内外の監督機能の強化を志向する会社
機関設計	典型的には指名委員会等設置会社、監査等委員会設置会社	典型的には監査役設置会社
権限移譲	個別の業務執行決定は執行側に大幅に権限移譲	個別の業務執行決定のうち重要性の低いものは執行側に権限移譲
構成	社外者が中心	社内の業務執行者が中心（他方で、監督機能の確保のために一定数の社外取締役を選任）
指名委員会・報酬委員会	審議の効率化のために、指名委員会、報酬委員会に対してタスクアウト（委員会の決定内容は必ずしも取締役会を拘束する必要はない）	監督機能の確保のために、社外者中心の指名委員会、報酬委員会を設置し、タスクアウト（委員会の決定内容は取締役会において尊重される必要がある）
開催頻度	個別の業務執行の決定は最小限であるため、頻度は相対的に少ない（但し、経営戦略の議論などに充てるため、頻繁に開催することも考えられる）	個別の業務執行の決定を相当数行うため、迅速性を損なわないために、頻度は相対的に多いことが想定される

（出所）CGS ガイドライン 13 頁

---

5)　Q5（209 頁）、Q6（209 頁）。

▷石井（アドバンテスト）

当社が監査等委員会設置会社ということをかんがみますと、どちらかというと監視・監督を志向するかたちとなりますが、現実的には、どこまで監視・監督に特化できるのかと思っています。

▷加藤（いすゞ自動車）

当社も2021年に監査等委員会設置会社に移行しましたが、当時、2つの移行目的を挙げました。

1つは「意思決定の合理性とスピードを高めたい」ということ、もう1つは「取締役会における監督機能を強化したい」ということです。現時点では先ほどの資料でいう監督機能へ特化までは至っていないというのが正直なところでございます。

具体的には、執行と監督の分離を進めていくという考え方の中で、執行権限はその事業のプロである社内の役員会である経営会議に委譲しています。その代わり経営会議は、取締役会に対してきちんと説明責任を果たす、取締役会はその執行状況を適切にモニタリングしていくという理念で1年半ほど前からスタートしております。

1年半経過しましたが、取締役会、特に社外取締役に対して説明責任を果たすという点は、非常にいい意味での緊張感が醸成されてきて、かなり社内浸透してきたというところでございます。

▷青島（小松製作所）

当社は監査役会設置会社なのですが、取締役会については監督機能が重要だと考えております。当社は業務執行に関しましては、ほとんどステアリングコミッティーとか社長も出席するような別の委員会で詳細について議論されて、取締役会では社外の方の発言でほとんど時間が埋まっている状態ではあります。

ただ、取締役会の議事については見直しをしており、付議する基準が低過ぎるということと、もともと取締役会の議題にしている件数が多過ぎて、迅速性を欠いている取締役会になっているのではないかとの意見があり、合理性と迅速性を増すため、議題を少なくするために基準を上げると

いうことも検討しています。

　当社は、社外取締役は3分の1以上入れていてご意見を頂いています。当社では重要な決議事項に関しては、討議と決議と2通り、必ず取締役会に掛けることにしているのですが、実際に社外取締役のご意見によって、討議の段階の次の決議に行けないということもありますので、その点、機能しているといえるのではないかと思っております。

▷小山（TBS ホールディングス）

　当社の場合、監査役会設置会社ですので、Ａのモニタリング型までいかずに、どちらかというとＢのマネジメント型、またホールディングスでもありますので、よく言えばハイブリッド型に近いかと思っています。当社の場合、社外取締役は3名（現在は4名）いまして、いわゆる事業会社の経営のトップあるいはそれに近い経営経験のある方が入っております。昨年（2021年）に中期経営計画である中計2023といわゆる長期VISION、VISION2030と呼んでいるのですが、そういったものを策定しまして、中計2023およびVISION2030の達成に向けてさまざまな投資案件がありますので、いろいろな重要な業務執行の決定を行っております。

　先ほど小松製作所の青島さんのご意見にもありましたけれども、当社の場合も決議事項と報告事項のほかに審議事項というのがございます。重要な案件については1回で決議をせずに審議という形でいろいろなご意見をいただけるような形になっていますので、監督機能ということはもちろんですが、社外の方からいろいろなご意見、アドバイスをいただいて次のステップに進む。あるいは、審議事項の中で十分な議論や検討を尽くせなかったものや社外の方から厳しいご指摘が出たものについては、立ち止まってさらに時間をかけて検討をおこなうという案件もございましたので、最終的にはＡを目指す方向になるかもしれませんが、現状としてはハイブリッド型に近い形で進んでいるのかと思います。

▷高良（野村ホールディングス）

　当社は、ご紹介いただきましたように、指名委員会等設置会社になって

おりますので、やはりモニタリングボードということで、基本的には経営の監督に主眼が置かれていると理解しています。

当社はとりわけ社外取締役が過半数を占めておりますので、取締役会における議論については、やはり執行側から監督側にご理解いただくというスタンスになっていると思います。執行側から説明するに当たって本当にさまざまなご意見を頂戴しています。議案が完全に却下されてしまうということ自体はあまりないのですが、いろいろな宿題みたいなものをいただきまして、改めてまたその宿題に対して回答させていただく、次回または次々回の取締役会に持ってこさせていただくということは、よくある光景かと思っております。

ですので、もちろん監督ということになるのですが、監督していただきながら、こういった観点も見たらどうでしょうかと助言いただいているようにも思っております。この監督と助言の境目についてはなかなか難しいとも思うのですが、そのような機能を果たしていただいていると思います。

▷ファシリテーター(三菱UFJ信託銀行)

どうもありがとうございます。おっしゃるとおり、監督と助言の境目というのはわかりにくく、助言といっても監督に近いようなものもありうるのではないかという気もいたします。

(3)　「監督」と「助言」の二分論からの脱却
▷倉橋(中村・角田・松本法律事務所)

社外取締役のコメントによって案件の審議が差し戻しになることもあるとか、活発な議論が行われているということを頂戴しましたが、事務局として議論をご覧になられていて、こういう議題・議案は有益なアドバイスとか目からうろこの意見が得られて、執行側だけでは考えも付かなかったようなコメントが得やすい類型の議題・議案があるのか。逆に同じような付加価値の高い助言・コメントを期待しているのだけれども、なかなか得にくく、どうやってそれを促していくかについて悪戦苦闘されている類型の議案があるのか。もし何らか違いが見いだせるようでしたら、お考えを

お聞かせ願えないでしょうか。

　質問の趣旨としては、最後のほうにありました、助言と監督の線引きが難しいということもあって、助言と監督の二分論というのは、なかなか実務的な検討は進まないのかと考えています。むしろ付加価値の高い議論への貢献が期待できる領域というのはたとえばどういうところにあるのかなというのが問題意識です。

▷石井（アドバンテスト）

　先ほどのいわゆる助言と監督の二者択一的なところは、私も実は違和感を持っているところでございます。

　今、社外取締役を多く選任すべきとの流れがありますが、これは取締役会内部に DE&I（ダイバーシティ、エクイティ＆インクルージョン）を持つべきであるということに起因するものだと思っています。執行側の会議はあくまで内部での会議なので、外がどうみているのかということを別途検証しなければならないところがあります。多様な構成を持った取締役会で審議することで会社の意思決定に外部性の視点を取り入れることが必要になっていると思っています。

　私の認識として、助言と監督の二分論に立脚するのではなくて、そもそもそれらの上に社外取締役の外部性の視点というのがあるのだろうと思っています。

　その視点に基づいて、いろいろな助言と監督の両方を与えてくれるのが社外取締役であるという形と捉えています。

▷加藤（いすゞ自動車）

　私も助言と監督の二者択一は難しいと考えております。特に社外取締役が「これは助言」、「これは監督」と意識して何かご発言されているという実感はあまりありません。

　そういった中で、倉橋先生から「どういったお話を具体的になされているでしょうか」といった話があったと思いますが、具体的に思いつくのは、決算に関し、従来から用意していたシナリオと資料に基づいて事前に取締役会で説明したところ、「一般株主や広い意味でのステークホルダー

の皆さんが見たいポイントはそこではないのではないのか。もう少し背景から含めたストーリーを話すべきではないか」というご意見をいただきました。そういった貴重なご意見を、社外のお立場から頂戴した事例がございます。

▷高良（野村ホールディングス）

いろいろなご意見をいただけているのですが、特にというところでいいますとグローバルな観点からいっていただけることが結構ありまして、もちろん社内にも海外の方がたくさんおりますので、意見が上がってきてはいると思うのですが、やはり社外の方からいわれると一味違うのかというところがありまして。今、海外ではこういうことが起こっているとか、こういうことがホットトピックになっているのだというご指摘をいただくと、確かにそれはそうだなという形で執行側も結構腹落ちしてということがあるという印象がございます。

▷倉橋（中村・角田・松本法律事務所）

ありがとうございます。非常に示唆に富んだ考える材料を頂戴したと思います。助言と監督の二分論に違和感を持っていたので、今のお三方のご説明で、私もなるほどなと思ったところがありました。助言と監督は、助言というと一方通行でご意見を承る関係で、監督というと監督する側と監督される関係で結局、一方通行になっているのかと。

取締役会が本当にいい意味での議論をしようと思うと、社外取締役の意見をきっかけに、いい議論をしていくと。たとえばDE&I、IR、グローバルな視点など、外の視点をもらうことによって、執行側も考えるきっかけ、材料にすることができ、取締役会の議論が意味のあるものになっているのだろうと思いました。

もう1つお聞きしたいのですが、その流れで、そういった社外の外部性という言葉を使われましたけれども、社内の方が社外のコメントに対して、一方的に承る関係になっているのではなくて、対等の関係で議論がなされるような実務になっているのかどうか。それがあってこそ初めて意味がある議論になると思います。

そういった問題意識で、外部の意見を一方的に承るのではなくて、それをきっかけに議論がなされる風土がもしあるのであれば、お聞かせいただきたいです。なぜそういった姿が出来上がっているのかという実務上の工夫などがもしあれば、伺えればと思います。

▷高良（野村ホールディングス）

先ほども申し上げたとおりなのですが、社外の方々からもさまざまなコメントを承りまして、ではそれに従いますということではなくて、その点についてもう一度、取締役会の報告に上がりますという形がやはり一番多いかと思っております。ご質問いただいて回答に上がるという形になりますので、双方向が成立しているかと思います。

それを実現するための工夫ということでもないのですが、取締役会がありますと、当然事務局はメモを作っておりますので、そのメモの中でアクションが必要になりそうな項目は「ここが必要になっていると思います、つきましては、何回か先の取締役会であれば時間的余裕があります、ここに持っていこうと思います」など、早めに部長レベル、それから役員レベルに上げていますので、そういった議論がなされる体制になっているかと思います。

▷加藤（いすゞ自動車）

ちょうど倉橋先生がおっしゃったことを、つい先日社内で議論したばかりでございます。特に社外取締役から、ともすると執行サイドと監督サイド、取締役会と経営会議に上下関係がある形にみられてしまうかもしれないけれども、それだと決して良いほうには進まないと意見がありました。

これが対等というか、タイヤの両輪のようにうまく回ることによって、初めて企業価値向上に資する運営ができるので、決して取締役会から一方通行で何か指示が出るということではなく、それはぜひ経営会議のほうも意識をしてほしいという意見があったばかりでございまして、今お話を伺って改めて確認できたというところでございます。

具体的にどういう手法があるのかというのは、まさに今悩んでいるところでございます。

▷石井（アドバンテスト）

　今お二方の話に関連するとは思いますが、当社はどうしているかというと、野村ホールディングスさんと同様に、毎回、アクションを必要とする事項をリストアップしています。事務局がリストを作って議長に見せて、こういうような課題があるのだというのを、まず執行側に認識してもらっています。

　そこで認識した課題についての対応を議事録に書く形にしています。このようにやりますよというのを執行側、議長も含めて確認して、その結果、こうやりますと議事録に書くことによって、社外取締役もこのような形でやるのだなというのがはっきりわかるようになっています。

　リストアップした事項については完全に同意するものばかりではないので、「いや、そうじゃないよ」という意見があるのであれば、翌月の取締役会でディスカッションしていくという形でやっているというところが1つです。

　もう1つは、本当に重大な議題でしたら、皆さん多くの会社はそうだと思いますけれど、2回とか3回とか取締役会に諮ります。当然に2回3回諮るとしたら、1回目でAとかBとかいわれた場合については、それにどう対応するのかという打ち合わせが執行内で行われるので、一方通行になることは事実上ないと思っています。

▷青島（小松製作所）

　当社も双方向性になっていると思いますが、おそらくそれを支えているのが取締役会の資料に関しての運用上の工夫で、1週間前には資料をお送りして動画での補足説明等も先にお送りしています。その資料に対する質問については、取締役会の前からいただくような形になっていまして、取締役会の時にはそれに回答するようになっています。

　あと、議事録が発言記録かというほど詳細なものになっておりまして、その発言記録になっている議事録を毎回毎回こういった発言がありましたよねと社外の皆様にもご確認をしています。その時にこれについてはやはりもっと確認してほしいというものを事務局で承って、それを各部署に連携することもしておりますので、詳細な議事録が双方向性についても支え

ているのかと思います。

▷小山（TBS ホールディングス）

当社は、基本的には十分な審議を尽くすべき議案については事前説明をしていますので、取締役会当日、社外の方からいろいろお聞きしたものを踏まえて、キャッチボールするように心掛けております。

当社の社内取締役は6名で、1名が議長で、5名が業務執行をしていて、社外役員からの意見や質問に対してお答えします。できるだけ宿題を残さないように心掛けてお答えすることが基本スタンスかと思いますが、場合によっては検討しますと受けて宿題として引き取る場合もあります。引き取ったものについては事務局のほうで整理をして、次回以降の取締役会でその宿題について、業務執行取締役である回答者が主に社外の方に向けてご説明するように心掛けております。

▷後藤（東京大学）

倉橋先生のご指摘の点、大変勉強になりました。若干ロ幅ったい話になってしまうのですが、助言と監督という言葉を皆さんすごく気にされているのだなというのが印象です。これを強調し過ぎたことも昔あったのかなという気もしました。

助言か監督かということが強調されたのは、まだ社外取締役も全然いなかった10年くらい前に、なぜ社外取締役の設置を義務づけるのか、もしくは置くことが推奨されるのかということが議論されていた時に、助言であれば聞くか聞かないかは求める側の自由じゃないかという話があるのに対して、そうではなくて、やはり会社の経営を株主から預かっている経営陣としては、きちんと役割を果たせるかということを誰かにみてもらわなければいけないのであって、聞くかどうかが自由という話ではないということで、「助言」ではなくて「監督」だということがいわれていたのだと理解しています。

それで、「監督」をしても経営陣がいうことを聞かなかったら最後は首を切るとかという話になるわけですが、そこまで行くのはどちらにとってもあまりハッピーな状態ではなくて、むしろコストがかかるだけの話です

ので、株主の目線からの発言を社外取締役がしている場合には、きちんと
やっている経営陣であればあるほど、首切りになる前にきちんと受け止め
て考えて、受け入れるなり、それに打ち返して何か議論になるなりという
ことになると考えられます。そうすると、それは「助言」のような形に外
観的には見えるのですが、それは十分「監督」をやっていると評価できる
のではないかと思います。

　そういう意味では、もう「助言」か「監督」かという二分論ではないわ
けです。10 年前のこの議論の持っていた意味と、3 分の 1 は独立社外が
いるという前提で今行われていることをどう評価するかという時で、その
議論の意味が変わってきているということは考えてもいいのではないかと
思います。

(4)　Board3.0 の日本への適用

▷ファシリテーター(三菱 UFJ 信託銀行)

　Board3.0 については、経済産業省の CGS 研究会（コーポレート・ガバ
ナンス・システム研究会）で紹介されたことをきっかけに注目されること
となりましたが、本研究会では過去に以下のとおりその実質に注目すべき
との指摘がありました。

▷倉橋（中村・角田・松本法律事務所）

　日本で Board3.0 に言及される場合、ファンドから社外取締役を招へいす
るべきだとか、外国人を入れるべきだとかという結論に飛びつくことがある
わけですが、そういう結論に飛びつくような議論こそ、この Board3.0 の議
論が外形ガバナンスとして批判しているのではないかと思います。

　私は、「実質をみなければいけないのだ」という、根本的な批判こそ意味が
あるのではないかと思います。その根本的な批判がどこにあるかというと、
十分な情報、リスクテイクへの高いモチベーション、そして時間とエネル
ギーを投下する社外取締役でないと、価値を提供することはできないのでは
ないか、その実質が問われるのだということであり、この問題提起は、取締
役会の運営を考える上でも重要な課題なのではないかと思います。

▷後藤（東京大学）

　今、倉橋先生がおっしゃられたように、Board3.0 については、意味のあ
る議論になりそうなのだけれど、紹介のされ方次第では、かえって危うい面

もあるという認識でおります。要は外形の話でファンド出身の人を連れてくればいいのねとなってしまうと結局意味がないということもそのとおりかと思います。

　また、日本でこのモニタリングモデルの Board 2.0 というのがようやく根付いているとまでいっていいのか分かりませんけれども、そんなに斬新しい概念ではなくなってきましたが、それでも今はまだ途上にあるわけです。アメリカには当然まだ追い付いていないわけでして、社外取締役が取締役会の3分の1ぐらいまで、というところまでは来ましたというところです。そこでこの Board 3.0 というのが出てきました。

　この Gilson と Gordon も別にファンド出身の人を連れてこようということをいっているわけではなくて、ファンドがやっているようなことをできるようにすべきだということです。特に重要なのがこれは他の所でもいわれている話なのですが、出身がどうとかそういう話ではなく、お飾りでいるのではなくてきちんと手足となって動くような人が必要ですよということがいわれています。今まで全くなかったわけではないのでしょうけれども、それをもっとしっかりとしたものにしましょうということです。

　これは日本でいえばおそらく取締役会事務局ですとか監査役のスタッフがそれに近いことをやっていることはあるのかもしれませんけれども、そこはやはりそういうきちんとした組織があって、それがきちんと社外取締役側に付いているということが重要だよというのが1つなのかなということです。

　これを踏まえ、まず初めに、投資家・株主の関係者を取締役に招聘することについて、どう考えるかという点について議論してまいりたいと思います。

　野村ホールディングスさんのビクター・チュー社外取締役は、第一東方投資集団の CEO をお務めですので、Board3.0 の議論との関わりで、このビクター・チュー様を社外取締役に招聘された背景等についてご説明いただけますでしょうか。

▷高良（野村ホールディングス）

　当社は金融業ですので、投資といいますか金融に関する知見をお持ちであるということが、当社の社外取締役を務めていただくなら非常にプラスだなということで、まず選ばせていただいているということがございます。おっしゃっていただいたように、現在、投資集団のチェアマン兼 CEO ということではあるのですが、元々は海外の弁護士資格をお持ちで

したり、そういった法規制ですとかコーポレートガバナンスに関する専門性もお持ちですので、そういった観点からも適任かなというところで選ばせていただいているところでございます。また国籍といいますか海外の属性という点で、当社は米国系の社外取締役が多いのですが、ビクター・チューさんに関しましてはアジアを拠点にしているということがありますので、そういった観点からの多様性も含めてのご選任ということで考えております。

▷ファシリテーター(三菱 UFJ 信託銀行)

いわゆるこうした投資家、株主というか、投資集団の CEO の方ということでございますので、CGS ガイドラインのほうでも、そういった方を社外取締役として迎えるに当たっての留意点等が記載されております。このビクター・チュー社外取締役と野村ホールディングスさんとの間で何かそうした、一般的にいわれているような弊害が生じない方策など、ご対応されておられますでしょうか。

▷高良（野村ホールディングス）

当社もやはり金融業で、ビクター・チューさんも金融業ということから、コンフリクト等が生じてないかとか、あとは社外取締役の独立性の観点ですね。そういったところで当社との取引があって問題がないか等、そういった点は気を付けているというところであります。

▷ファシリテーター(三菱 UFJ 信託銀行)

ありがとうございます。そういった問題はやはりあって、その辺は 1 つの課題なのかなと思っています。

そうしましたら、他の参加企業の皆様方にお聞きしたいと思います。この投資家・株主の関係者の取締役の招聘について、社内でのご議論とか、あるいはご自身のご意見でも結構ですが、お考えをお聞かせいただければと思います。併せて経営戦略の策定や進捗状況についての監督について、社外取締役の方がどのように関与されているのかといったあたりも、課題認識等も含めてご紹介をいただければと思います。

▷石井（アドバンテスト）

　個人的には、投資家がボードメンバーでいるかどうかはいろいろな意見があって、各社各様であると思います。

　また、社外取締役の経営戦略等への関与については十分な関与をしていると認識しています。グランドデザインや中期経営計画を作る時には社外取締役に説明したうえで、取締役会に諮ります。取締役会だけで審議および決議するのではなくて、その前から社外取締役の意見を聴取するというステップを踏んでいます。

▷加藤（いすゞ自動車）

　今回のBoard3.0につきまして、知見がある方を呼ぶという趣旨はわからなくもないですが、2つの個人的な懸念があります。1つは先ほどご質問されていたように、情報の守秘義務の件です。どのようにすれば秘匿性を完全に担保できるのかという点は、個人的には疑問に思っています。もう1つは、彼らは会社からイグジットできてしまうのではないのかなと。出身母体が投資回収できたタイミングで辞めるという選択肢もあるのだとしたら、その意味では会社に対するコミットの深さが、いささか懸念を持たれるのではないかなというのが個人的な感想です。

　経営戦略の策定、進捗状況に対する社外取締役の関与については、複数回、取締役会で議論を重ねて公表していくということで、いろいろご意見をいただいています。やはり、ステークホルダーの目線を意識しながら会社の理念なりパーパスを、わかりやすいストーリーとして外に説明したほうがよいといったご意見は多数いただいています。

▷ファシリテーター（三菱UFJ信託銀行）

　ステークホルダーの目線から、いろいろご提案というかご提言等、そういったようなものが出ているということですね。

▷加藤（いすゞ自動車）

　はい。「市場がどうみるかをきちんと気にせよ」というようなことですね。

▷ファシリテーター(三菱UFJ信託銀行)

　ありがとうございます。では小松製作所さんはいかがでしょうか。

▷青島（小松製作所）

　個人的には、当社において中期経営計画や今の経営方針について、投資のスキルを持っている方を必要とする理由が思い当たりません。多様性という意味では、投資家を招聘することも戦略として重要性を増してくることがあるかもしれないですが、今のところそうは思っていません。

　あとは、当社は、たとえば「IAB(インターナショナル・アドバイザリー・ボード)」等、外部から組織を入れる時に、取締役会以外で組織を持つことが多いのですが、投資についての組織が必要なのであれば取締役である必要は特にないのかなというところがあります。また投資家として何か情報交換のような形であればエンゲージメントは通常行っておりますし、投資家に取締役として社内に入っていただく点につきまして、やはり、現時点ではその必要性を感じておりません。

　また、今年（2022年）、新中期経営計画を発表したところですが、その中期経営計画の作り方に当たっても何度も社外取締役も含めて議論して、意見も取り入れて策定をしており、経営戦略等について社外取締役の関与は深いほうだと思います。

▷ファシリテーター(三菱UFJ信託銀行)

　やはり社外の方ですので、業務に関する知見という観点では社内の方には劣るのかなと思うのですが、そういう観点で社外ならではのご提言やご発言等、そういったところは、やはりきちんとなされているということでしょうか。

▷青島（小松製作所）

　そうですね。経営者ご出身の方からは、他で案件戦略を作っていらっしゃった経験からのご提言をいただきますし、また環境や人権に関して知見をお持ちの方からは、そのスキルを活かしてその分野についての提言をいただく、その分野分野で得意なところにご意見をいただくという形で

す。

▷小山（TBS ホールディングス）

　当社は社外取締役に他社で CFO 業務を経験した方がいて、市場を意識した経営についてのご指摘やご意見をいただいていますので、そういったところから、資本市場を意識した知見を経営に反映できるように努めていると思っております。

　経営戦略の策定や進捗状況への社外取締役の関わり方については、当社は昨年（2021 年）、中期経営計画 2023、VISION2030 を発表して、今年（2022 年）に中計 2023 の改定をしました。その公表までに取締役会で 3 回ほど審議をして決議をしています。かなり時間をかけて社外の方からもご意見をいただいて、改善されていったものを最終的に決議して公表しております。そのため、社外の方もかなり深くコミットしていただいていると思います。

▷倉橋（中村・角田・松本法律事務所）

　投資家・株主の関係者や経営者のバックグラウンドについては、ものの考え方を一歩前に進めるべきなのではないかと思います。たとえば経営者だから、経営経験があるからいいのだとか、投資家・株主の関係者だからいいのだといったことを聞くと、それがどうしても外形的なスキル・マトリックスの話につながっていくので、それはガバナンスの実質化につながっていかないと思います。それを一歩前に進めるとなると、たとえば投資家・株主についてもファンド出身者なのか、アナリストなのか資本市場の経験があるのかという話だと思うのですが、そういった資本市場のバックグラウンドをお持ちの人は、業界に精通していて、我が社のことを他の企業と、同業他社と比較したうえで資本市場で評価しているはずだから、我が社のポジショニングも理解しているのではないかとか、資本市場のロジックを見たうえでのロジカルな考え方ができるのではないかとか。

　つまり投資家関係者、あるいは資本市場関係者であるからこそ、持っているはずの資質をどう考えるのかというところまでやっていくと、面白くなっていくと思います。経営経験者も、経営経験者だからいいのだという

ことではなくて、どういった経営環境、経営課題に対応してきた経営経験者であるのかというところまで一歩踏み込んで議論し始めていくと、スキル・マトリックスの考え方も実質的になっていくと思いますし、ボード・サクセションも実質的になっていくと思います。次のステップは投資家・株主や資本市場関係者等、経営経験者の中でも特にどういった資質、特性に着目しているからこそ、そのバックグラウンドなのだといったところに踏み込んでいくと、もう少しストーリーが出てくるようになっていく、などと感じております。

▷後藤（東京大学）

　会社のやっているビジネスの中身や状況により、どういう役割が社外取締役に期待されるかは変わってくると思いますが、私は投資家目線で会社のポートフォリオ等をきちんと考えて、その評価ができるということが社外取締役としては重要なのではないかと思います。日本企業は、あまりそれをシビアにやってこなかったということがよくいわれると思うのですが、特に事業部門を多く抱えてらっしゃるメーカーや商社等でそれが重要になってくるのではないでしょうか。そして、ワンサイズ・フィッツ・オールではないので、自分の会社に必要な人を連れてくるということなのだと思いますが、自社で必要なところが何か気づけないからこそ社外取締役が必要なのだとすると、そこが悩ましい話になるのかとは思っています。そうすると、結局は資本市場の経験のある人という話になってくると思います。

　他方で、Board3.0 の話で出てきたのは、PE ファンドのようなメカニズムで会社の中身まで手を入れて改善して、それがすごく自分の将来にもリターンとして返ってくる人という話ですが、こういう人と、さきほど申し上げたような、株式市場目線でポートフォリオをどう組むのがいいかということを考える人は、やっていることが違うということに注意する必要はあると思います。その意味で、資本市場関係者というのは、金融業界にいた人も全部入ってくるという話になってしまうと、これはやはり広すぎて違うのかなという気もしています。

　そういう意味では、何が正解なのか、答えは結局出せないのですが、も

27

う少し突っ込んでいってみないといけないのかなという気がしています。いま各社でいろいろと試行錯誤をされながら社外取締役を使おうとしているということかと思いますし、それはそれでよいものと思います。

(5)　社外取締役に期待する役割とその開示
▷ファシリテーター(三菱 UFJ 信託銀行)

各社で社外取締役の方に期待する内容につきまして、どのようなプロセスでそういうものを定義していったのか、さらには明文化したものを取締役会あるいは取締役の間でどう共有しているのか。この点につきまして、各社の実態はいかがでしょうか。

▷高良（野村ホールディングス）

社外取締役に期待する役割については、当社はコーポレート・ガバナンス・ガイドラインという形で公表しておりまして、監督だけではなくて経営に対する助言と問題提起というのも入れております。これは取締役会でこの内容を決議して公表しているものですので、社外取締役を含めた取締役の皆様にご了承をいただいているということになります。

（取締役の役割）

第 14 条　社外取締役は、独立した客観的な立場から執行役の職務執行を監督し、その経験と知見を活かして必要に応じて経営に対する助言や問題提起を行うことを、その主たる役割の一つとする。

　　　2.　社内出身の執行役を兼務しない取締役は、野村グループの業務に関する知見を活かし、取締役会の内外を問わず、経営に対する助言や問題提起を行うことを、その主たる役割の一つとする。

　　　3.　執行役を兼務する取締役は、取締役会が業務執行の状況や会社の状況を把握し、より実効的な経営監督機能を発揮できるよう、業務執行全般の状況を説明、報告することを、その主たる役割の一つとする。

（出所）野村ホールディングス　「野村ホールディングス コーポレート・ガバナンス・ガイドライン」

▷小山（TBS ホールディングス）

社外取締役に期待する役割ということで、当社の場合、主要事業は放送事業なのですが、中期経営計画である中計 2023 あるいは長期 VISION である VISION2030 の中で、放送事業はそれほど大きな成長が見込めない可能性があるという認識の中で、当社でいいますと不動産事業としての

地域の開発を含むまちづくりですとか、あるいは小売事業等も持っておりますので、10年かけて事業ポートフォリオを大きく変えていきましょうという大きな命題がございます。

　そういった中で社外取締役3名の方は、いずれも経営のプロフェッショナルな方でございますので、まさに助言・監督とありましたけれども、そういった方に、執行側が考え、提案していくものに対して、さまざまなご意見をいただいて、時間をかけて、事業ポートフォリオを変えていくためのアドバイス・監督をしていただくというところが一番期待する役割ではないかと思っております。

▷青島（小松製作所）

　当社は、監督のほうが重要だとは思っているのですが、その監督をするに当たって、当然なのですが、当社の社内取締役が持つスキルと両輪になる、監督するにもその面についてエキスパートというか専門性を持っていらっしゃらないと監督もできないだろうということもありまして、そういう考え方を持って選任をして、その専門性に期待しています。

　当社はその点は皆様、経営のトップであったり、ご経験豊富な方をそろえているのですが、その都度都度で経営に必要なこと、DXであったりグローバル化であったりに必要な方を新任で入れるという考え方をしております。それはもちろん選任をする前からご本人に個別に、このことを期待していて、こういったことを監督していただきたいですと、当社トップからも、人事部からもご説明をしております。

▷加藤（いすゞ自動車）

　もともと社外取締役をお呼びした時は、経営者としてのご経験や、当社の属する自動車産業に明るい方にご意見を頂戴することを期待していて、当然それは今も生きてはいるのですが、先ほどもDE＆Iという話もあったと思いますし、小松製作所の青島さんからスキル・マトリックスのお話もあったと思いますが、取締役会というチームの中で足りていない専門性、もしくは社内の常識にとらわれない角度や感度からご意見をいただきたいということを期待していると考えております。

当社の期待する定義を明文化したものはないのですが、それを取締役のメンバーが実感として共有し始めているということは、事務局として感じております。

▷石井（アドバンテスト）

取締役会の中で議論はいろいろされているところはございます。会社にはグランドデザインがあって、そのグランドデザインをベースとして中期経営計画が作られます。中期経営計画で、何をするのかということと、それについて必要なスキルは何かということを定義して、このスキルとこのスキルとこのスキルが必要であるからこの人を選任するというような流れがいいのではないかと思います。

(6) 取締役のスキル等についての特定のプロセスと、スキル・マトリックス

> 補充原則
> 4−11① 取締役会は、<u>経営戦略に照らして自らが備えるべきスキル等を特定した上で、</u>取締役会の全体としての知識・経験・能力のバランス、多様性及び規模に関する考え方を定め、各取締役の知識・経験・能力等を一覧化したいわゆるスキル・マトリックスをはじめ、経営環境や事業特性等に応じた適切な形で取締役の有する<u>スキル等の組み合わせを</u>取締役の選任に関する方針・手続と併せて開示すべきである。<u>その際、独立社外取締役には、他社での経営経験を有する者を含めるべきである。</u>

（出所）CG コード　補充原則 4-11 ①（2021 年 6 月の改訂前後の履歴付き）

▷ファシリテーター(三菱 UFJ 信託銀行)

次に、取締役のスキル等についての特定のプロセスと、スキル・マトリックスについての各社様の課題認識についてお聞かせいただければと思います。ガバナンスリサーチは、スキル・マトリックス作成に伴う工夫のポイントについて各社の状況を明らかにしております[6]。

6) Q7（210 頁）。

<ご参考> 株主総会後の取締役会のスキルマトリックス

※本招集ご通知記載の候補者を原案どおりすべてご選任いただいた場合、各取締役の専門性と経験は次のとおりとなります。

氏　名	独立社外	企業経営	財務会計	グローバル経験	法務・リスクマネジメント	ESG・サステナビリティ	営業・商品・マーケティング・アフターサービス	製造・技術・研究開発	IT・デジタル・DX
片山　正則		●	●				●		
髙橋　信一				●			●	●	
南　　真介		●	●					●	
池本　哲也		●						●	
藤森　　俊								●	●
山口　真宏		●		●				●	
柴田　光義	●	●		●		●		●	●
中山こずゑ	●	●	●				●		
進藤　哲彦	●			●		●			
藤森　正之		●	●						
宮崎　健司		●	●						
河村　寛治	●								
桜木　君枝	●					●	●	●	

■ スキル項目の選定理由

　当社のスキルマトリックスは、企業理念「『運ぶ』を支え、信頼されるパートナーとして、豊かな暮らし創りに貢献します。」の実現および「中期経営計画2024」で掲げた各課題の解決のために当社の取締役が持つべき知見・経験より構成されており、各スキル項目と各課題の関連性は以下のとおりです。

企業理念	「運ぶ」を支え、信頼されるパートナーとして、豊かな暮らし創りに貢献します。

中期経営計画2024

既存事業の拡大・収益向上
- ●商品/販売/サービス力強化
- ●ものづくり革新（アライアンスを最大限活用）

イノベーションの基軸
- ●カーボンニュートラル戦略
- ●進化する物流へ商用車メーカーとして貢献

ESGを視点とした経営の進化
- ●株主価値重視（ROE、配当性向）
- ●ガバナンス強化と開示充実
- ●イノベーションを創出する集団

→

適切に経営・事業をリードするための知見・経験
「企業経営」、「グローバル経験」、「製造・技術・研究開発」「営業・商品・マーケティング・アフターサービス」

適正な経営基盤を確立・維持するための知見・経験
「営業・商品・マーケティング・アフターサービス」、「製造・技術・研究開発」、「財務会計」、「法務・リスクマネジメント」

先進技術を活用した新たな経営を実現するための知見・経験
「IT・デジタル・DX」、「製造・技術・研究開発」

ステークホルダーの多様化・グローバル化に適応できる知見・経験
「ESG・サステナビリティ」、「財務会計」、「法務・リスクマネジメント」、「IT・デジタル・DX」、「製造・技術・研究開発」

（出所）いすゞ自動車「2022 年 6 月定時株主総会招集通知」

いすゞ自動車さんにおいては、スキル項目の選定理由について、企業理念、中期経営計画に照らしてという旨を掲載されております。このように掲載されるに至った背景などをお聞かせいただければと思います。

▷加藤（いすゞ自動車）

　これは機関投資家とのエンゲージメントの中で、「こういった見せ方をしてくれるとありがたい」という声がいくつかありましたので、トライして書いてみたというところです。実際には中期経営計画を達成するために必要な資質や能力というものを棚卸しして、それでスキルを特定したという流れで作りました。

▷ファシリテーター（三菱UFJ信託銀行）

　このスキル・マトリックスについての課題認識は何かございますでしょうか。

▷加藤（いすゞ自動車）

　この説明ぶりだと次の中期経営計画になった時に、必ずしも同じスキルになるということはないのかなとは思っています。環境だとかステージが変わることによって求められるスキルは違ってきて当然だと思いますが、一方でもう少し長期的な視点でのスキルの設定が必要なのかなと悩んでいるところです。

▷ファシリテーター（三菱UFJ信託銀行）

　他の参加企業さん、TBSホールディングスさんもそのような選定理由等が書かれていると思います。小山様、これらを書くに至った背景等も含めて、その特定のプロセスあるいは課題認識等をご披露いただけますでしょうか。

▷小山（TBSホールディングス）

　当社の場合、中期経営計画・長期VISIONの策定と併せてスキルセットを見直して、いわゆる既存の事業を競争戦略と呼んでいますけども、そ

こと新規事業を含めた成長戦略にスキルを分けて、当てはめていったというところは、特徴があるかと思っています。社外の方も、それぞれスキルが違っています。3 名とも経営経験者であるのですが、1 名の方はまさに経営トップとして、事業ポートフォリオを大きく変えていくことへの方向性を示された方ですし、1 名の方はベンチャーから始めて上場して CFO を務めた方。もう 1 名の方は経営統合した会社のいわゆる人事や人材マネジメントを担当していた方で、経営者としてのキャリアも異なります。

　むしろこれが足りない等の議論は今のところそれほどないですが、逆にスキル・マトリックスを作ったことで、まさにボードのサクセッションではないですけれども、次に向けてどういうスキルの人を取締役として選任するか、あるいは育てていくかというところについては、指名諮問委員会などで議論をし始めたところです。そういった観点では、これからスキル・マトリックスを使って、本格的な議論をしていく段階に進んでいくものと思っています。

▷高良（野村ホールディングス）

　課題とワンセットになってしまうのかもしれないですが、当社の場合、今はスキルを一般的に求められる、必要であろうスキルということで書かせていただいていまして、やはり他社さんと比べると、どういった理由でこのスキルが必要と考えているのかですとか、どういった要件だとこのスキルに丸が付くのか等は示せていないので、そういったあたりは、やはり課題かなと感じています[7]。

　このスキル・マトリックスを見直す点については、社外取締役の要素として必要であるという観点として、当社が米国上場している関係がありまして、法規制も少し気にしていたりします。たとえば SEC の新規則案としてサイバーセキュリティの話等がありまして、取締役の中でサイバーセキュリティの素養のある方がいればその旨を開示しなさいとか、そういった要請がなされようとしています。ですので、そういった観点からすると、このスキル・マトリックスにサイバーセキュリティを入れたほうがい

7)　その後、2023 年 8 月発刊の同社の統合レポートにてスキルの定義を追加。

いのかなとか、そういったことを端緒にしてスキル・マトリックスを見直すということも検討しているところであります。

▷青島（小松製作所）

当社についても課題はやはりこの項目を設定したプロセスであるとか、どうやってこの丸を付けるところを選んだのか、といった説明が足りないということが課題になっております。まだ2年目で試行錯誤中ということで、改善の余地ありと思っております。

考え方としては、基本的には社内の人が持っているスキルに対して、同じようなスキルを持っている社外の人たちが監督をするという形なのですが、スキル・マトリックスにすることによって、当社は金融財務のところについて、社外からの目線が弱いということが明らかになったことも社内で議論されておりまして、スキルをマトリックス化するという意義については、認識できたのかなと思っています。

▷ファシリテーター（三菱UFJ信託銀行）

ありがとうございます。後藤先生からは本研究会で過去に以下のとおりコメントいただいており、スキル・マトリックス作成の究極の目的は取締役会の弱点を見つけることだということでした。いまの青島様のお話は、まさにその点で、補強すべきところが発見できたというところですね。

▷後藤（東京大学）

このスキル・マトリックスの話には、前から少し違和感を感じていました。表を作ることが自己目的化していないかということです。では何を目的とすべきかというところなのですが、これが何から始まったかというと、おそらく金融危機のときに、欧米の大きな金融機関の過剰なリスクテイクを取締役会が止められなかったのは、リスクマネジメントをできる人が実はいなかったという反省から多分きているのではないかと思います。

そうすると、取締役会の構成をみて弱点はないか、もしあるとするとどこを補強すべきかという、その弱点補強が究極的な目的だと思います。いってみればスポーツチームで、1年のシーズンが終わって、今年の成績は何位ぐらいだった、弱点はどこだろうと探して、どのポジションを補強しなきゃい

けないのか、それとも戦力としてはこれで良くて、あとはもっと戦術を高めるのかとか、そういうところをみるのが目的なのかなと思います。

▷石井（アドバンテスト）

　スキル・マトリックスについては、個人的な意見ではあるのですが、これがなぜ必要なのかよくわかりません、というのが正直なところです。あまり好ましくはないものとさえ思っています。なぜかというと、スキル・マトリックスを1回作ったが、そのまま誰もメンテナンスしない、ということが往々にして生じます。そうなると、投資家としてもあまり役に立たないものになります。CGコードで求められるから、作成しないといけないというように、仕方なしに作成したというのは多くでみられるところがあるので、そのようなスタンスで作成したものであれば、正直いってあまり役に立たないのかなと思っています。

　では、その代わりにどこをみればいいのかといったら、招集通知に社外取締役の期待されるべき役割という欄があるので、その欄の記載内容が重要なのかなと思います。文字できちんと期待されるべき役割を書くということは、一方でどういうスキルを期待されているのか、というところとイコールになると思うので、実際にはそちらの記述を拡充したほうがいいのではないかと思っています。

▌候補者とした理由および期待される役割の概要

　唐津修氏は、国内外の研究開発機関の経営経験に加え、半導体に精通する専門家としての幅広い知識と経験を有しております。当社では、当社が属する業界にかかる同氏の識見、および同氏が有する大局的な視点を当社グループのグローバル経営に反映させ、当社の持続的な企業価値向上および取締役会の活性化に資する役割を期待しております。以上のことから、当社社外取締役として適任と判断し、引き続き社外取締役候補者といたしました。

（出所）アドバンテスト「2022年6月定時株主総会招集通知」

▷後藤（東京大学）

　ネガティブなことを申し上げるつもりはないのですが、スキル・マトリックスについてはやはり時期的なものもあるような気もします。といいますのは、社外取締役を増やさなければということになった最初の頃に、たとえば会計士さんとか弁護士さんであったり、大学教員、あとは役人OBの方や、NPOの方とかですね。やはり探しやすい人を連れてくるというところがありました。そういう人ばかりになってくると、何かそれはそれで大事かもしれないけれど、それだけを期待しているわけではないということで、やはり財務や経営戦略等が大事だということがいわれたことがありました。そういった分野の知見が薄いということを視覚的に明らかにするという意味が、その時にはあったとはいえると思います。ただ、表を作っておしまいではなくて、もっと具体的にこの人に何を期待しているのかを明らかにするということ、今、ご発言があったようなところに焦点が移っていくということは、当然あってしかるべきかと思います。そういう意味で、スキル・マトリックスが全く無意味であるとまで申し上げるつもりはないのですが、いつまでもこればっかりをやっていても、ということなのかなという気がしているところでした。

▷塚本（アンダーソン・毛利・友常法律事務所外国法共同事業）

　多くの会社では、スキル・マトリックスは、各取締役の顔をみて、この取締役がどのようなスキルを有しているかということを説明するものになっていると思います。しかし、本来は、スキル・マトリックスはそのようなものではなく、まずは、取締役会全体として備えるべきスキルが何であり、そのスキルが期待される取締役は誰かという発想で作成される、いわば「スキル本位」のものであるべきと理解しています。

　いすゞ自動車の加藤さんが機関投資家からのリクエストがあったとおっしゃっていましたが、せっかく開示しているわけですので、株主・投資家がスキル・マトリックスを対話のきっかけとして利用して、たとえば、なぜ取締役会全体にとって必要なスキルとしてこのようなスキルを特定したのかとか、投資家からすれば、こういうスキルを備えるべきなのではないかとか、そういう議論が株主・投資家と会社との間で行われるようになれ

ば、スキル・マトリックスを開示する意味も出てくるのかなと思います。

2　社外取締役のさらなる活用

- 独立社外取締役の割合が増加するにつれ、実効的にその役割を果たしていただくこと、つまりその機能発揮に焦点が当たる。2021 年 6 月の CG コードの改訂と同時に改訂された金融庁の対話ガイドラインでは、取締役会の監督機能の発揮のため、独立社外取締役が取締役会議長を務めることが例示として掲げられた。また、ガバナンスリサーチでは、時価総額の大きな会社ほど、社外取締役が取締役会議長を務めているという傾向にあることが明らかになっている。一方で、社外取締役が取締役会議長を務めると、業務執行に関する理解の不足等を原因として、円滑な議事進行が難しいのではないかとの懸念が生じうる。

- また、CGS ガイドラインでは、社外取締役のさらなる活用に向けて「企業は、個々の社外取締役に適合した研修機会の提供・斡旋や費用の負担を能動的に行うべき」とされている。一般に、十分な専門的知識を有すると思われる社外取締役に対して、どのような研修（トレーニング）を提供するのが望ましいのであろうか。

- さらに、社外取締役はその独立した立場ゆえに、適切に経営を監督できると考えられている。その観点から、最近では多くの機関投資家が社外取締役の独立性基準として在任期間の要件を設け、一定年数以上在任している社外取締役候補者に対しては、独立性を欠くとして、株主総会において反対票を投じるようになってきている。機関投資家の基準に対応するために社外取締役の適切な任期を検討するということも重要であるが、本質的には、適切に取締役会のリフレッシュメントを図る観点から、期待する役割に対して十分な役割の発揮がない社外取締役に対しては、適切な対処が必要との考えは合理的である。どのような対応が考えられるであろうか。

　——2 では以上の論点に関する議論を紹介する。

(1) 議長とCEOの分離、取締役会議長の属性

【独立社外取締役の選任・機能発揮】

3－8. 独立社外取締役として、適切な資質を有する者取締役会全体として
適切なスキル等が備えられるよう、必要な資質を有する独立社外取締
役が、十分な人数選任されているか。必要に応じて独立社外取締役を
取締役会議長に選任することなども含め、取締役会が経営に対する監
督の実効性を確保しているか。

（後略）

（出所）対話ガイドライン（2021年6月改訂時の履歴付き）

▷ファシリテーター（三菱UFJ信託銀行）

対話ガイドラインでは、社外取締役のさらなる活用の観点から取締役会
議長を務めることの有用性も指摘されています。ガバナンスリサーチでも
取締役会議長の属性について統計が出ております[8]。ご参加各社は現在、
社内の方が議長を務めていらっしゃる会社が多いようですが、社外の方が
議長になるということについては、どのようにお考えでしょうか。また、
機関投資家との対話の中でこの点が議論されることはあるでしょうか。

▷石井（アドバンテスト）

今の話は、まさに今年（2022年）の株主総会に当たっての機関投資家
との対話でいろいろと聞いた点でございます。

当社の場合、社長イコール議長になっていて、会長は在籍していないの
で、社長が議長を務めております。「社長と議長は別の方がいい」という
のは実際の機関投資家の意見ですけど、ではそこで株主総会で社長の選任
議案に反対するかというと、まだそこまでは行いませんというのが国内機
関投資家の大半の意見でした。

取締役会で議論はしていますが、今のところは社外取締役が議長をする
というところまでは至っておりません。当社の場合、半導体の製造装置と
いう非常に複雑な装置を開発、製造、販売をしています。実際に社外の人
が議長をやるとした場合、その製品がどのようなものかというのを一定程

---

8) Q8（210頁）。

度理解する必要がありますが、それには非常に時間がかかるのではないか
というのがあります。

▷加藤（いすゞ自動車）

　執行でない方が議長を担ったほうがいいという声は当然、認識していま
すが、一足飛びに社外の方を議長にということに対しては少しハードルを
感じているのが正直なところです。議長と事務局のコミュニケーションし
かり、業界のお話、専門知識しかり、社内を熟知している方が議長になる
ことのメリットもあるというのが足元の考えです。ただ、当然求められて
いるということは理解していて、そこは継続的に議論をしています。

　機関投資家とのエンゲージメントの中でもほぼ100％といっていいほ
ど、ここは聞かれます。ただ、明確に「社外にします」と回答することは
なかなか言いづらい中で、そうした要請があることは承知したうえで現状
を見据えて相応の対応と議論を引き続きしていくとの回答をしています。

▷青島（小松製作所）

　当社は、会長が議長に就いているのですが、社長から会長になって、そ
の会長が議長になるという、その既定ポスト化しているところについて説
明が足りないといわれたことがあります。議長としてふさわしい人材であ
るから指名をしていると、当社の人事諮問委員会は思っているのですが、
そこで前提プロセスを経て就いているのであれば、そのプロセスをもっと
基準等を明確にして説明せよというような、既定でスライドしていってい
るわけではないということを示せとの指摘でした。

　当社は代々、会長が議長をしていることもありまして、そこに関して
は、よりふさわしい人材がいたらほかの方になるとか、そういったことが
ありうる制度であることを基準等で示していかなければいけないというこ
とは、社内でも議論になっております。

▷小山（TBS ホールディングス）

　当社についても、議長は会長が務めておりまして、代表取締役社長を経
験した会長ということになっております。それについては、特に機関投資

家の方からは今のところご質問なり、意見といったものはほとんどないと思います。

　会長は担務としての業務執行の権限がございませんので、取締役会の議事の進行に専念するわけなのですが、いろいろなことを議論している中で、社外取締役に積極的に意見を求めていくこともありますし、質問に対する回答が不十分であれば、社内取締役を指名してさらに詳しい説明を求めるということもしています。そういった意味で、取締役会の円滑な運営が図られているというような評価は取締役会の実効性評価等の結果からも出ていますので、取締役会の運営上、問題が出ているという意見もございませんし、機関投資家からの要請が今後強まってくれば別ですが、今のところ議長を社外取締役にしていくかどうかという具体的な検討はないと思います。

▷高良（野村ホールディングス）

　まず議長の点ですが、当社も非執行の会長が務めさせていただいておりまして、これについてはやはり社内に精通しているということと、金融に精通しているということで、ふさわしいと考えております。投資家との対応で、確かに稀に、社外取締役にしないのかといわれることはあるのですが、今のようなお話を大体させていただきまして、そんなに強い何か抵抗感を示されるようなところではまだないかと思っています。

▷後藤（東京大学）

　議長の件は、アメリカでもいつからか、よくいわれるようになった話です。米国のように、CEOとCFO以外は全員社外取締役という取締役会構成になったとしても、CEOが全部議事を仕切っていて、全部コントロールしているという形になると、意味がないですよねという話です。そこで、本当にしっかりモニタリングするためには、主導権は社外側が握るべきだという話になり、社外取締役が議長を務めることの有用性が指摘されているわけです。

　もっとも、実際に議事を回すためにはやはり情報が必要なので、社外取締役用に情報を提供するスタッフを付ける必要があるということも指摘さ

れています。ただ、これはどちらにも転びうる話で、言い方によってはよくわかっていない人を議長に祭り上げておいて、裏から動かすということもやろうと思えばできてしまうとすると、形だけにこだわるべきものではないと思います。そうすると、現実的なのは、社長であれ、会長であれ、執行側にいた人間が議長になるのは利益相反ではないかといわれる可能性があるということを十分意識したうえで、どういう組み合わせ方をするかです。そして、機関投資家に対しては、実効的な運営をしているということをできるだけうまく伝えることが重要になってくるかと思います。

▷塚本（アンダーソン・毛利・友常法律事務所外国法共同事業）

　機関投資家は、議決権行使基準で、社外取締役3分の1や取締役会議長とCEOの分離などの形式要件を求めるわけですが、会社との対話の中で、さらに、個々の社外取締役が具体的にどのような役割を果たしているのか、取締役会でどのような発言をしているのかといった実質面について、どこまで会社に対して尋ねているのかという点に関心があります。形式要件を満たしていたら、機関投資家がそれ以上ガバナンスの話は聞かなくて良いとなると、本当に形だけの話になってしまいます。今後さらに社外取締役の割合が増えてくれば、機関投資家との対話の在り方も、議論になってくるのではないかと思いました。

⑵　社外取締役に対する研修等の研さんの機会
▷ファシリテーター（三菱UFJ信託銀行）

　では続きまして、社外取締役に対する研修等の研さんの機会というところでございます。2022年に改訂された経済産業省のCGSガイドラインでは、社外取締役のさらなる活用に向けて「企業は、個々の社外取締役に適合した研修機会の提供・斡旋や費用の負担を能動的に行うべき」とされています。ガバナンスリサーチでも、こうした研修等の実施企業の割合が明らかになっています[9]。

　この点、アドバンテストさんが、コーポレート・ガバナンス報告書にお

---

9)　Q9（211頁）。

いて取締役トレーニングの方針を詳しく記載されております。実際にやっておられること、あるいは社外取締役の方の評価や評判等をお聞かせいただけますでしょうか。

【補充原則4－14②】取締役に対するトレーニングの方針
　以下に記載した「取締役に対するトレーニングの方針」で定めています。
「取締役に対するトレーニングの方針」
１．当社は、取締役に新たに就任する者に対し、当社の事業、財務、組織等に関する必要な知識を取得し、求められる役割と責務を充分に理解できるように、次の各号の対応を行います。
①　取締役に求められる役割と責務（法的責任を含みます）についての説明
②　当社グループの事業、財務、組織、重要な社内規定、コーポレート・ガバナンス体制、内部統制についての説明
③　就任後においても、必要に応じ、上記①および②について適宜更新
２．当社は、必要に応じて、個々の取締役に適合したトレーニングを提供します。
　2021年度においては、以下のとおりトレーニングを実施しました。
・取締役に対してアドバンテスト研究所の視察を実施し、併せて、当該研究所の研究内容の説明会を実施しました。
・社外取締役に対して当社の技術動向および営業戦略の説明会を実施しました。
・取締役に対してe-ラーニングによる情報セキュリティ教育を実施しました。
　また、当社では業務執行取締役全員が、ガバナンスにかかる外部研修を受講しております。ガバナンスの重要性を鑑み、当社では、取締役でない執行役員に対しても同研修を展開しています。
　2021年度は、新たに就任した執行役員全員が、同研修を受講しました。

（出所）アドバンテスト「コーポレート・ガバナンス報告書（2022年6月27日提出）」

▷石井（アドバンテスト）
　コーポレート・ガバナンス報告書にどのようなトレーニングを提供したか記載しておりますが、社外取締役というプロフェッショナルに対して、会社側がどのようなトレーニングを提供したらいいのかということを考えないといけないわけですから非常に難しいです。製品の技術的な説明であればそのような懸念はないのですが、たとえば、コーポレートガバナンス

に関する説明会を開いた場合を想定すると、弁護士の社外取締役は説明者
よりもよく知っているというケースも出てくると思います。

▷ファシリテーター（三菱 UFJ 信託銀行）

技術説明については、やはり御社の本業というか、業務に関するところ
でいろいろな知見を社外の方に知っていただく、習得していただくという
観点では有効だとお考えでしょうか。

▷石井（アドバンテスト）

そうですね。そういう観点もありますので、ガバナンス報告書に実施し
たトレーニングを記載しているところでございます。

▷小山（TBS ホールディングス）

当社は特段いわゆる研修というものはやっておりません。先ほどもご意
見がありましたけど、社外取締役の方は経営者としての豊富な経験と高い
見識を有するいわばプロになりますので、逆にいうとこちらから取締役と
して必要な研修といったものをやるのは、なかなかおこがましいといいま
すか、就任される時に当社を知っていただくための一通り事業等の説明を
して、あとは必要に応じて当社の事業内容を知っていただくような形での
説明の機会は設けております。いわゆる研さんという意味での研修までは
特段実施をしておりません。

▷後藤（東京大学）

さきほどのスキル・マトリックスとの関係なのかもしれませんが、全員
が持っているべき基礎知識みたいなものは、たとえばコーポレートファイ
ナンスなど、それなりにあるとは思うのですが、それぞれのバックグラウ
ンドが異なる中で、研修という形で全員向けに一律に行わなくてもいいの
かなという気もします。さきほどたとえば弁護士さんにコーポレートガバ
ナンス等を解説するというのは、事務局としてもやりづらいというお話が
あったかと思いますが、そこは全員ではなく必要な人に個別にやるなど、
何かやり方でいろいろ対応できることはあるのかなと思いました。

▷**ファシリテーター（三菱 UFJ 信託銀行）**

ありがとうございます。アドバンテストさんのコーポレート・ガバナンス報告書をみると、「個々の取締役に適合したトレーニング」と書いていらっしゃるのですが、このあたりは、後藤先生がおっしゃったようなイメージで考えておけばよろしいでしょうか。

▷**石井（アドバンテスト）**

実はこれはすごく難しい話でございまして、では、そのトレーニングを誰に提供して、誰に提供しないのかというのを事務局でセレクションできるかとなると、なかなかできないのが実情です。

ただそうはいいながらも、個別に実際にトレーニングをする場合もあります。執行側の米国人取締役ですが、今年（2022年）、いわゆる日本の会社法がどうなっているか、取締役の責任がどうなっているかいうところを詳しく教えてほしいという要望がありましたので、その取締役に対して、個別に、弁護士から英語で1時間レクチャーしてもらったことがあります（2023年7月4日提出のアドバンテスト「コーポレート・ガバナンス報告書」にも明記）。そういう形での個別対応は、今行いつつあります。

▷**ファシリテーター（三菱 UFJ 信託銀行）**

外国人の取締役の方に対してのレクチャーということですね。これは結構ニーズがあるかもしれませんね。私どものお客様でも、そのようなニーズがあったりして、弁護士の先生にお願いしているケースがございます。

⑶　社外取締役の在任期間の上限
▷**ファシリテーター（三菱 UFJ 信託銀行）**

次に社外取締役の在任期間の上限についてです。社外取締役としての役割を発揮するためには、やはり独立した立場で経営を監督できることが重要で、この観点から在任期間が長すぎるのは適切ではないという考え方があります。機関投資家も議決権行使基準で12年といった上限を設けることが多くなっています（図表1-3）。この点各社のお考えをお聞かせいただければと思います。

図表 1-3

機関投資家	「社外取締役の在任期間」に関する議決権行使基準の内容 （下記に該当する場合、反対）
アセットマネジメント One	12 年以上
三菱 UFJ 信託銀行	12 年以上
三井住友トラスト・アセットマネジメント	12 年以上
りそなアセットマネジメント	12 年以上 ※過去に当該企業の社外取締役や社外監査役に就任していた場合、在任期間は通算
ブラックロック・ジャパン	12 年以上
野村アセットマネジメント	12 年以上
大和アセットマネジメント	12 年以上
日興アセットマネジメント	12 年超

※ 2024 年 4 月時点

▷高良（野村ホールディングス）

　在任期間のめどについては、当社のコーポレート・ガバナンス・ガイドラインで「6 年を目途」と定めております。この「6 年」というのはやはり指名委員会のところで意識しておりまして、指名委員会でサクセッションを議論する時には、スキル・マトリックス等と共にこの在任期間も当然比べてみておりまして、6 年を超えるとか 6 年が近くなってくると、サクセッションをかなり意識した動きになってくる、というような使い方はできているかなと思います。

（出所）野村ホールディングス「野村ホールディングス　コーポレート・ガバナンス・ガイドライン」

▷石井（アドバンテスト）

　当社では在任期間についての定めはありませんが、今、機関投資家は 12 年というのを多く定めていますので、それを踏まえてサクセッションを考えています。

▷加藤（いすゞ自動車）

　当社も明確に上限を定めているわけではなくて、やはり先ほど 12 年という話がありましたけど、8 年や 10 年等のポリシーの公表事例も踏まえ、その辺になってくると、そろそろというという雰囲気になる、その様な感じです。ただ、会社が期待しているとおり、またはその期待以上の役割を果たしてくださっている社外取締役がいるとしたら、その方々を機械的に任期で交代するというのは、もったいないなという気がします。

▷青島（小松製作所）

　任期については人事諮問委員会等で議論されていたことはありますが、明文では定めていません。6 年務めていただいている例が多いです。

▷ファシリテーター(三菱 UFJ 信託銀行)

　任期については上限期間を設けている会社と設けていない会社があるというところですが、社外取締役を招聘して、期待役割をあまり果たせていただけてないなという方にご引退願うというのが、なかなか今の流れだと難しいのかなとも思います。

　たとえば常任顧問の先生方で、こういった社外取締役が期待役割を果た

せていないときに、会社としてどのようにすべきか、何かそうしたご意見等がありましたら教えていただければと思います。

▷倉橋（中村・角田・松本法律事務所）

　社外取締役のパフォーマンスを評価するということが当たり前になっていくと、直截（ちょくさい）に、CEOから「あなたは少しずれてきている」とか、社外取締役が議長を務めている場合はその人にいっていただくとか、そういうことをいうほうが健全で、そうなってほしいなとは思っています。実際、そういうことが機能している例も私は何件かみています。これについては、何か秘策があるわけではないということかと思います。

▷塚本（アンダーソン・毛利・友常法律事務所外国法共同事業）

　たとえば、指名委員会等設置会社の指名委員会の委員長が、各社外取締役からインタビューで話を聞くと、ある特定の社外取締役について、役割を果たせていないといった話が、どの社外取締役からも出てくるといったことがあり、それを踏まえて指名委員長からその社外取締役に伝え、退任してもらったというケースがあります。指名委員会の委員長としては、結構荷が重い役割ではあると思いますが。

▷ファシリテーター（三菱UFJ信託銀行）

　実際の例として大変勉強になります。ありがとうございます。

3　取締役会の運営

● 取締役会の監督機能を強化しようとする場合、取締役会の議題の質の転換が重要といえる。すなわち、取締役会では、業務執行に関する個々の案件だけではなく、そのすべてに通じる経営戦略、経営方針に係る議論——戦略的な議論——に時間を割いていくべきではないかと考えられる。こういった取組みを促進するためにはどのような工夫が考えられるであろうか。

● 監査役会設置会社では「重要な業務執行の決定」は取締役会の職務であるが、監査等委員会設置会社では、一定の要件の下、これを取締役に委

ねることができる。監査等委員会設置会社において取締役会の監督機能の強化が可能であるといわれる主な理由はここにある。監査等委員会設置会社に移行した会社においては、実際にはどのような方法をもってこの権限委譲を進めているのであろうか。

● 昨今、非財務情報、特にサステナビリティに関する情報開示が非常に注目を集め、CG コードに関連する原則が盛り込まれたほか、有価証券報告書ではサステナビリティに関する記載項目が新設されるなどした。自ずと、サステナビリティ情報に関する取締役会の関わり方はどうあるべきかという論点が生じる。ことに有価証券報告書については、これまで取締役会で決議してこなかった会社も多いようである。この実務を見直す必要はないであろうか。取締役会はどのようにサステナビリティ情報に関与していくべきであろうか。

　　　——3 では以上の論点に関する議論を紹介する。

(1)　戦略的議論を強化する取組みとしての非公式な審議機会の設定
▷ファシリテーター(三菱 UFJ 信託銀行)

　まず、取締役会のアジェンダ設定に関し、非公式な審議機会の設定など、戦略的な議論を強化する取組みについてどのようなお取組みをされているでしょうか。ガバナンスリサーチでは、各社で様々な取組みが実施されていることが明らかになってます[10]。

▷石井 (アドバンテスト)

　非公式な審議機会については、実際に当社ではこれを設けております。ホテルに缶詰めというような形、場合によっては 1 泊 2 日、今はコロナ禍ということで海外までは行けませんけれど、場合によっては東京ではなく米国、ドイツなど海外でやるということも実際にはありましたし、そういう形で環境を変えてやっているというケースがあります。毎年 1〜2 回ぐらいやっているという形です。

---

10)　Q10（211 頁）。その他取締役会の運営にかかるデータとして、Q11（212 頁）、Q12（212 頁）、Q13（213 頁）、Q14（213 頁）。

▷青島（小松製作所）

　当社は独自の取組みというと、取締役会外の機能としてIAB（インターナショナル・アドバイザリー・ボード）という機関を設けておりまして、特にマネジメントIABというものがあります。外部の識者や技術者の方にご意見を聞いて、それを戦略に落とし込んで、取締役会の議論につなげていくというもので、IABのアドバイザーを4名ほど任命して実施をしております。あと、もう一点は、これも取締役会の外なのですが、社外取締役、社外監査役を含めてフリーのテーマを事務局で設定いたしまして、それについて議論いただいて、その議論を基に当社の戦略に落とし込んでいくというフリーディスカッションを実施しております。取締役会の中でいうと、当社は社長報告を毎回詳細に実施をしておりまして、経営者である社長が何を課題として認識しているかということを随時、社外取締役、社外監査役と共有するようにしております。これについては当社の統合報告書の社外取締役インタビューでも公表のとおり、社外役員から大変高評価を得ている部分なのですが、社長自身から直近の課題であるとか、そういうトピックスを選んで発表といいますか、タイムリーに共有をして、議論を重ねて、そこからまた戦略を生み出していくということを実施しております。

▷松村（グリー）

　戦略的な議論を強化する取組みとして、環境、内容、ツールという3点についてお話しできるかと思います。まず環境につきましては、取締役会以外の非公式な審議機会として、取締役会等の前後に審議の場を設けています。茶話会（さわかい）形式とし、カジュアルな形で設ける場合もあります。次に内容につきましては、インターネット業界は事業の変化が早い業態ですので、執行役員からボードメンバーに事業に関する報告を定期的に行っています。3点目のツールにつきましては、社外役員に会社のアカウントを発行し、役員が都合の良いときに、いつでも取締役会資料、関係資料を閲覧できるようにしています。

　弊社は、この研究会の会議に第1期として参加した際、その議論から着想を得て、監査等委員会設置会社に移行いたしました。前述の取組み

は、移行の前から実施しておりましたが、移行を機に、より効果的に活用できると考えております。

▷加藤（J．フロント リテイリング）

　戦略的な議論を強化する取組みに関しては、他社さまと同じような事項を弊社でもおおよそ実施しているのではないかと思います。一方、これはあくまでも個人的な意見ですが、取締役会で戦略的な議論をしていくときの難しさみたいなところに少し課題を感じています。それは、戦略的な議論が取締役会でなされてはいるものの、それがなかなか具体策に結びついてこないという点です。定性的な話に終始して定量的な数値までには落とし込めていなかったり、一つひとつのある意味小さな施策についての話は取り上げられるものの、大きなビジネスモデル・レベルの議論までには発展していかなかったり……こういった理想と現実との架橋がうまくいっていないというのが、戦略的な議論を強化すれば強化するほど発現してきた悩みになっています。この辺が今、課題だと思っています。

▷塚本（アンダーソン・毛利・友常法律事務所外国法共同事業）

　戦略的な議論については、取締役会でまさに議論すべきテーマである一方で、実務的には非公式な取締役間の会合の場で議論するケースもあると理解しています。

　ときどきご相談いただくのが、非公式な場で議論し、そこでの発言はオフィシャルなものではなく、議事録にも残らないわけですが、そうすると、その発言は、改めて取締役会で述べないといけないのかといったものです。あるいは、非公式な場での議論が充実化してしまって、本番の取締役会では議論が盛り上がらなくて困っているという悩みを持っている会社があります。

　そこでお聞きしたいのが、もちろん決議事項はフォーマルな取締役会を開催するほかないですが、そうではなく、議論をすること自体が目的となっているようなテーマについて、フォーマルな取締役会とインフォーマルな会合とをどのような観点から使い分けているのかという点です。

▷石井（アドバンテスト）

どちらかというと今後取締役会の決議事項に上程される案件をインフォーマルな会合で議論するようなイメージを持っていただければいいのかなと思っています。多くは、中期経営計画とか長期のグランドデザインという話を議論する場ですが、最終的にはこれは取締役会の決議事項になります。取締役会に上げる前の段階で議論するのはまさにインフォーマルな会合が有効だと思っています。

▷ファシリテーター（三菱UFJ信託銀行）

別にアジェンダを分けているわけではなくて、最終的には取締役会に上がってくる、あくまで非公式な会合というのはやわらかい状態のものをフリーディスカッションというのか、そういった形で議論していただく、そのための場なのだというような認識でよろしいでしょうか。

▷石井（アドバンテスト）

はい、そのとおりです。

▷松村（グリー）

弊社の場合も、アドバンテストの石井さんがおっしゃったものに近い会があります。非公式の会議が公式の会議をサポートしているような補助的な立ち位置になります。取締役会の目的事項は、経営という複雑な内容を審議するため、論点が散らばらないよう、非公式の場で、ある程度方向性を話すことは重要だと思います。

▷後藤（東京大学）

実務を触っていない人間がどうやればいいかをアドバイスするのはなかなか難しいところではあるのですが、戦略的な議論として何をイメージしているのかというのはいくつかあるのかなと、お話を伺っていて思いました。一つは、取締役会の前に中身を議論する場所をつくりましょうという話。これは、常務会や経営会議といった形で昔から日本企業がやってきたことかと思いますが、社外取締役についてもそういう場が必要だというこ

とです。もう一つは、議題の中身として、細かな意思決定ではなく大きな話をしましょうということ。実は問題は２重だったという気がしました。

　この議論の元々のゴールは、細かな話は全部委任して、取締役会では大きな話をするようにするということだったと思います。実務上の工夫として非公式の審議機会とか、社外取締役同士が話す機会ができるとか、そういったことは必要だと思うのですが、経営会議等が既にある中で、非公式の審議機会が何個もできていくと、それはそれで負担が重複していく感じもあり、悩ましいということはよくわかりました。これも倉橋さんの最後のコメントとも通じるところがあるかもしれないのですが、途中から形を整えましょうという話がどうしても強くなってきて、別の会議をつくるとか、複数回やりましょうというのも、それ自体が目的化してくると、何かが違うとみんな思いながら、周りがやっているのでやるという問題がある気がします。抽象的な精神論になってしまいますが、何のためにやっているのかという点に立ち返るのが大事なのかなという気がしました。

▷倉橋（中村・角田・松本法律事務所）

　戦略的な議論を評価する取組みということで、非公式な審議会で合宿をやっているとか、ホテルに缶詰めとか、海外で取締役会を開催するとか、先ほどご紹介くださったマネジメント IAB とか、事務局ができるお膳立てはもう各社さんすごくされていらっしゃると思います。その議論を皆さんがご覧になっているときに、執行の方々が、今日の議論はいい議論だったと。〇〇さんのあれはグッドポイントで、あれは目からうろこだったよねとかというような経験がおありなのかということをまず伺えますか。良い議論がなされるためには、社外取締役に問われるスキルは色々あるはずで、知見、経験や議論をするソフトスキルが問われると思います。あるいは、社外取締役のそういったものを最大限引き出すために、執行側がどういう場をつくるのか。Ｊ．フロント リテイリングの加藤さんのおっしゃるように実践につなげていかないといけないので、良い議論をする能力も必要だし、議論を実務につなげていく能力も必要かと思います。良い議論がどういう条件で実現しえて、それが実際に執行に下りていったときにどういう具体的な取組みにつながっていくにはどういう工夫が必要なのかと

いうことを考えるヒントとして、ご意見を頂戴したいと思うのですが。

▷石井（アドバンテスト）

　適切なポイントで適切に指摘しているということは、本当に頻繁にあります。ですので、正直いって取締役会は聞いていて面白いですね。特にわれわれも執行側に位置するので、社内にどのような問題があるかというのはなんとなくわかります。そこをまったく別な視点から問題を提起してくれるので、新たな気づきが生じます。事務局レベルで気づきが生じる点は、社内取締役も当然認識し、響いているところとなります。実際に、社長の社内講話などでの発言は、社外取締役のある発言を基にいっているということが出てきます。そこは他社さんもどうかというのは、お伺いしたいところではございます。

▷小山（TBS ホールディングス）

　少し視点は異なるのですが、当社の場合も取締役会で決議するに当たっては、審議事項としたり、事前説明をしたりしています。そういった意味では社外の方に十分情報提供をしたうえで、あらかじめいろいろな意見をいただいて決議をしますので、そのプロセスは非常に重視しておりますし、まさにアドバンテストの石井さんがおっしゃったとおり、あらかじめ経営会議で時間をかけていろいろな議論をしたうえで、執行側として提案しているのですが、社外役員からはそれぞれ違った意見や見解がたくさん出てきますので、常に新しい気付きがありますし、そういったところは大変参考になると思っています。かなり宿題もいただきますので、事務局として担当役員などと相談して、たとえば審議事項であれば次の決議の段階までに宿題に対する回答を用意して提案したりという形で進めています。

⑵　機関設計変更後の権限委譲の在り方

▷ファシリテーター（三菱 UFJ 信託銀行）

　取締役会の議題設定を考えるうえでは、機関設計と権限委譲の観点から議論いただくことが有意義と考えられます。機関設計を変更された会社でこのあたりに課題意識がある方はいらっしゃいますか。なお、ガバナンス

リサーチでは、執行側が決定している事項についての調査結果も出ています[11]。

▷加藤（いすゞ自動車）

弊社は 2021 年に監査役会設置会社から監査等委員会設置会社に機関設計を変更し、その時に執行権限を大幅に経営会議に委譲しました。監査等委員会設置会社における取締役会は大所高所の観点で監督機能に資する議論を行う場だと理解しているのですが、そのうえで、監査等委員会設置会社における取締役会の議題については、どのタイミングで何を設定するかということが、まさに経営そのものだと理解しておりますが、事務方としては非常に難しいと感じています。

背景としては、社外取締役から、どのタイミングでどういった戦略に関する議論が上がってくるのかをまず理解して準備しておきたいというご意向が寄せられたということがあります。そして、それとともに、議題を俯瞰して眺めたときに、その議題が他の議題とどう関連性をもって、どういう位置づけにある議論にされるべきなのかというようなところを事前にイメージを持っておきたいということでした。これを受けて、実務の在り方について他社の状況を知りたいと思いました。

▷松村（グリー）

2020 年に監査役会設置会社から監査等委員会設置会社に移行した際、執行に関する議案はすべて経営会議に委譲することを検討したのですが、いきなりそれはどうかという声があり、選別して一定数にとどめた経緯があります。その後実際に取締役会の議題として議論したうえで、さらに経営会議に委譲する議案を増やしました。段階的に実施することで、実践しながら、モニタリング重視に移行することができました。また、このような段階を経つつも、コンプライアンス事案等の報告事項は取締役会の目的事項として残っています。頻度や時期を決めて定期的に報告し、社外役員がさらに知りたい情報があれば、それをリクエストします。このリクエス

11)　Q15（214頁）。

トを、今後の討議内容として取締役会資料内に一覧化することで、いつ報告する予定か、準備の進捗等も共有することができ、効率的かつ効果的な会議体運営に寄与していると考えております。

(3)　サステナビリティに対する取締役会の関わり方

補充原則

2－3①　取締役会は、<u>気候変動などの地球環境問題への配慮、人権の尊重、従業員の健康・労働環境への配慮や公正・適切な処遇、取引先との公正・適正な取引、自然災害等への危機管理など、サステナビリティー（持続可能性）を巡る課題への対応は、</u>重要な<s>リスク管理リスクの減少</s>のみならず収益機会にもつながる重要な経営課題の一部であると認識し、<u>中長期的な企業価値の向上の観点から、適確に対処する</u>とともに、<s>近時、こうした課題に対する要請・関心が大きく高まりつつあることを勘案し、</s>これらの課題に積極的・能動的に取り組むよう<u>検討を深める</u>すべきである。

（出所）CG コード（2021 年 6 月改訂版。改訂時の履歴付き）

▷ファシリテーター（三菱 UFJ 信託銀行）

　昨今の多岐にわたるサステナビリティ関連事項について、取締役会としてどのように向き合えば良いか、議論してまいりたいと思います。このサステナビリティ関連につきましては、2021 年の CG コードの改訂で盛り込まれるなど、近時話題になっていて、非常に重要な項目であるという認識でいらっしゃると思います。

　取締役会の関与の在り方について考える前に、サステナビリティ情報については担当部署が複数にまたがっているという話をお聞きします。社内で情報を集め、統合し、ストーリーある開示につなげていくことに難しさがあるのではないでしょうか。

▷石井（アドバンテスト）

　当社でもサステナビリティ情報の担当部署が複数あって、どのようにまとめていくのか難しさを感じています。昔の有価証券報告書であれば、財務情報だけでしたので経理部門のみの対応で可能でした。サステナビリ

ティとなると、経理部門だけではなく、ガバナンス関係、それから人事関係、環境関係、はたまた知財関係、いろいろなところにわたってきます。さらに、有価証券報告書だけではなくて、それ以外の書類等も開示が必要となると、ある書類ではああいっているけど別の書類では少し違うことをいっているというのが出てきます。

▷前田（富士通）

　確かに当社もかなり部門が分かれてはいるのですが、情報の集約という意味では、基本はウェブサイトに集約すると考えています。開示物はそれぞれオーナーが決まっていますので、そのオーナー部門が、情報が掲載されているウェブサイトを見て原稿を書き起こし、サステナビリティの内容であれば、サステナビリティの部門に、こういう風に開示して良いかという確認を取るという作業をしています。

　ですので、割とオーナーがどこかというのがはっきりすれば、開示物を作る人が、それぞれの情報ソースに行き当たって確認をすることで済むのではと思っているのですけれども。今のところ、われわれはそのような感じでうまく回せているのではないかなと思います。

　ただ、現状、今はない開示の内容、たとえば、次の有価証券報告書のサステナの開示等、そういうものが発生した場合には、速やかに情報を集約して、関係者を集めて、今度こういう開示があるのでどうしていきますといったワーキンググループを組むとか、そういった方法で適宜対応しております。

▷後藤（東京大学）

　おそらくマーケットは、情報を集めたうえで、ストーリーをつくるということを求めているのではないかという気がするのですが、そのストーリーづくりは、どの部署が担当されているのでしょうか。理想をいうと、取締役会で決めていますといったことになるのかなという気もするのですが、実態はどうなのでしょうか。

▷前田（富士通）

　たとえば、サステナビリティについて事例を申し上げますと、当社は取締役会の下に経営会議がありまして、その下にサステナビリティ経営委員会があります。その委員会の委員長は社長なのですが、そこで大きなストーリー（方針）を決めるということをやっています。それを経営会議ですとか取締役会に報告して、こういうストーリーでいいよねという大きな考え方を、まずそこでつくってしまうのですね。

　そうすると、開示媒体に落ちてきた時に、その大方針があるのでそこまでぶれないというか、その年、では、そこから今年のトピックは何だろうというところを切り出してつくったり。あとは、ESG でしたら、情報の開示の枠組みがあると思うので、開示の枠組みに準拠した形で何かストーリーをつくっていくというようにサステナの部門はいっておりました。

　ですので、大方針は上のほうで決めていて、それに基づいて開示物を業務範囲に応じて担当部門が作っていくという運用をやっております。

▷ファシリテーター（三菱 UFJ 信託銀行）

　ありがとうございます。富士通さんではサステナビリティ委員会が横串を刺しているということでした [12]。

　次に、ESG 関連の事業計画目標を達成できなかった場合のサンクションについてお聞きします。ESG についての外部の評価を役員報酬の評価指標にしている会社も出てきています。そういった会社では、ESG 関連指標が未達であった場合には当然役員報酬に影響が出ます。一方で、ESG 関連指標を役員報酬の評価指標として盛り込んでいない場合、ESG 関連指標が未達であった場合には会社として何かサンクションのようなものを受ける可能性はあるのでしょうか。そういったものがあれば会社がより積極的に ESG 指標の達成に向けて取り組むインセンティブにもなるように思います。

---

12)　サステナビリティ委員会の設置などの取組み状況や、機関投資家との対話で重要視しているサステナビリティ関連テーマについて、ガバナンスリサーチ Q16（214頁）、Q17（215頁）が明らかにしている。

▷倉橋（中村・角田・松本法律事務所）

ESG 関連の目標を達成できなかった場合のサンクションについては、実効性のあるものは予定されていないと思います。こういったものは、将来の不確実性が元々高いものなので、やはりなかなかそういったサンクションには直結しにくいのではないかなと思います。あるとしたら市場からの信頼とか、市場からの評価とか、そういった一種の経営責任に近いような話だと思います。

▷後藤（東京大学）

ESG 関連の目標未達については、業績予想の未達と本質的には同じ話だと思います。未達になる場合、途中からある程度はわかってきていて、マーケットも未達を予想すると思いますが、未達の度合いが予想よりも悪いか、逆に予想ほど悪くなかったかということが問題となるのだと思います。

そのうえで、ESG の場合には何がどこかに響くのか。その事業のコアに関わるようなことであればもちろん株価にも影響しうるでしょうが、ダイバーシティの面で女性管理職の比率が目標に満たなかったからといって、何かが起きるかというと、それはすぐに何か起きるという話ではないのだろうなと思います。

ただし、目標未達が自社の ESG 格付けに影響する可能性はあると思います。そして、ESG 格付けをインデックスファンド等が使っているとしますと、格付けが下がることによって大きなインデックスから外れ、その結果として株価が下がるということがあるかもしれません。ただ、そうであれば、どこかのアクティブファンドが買いに来てくれる可能性もありますが。結局この辺の話は、格付けを使う人が誰か、それを気にする必要が本当にあるのかどうかという問題です。もし、コンシューマープロダクツだったとしたら、ESG 格付けがいいというのはある程度売りになるのかもしれません。

いずれにせよ、ESG 格付けに本当の意味がどれだけあるのかというのは割と学術的にも結構批判があるところです。また、ESG 格付けにも色々あって、そろそろ ESG 格付けの淘汰が始まるのかもしれません。

　そもそも「ESG」は本来異質な要素を組み合わせているので、３つの要素をまとめて格付けすること自体、意味がよくわからない話ではあります。もし会社側が ESG 格付けを選ぶのだとすると、当社が重視しているのはこの要素なので、当社はこの格付けを重視していますといった立場で取り組むということはありうると思いました。

(4)　有価証券報告書に対する取締役会の関与

▷ファシリテーター（三菱 UFJ 信託銀行）

　有価証券報告書において、サステナビリティ、非財務情報の開示が充実化、義務化されます [13]。日本監査役協会の調査によりますと、機関設計により差異はありますが、取締役会において有価証券報告書を決議している会社はそれほど多くありません（図表1-4）。今後はより取締役会が関与を強めるべきではないかとも思われますがいかがでしょうか。

図表 1-4　有価証券報告書の取締役会への付議割合 [14]（上場会社を対象とする
　　　　　2021 年の調査結果）

	決議事項として付議	報告事項として付議	付議されていない
監査役会設置会社 （回答社数 1,341 社）	58.2%	19.4%	22.4%
監査等委員会設置会社 （回答社数 624 社）	61.5%	17.9%	20.5%
指名委員会等設置会社 （回答社数 35 社）	20.0%	34.3%	45.7%

（出所）公益社団法人 日本監査役協会「役員等の構成の変化などに関する第 22 回インターネット・アンケート集計結果」（2022 年 5 月 18 日）より当社作成

13)　2023 年 3 月期決算企業より義務化済み。なお、ガバナンスリサーチ Q18（215 頁）は、サステナビリティ関連情報の発信手段としての有価証券報告書の位置づけなどを明らかにしている。

14)　公益社団法人日本監査役協会「有価証券報告書の作成プロセスに対する監査役等の関与について―実態調査に基づく現状把握と事例紹介―」（2023 年 12 月 6 日）にて最新のアンケート結果が公表されている。母数は異なるものの、監査役会設置会社、監査等委員会設置会社において「付議されていない」と回答した会社の割合は減少している。

また、有価証券報告書を取締役会で決議しない場合、その一つの考え方としては、有価証券報告書に書いてある内容は、基本的にはその事業年度を通じて都度項目別に取締役会で決議してきたものであるため、それをまとめた有価証券報告書については必ずしも決議を要しないというものがあるようです。

▷後藤（東京大学）

私は、当然決議しているだろうと思っていたので、この調査結果には衝撃を受けています。何かあった時に役員としての責任を負わされるのに、決議せず他人任せにしているなんてありえるのかという感覚です。報告事項ということは、聞いておしまいで、そこで変更はもう予定されてないということですよね。その状態で何かあったときには、そもそも体制がなっていないとして責任を負わされるのではないでしょうか。

▷石井（アドバンテスト）

当社は有価証券報告書を取締役会で決議しています。後藤先生のいうとおり、取締役の責任を果たすという面でも、決議事項として付議して内容をきちんとみていただいたほうがよいと考えています。

次は私個人の意見ではあるのですが、では社外取締役が実際にその内容をどこまで把握すべきなのか。執行側であればそれは当然把握できていますが、非執行で、有価証券報告書で細かいところについてまで認識して決議しているのかというと、よくわからないという側面があるので、決議が要るのかというのは各社各様なのかなと正直思っています。

日本監査役協会の調査結果のとおり、いわゆる監査役会設置会社と監査等委員会設置会社では決議が６割ぐらいある一方で、指名委員会等設置会社は２割ぐらいしかないというのは、多分、上記のような視点が反映されているのではないかなと個人的には思っています。

▷倉橋（中村・角田・松本法律事務所）

後藤先生のご見解に関連してですが、まず報告事項というのは、やはり日本語の語感からして報告を聞いて終わりというニュアンスが出てしまい

ますけれども、おそらく実体的な運用としては、このような報告を踏まえてその報告内容を良しとするかどうかといったような議論が予定されているものでないかと思います。報告事項でもたとえば社外取締役から強い意見や問題提起があったとすると、そこで開示文書の差し替えが入ったりとか、もう一回議論しましょうとか、そういった手続きもいろいろとされているかと思うので、まず決議か報告かによって社外の意見参加の機会があるかどうかの違いは、それほどないかもしれません。

　もう1つは、法的責任のほうがどのような判断枠組みで発生しているのかというところをぜひ議論してみたいと思います。おそらく想定されてらっしゃるのは財務報告のほうではなくて、今日の議論である定性情報のほうかと思います。そうすると、定性情報であえて重要な事実を記載しないとか、リスク情報を記載しないとか、実態に沿わない開示をしようとしているようなことに対する疑いの認識があるかどうかというのが、監視、監督義務の発生の出発点になろうかと思いますし、執行側がきちんとした適切な開示をするという意味での業務執行をしっかりやっているかどうか、それも含めていわゆる内部統制システムの話で、執行側がきちんとしたプロセスの上で開示文書を作成しているかどうかをみるという義務もあると思います。あるいは単なる開示だけではなくて、実態論としてどういうマテリアリティを特定するのかという、まさに経営判断だと思います。

　いずれにせよ、今申し上げたようにさまざまな枠組みの中で、執行がきちんとしたプロセスで、執行としてマテリアリティとアクションプランを考えて開示文書を作成しているということが把握できていて、たとえば報告事項という機会で実務が動いていることを把握できる限りにおいては、それは職務放棄しているわけでもないので、法的責任が発生するわけでもないのではないか。逆に、マテリアリティ、アクションプランも十分に検討されないままになっていたりとか、開示内容も適切なプロセスで検討されていないような実態にあり、取締役がそうした状況を認識すれば、是正を求めて指摘すべき義務が発生しうる。そう考えていけるのではないかと思ったのですが、いかがでしょうか。

▷後藤（東京大学）

　実態としては、おそらく倉橋先生がいわれたような考慮要素があるで
しょうから、取締役会で決議しなければ、取締役としての責任が常に発生
するとまで申し上げるつもりはありません。

　ただ、財務の話も含めて、「怪しい」と思った時に、それをいえる機会
があるということが大切であって、それが決議事項なのか報告事項なのか
は大きな話ではないというのはそのとおりかもしれませんが、決議事項に
しておいたほうが責任を持って決めていますといいやすいし、理解されや
すいのではないかと思いますがいかがでしょうか。

▷倉橋（中村・角田・松本法律事務所）

　私自身も今の実務が完璧と思っているわけでは決してありません。有価
証券報告書は、定時株主総会が終わった直後の取締役会に付議され、決議
事項であれ報告事項であれ、しっかり議論するような時間がない場合が多
いように思います。これまで議論されてこなかったような非財務情報がそ
こでいきなり出てくるという実務はやはり危ないかもしれません。年間を
通じたプロセスの中できちんと、当社の主要なリスクは何かとか、経営環
境をどうみるのかとか、マテリアリティは何かという議論の機会が、１年
を通じて確保されていることが重要であろうと思います。

インタビュー

機関設計変更後の取締役会の在り方の見直しについて

▷グリー

　近年、監査役会設置会社から監査等委員会設置会社へ移行する会社が多くみられます。監査等委員会設置会社は、その制度上、取締役会の監督機能の強化をめざす会社にとって、魅力的な選択肢となっていると考えられます[1]。

　もっとも、監査等委員会設置会社への移行後、取締役会の監督機能をどの程度強化できるかは、実務の在り方次第です。会社法上、監査等委員会設置会社に認められている取締役会から取締役への権限委譲を実施することが最も重要な要素といえますが、そのほかにも、監査等委員会設置会社への移行を機に、業務執行の決定権限を有する会議体の位置づけを見直すことや、取締役が適切な判断ができるよう必要な情報を入手できる環境を整備することなどは、取締役会の監督機能強化につながる有益な取組みといえるでしょう。

　グリー株式会社様は、2020年に監査役会設置会社から監査等委員会設置会社へ移行されました。移行に際しては、経営判断の迅速化を目的として、取締役会から取締役への権限委譲を実現するために取締役会付議基準の見直しを実施されたほか、移行を機に、経営会議の在り方も見直されるなど、移行を実効的なものとすべく取り組まれました。

　これらのお取組みの内容やその背景にかかるお考えなどについて実務担当者にお話を伺いました。

---

1)　本書第1章塚本論説95頁も参照。

（インタビューの受け手）

松村真弓様：グリー株式会社　コーポレート本部　総務部において、株主総会
事務局を含むコーポレートガバナンス全般の実務をご担当

——**御社は 2020 年に監査役会設置会社から監査等委員会設置会社へ移行され
ました。移行の目的についてお聞かせください。**

　当社は創業者が社長を務める企業です。このため、ガバナンス体制については、できる限り時流と乖離しないよう、透明性の確保、高度化に努めてまいりました。実際に、10 年以上前から社外取締役が 2 名就任しております。そういった中で、IR、SR 活動を通じて知る市場の声[2]、社外取締役 3 分の 1 以上などガバナンスに関する潮流を踏まえて、当社が実現すべきガバナンスを検討した結果として、2020 年に監査等委員会設置会社に移行しました。

　監査役会設置会社と監査等委員会設置会社は何が違うのかということを慎重に検討しながらも、この機関設計が当社のめざすガバナンスに合致する、市場の要請に応えることができると考えるようになりましたので、次第に検討を加速させていきました。

　監査等委員会設置会社は、重要な業務執行の決定を取締役に委任することができます。当社の取締役会の在り方を検討する中で、モニタリング型という方向性を意識するようになっていましたので、この点は重要な要素でした。当社の取締役会は、しっかりと意見をぶつけ合い、議論します。ですので、運営上は長時間化が課題となっていました。そういったことも背景に、監査等委員会設置会社への移行を機に、従来は社長の諮問機関であった経営会議を決議機関という位置づけに変更[3]することで、業務執行に関する案件は可能な範囲で経営会議で決定する、取締役会では限られ

---

2)　ガバナンスリサーチ Q19（216 頁）によれば、機関投資家との対話の中で言及
　があった課題のうち最も多いものは「事業戦略」であるが、「ガバナンス」に関し
　ても一定割合の会社において言及されていることがわかる。

た時間の中で、より大局的な議論を行うことをめざしました。

――移行後に実際に感じられたメリットはどういった点でしょうか。

　当社は IT 業界に属していますので、経営環境の変化が速いです。たとえば、1 年前に、「メタバースって何？」と言っていたものが、翌年にはもうメタバースは当たり前。そして今は、生成 AI がものすごいスピードで事業に影響を与えるようになっています。このように注目すべき技術などが次々に変わっていくという環境変化の中で、取締役会は先を見据える必要があり、経営判断を迅速化させる必要性がありました。監査等委員会設置会社への移行に伴い、取締役会から、決議機関となった経営会議などへの権限委譲を進め、移行前より迅速な意思決定ができていると思います。また、経営会議は原則毎週開催しています。それほど業界の変化が速いのです。

――監査役会設置会社のままですと、迅速な経営判断がしやすい体制を実現することは難しかったとお考えでしょうか。

　たとえば、監査役会設置会社のときは、上位の規程類も取締役会決議事項としていたわけですが、経営会議が諮問機関の位置付けでしたので、上位の決議機関は取締役会と社長決裁という構成でした。そうしますと、上位の規程類の決裁権限をいずれに持たせるのが適切かが悩ましいところでした。機関設計の変更を機に経営会議を決議機関としましたが、決議機関となった経営会議は合議制ですから一層の透明性が確保できていると考えます。規程類について取締役会で議論することに意義がないとは考えませんが、限られた時間の中で、より議論を深めるべき議題があると考えます。ですので、機関設計の変更を機に、規程類などの決定を経営会議などの執行側に任せてもらう、そういう権限委譲の在り方を明確にできたとい

---

3)　経営会議が社長の諮問機関であったときは、経営会議での議論を踏まえて、社長が決裁の可否を決定していた。決議機関となった後は、構成員の多数決で決裁可否を決定することとなった。なお、現在の経営会議は、社長を含む取締役上級執行役員で構成されており、常勤監査等委員が出席し、業務執行の意思決定について監督している。

うところは大きなメリットとしてあり、これは監査役会設置会社のままでは実現が難しかったと考えています。

――御社は 2020 年の監査等委員会設置会社への移行に伴い、12 名の取締役のうち 5 名が社外取締役となり、社外取締役比率は 3 分の 1 を超えました。また、2023 年に 13 名の取締役のうち 7 名が社外取締役となり、社外取締役比率は過半数となりました。3 分の 1 と過半数とでは大きな違いがあると思いますが、過半数に至るまでにどのような背景があったのでしょうか。

　SR 活動が影響していると思います。SR 活動などで得た、市場の声を踏まえながら、2020 年に監査等委員会設置会社に移行しました。そしてさらなるガバナンスの向上を意識する中で、2022 年に指名委員会および報酬委員会の議長を社外取締役に変更しています。さらに 2023 年、取締役会に女性の社外取締役を迎えつつ社外取締役を過半数にしました。SR 活動を通じて徐々にガバナンスの向上をしていくと、機関投資家は一定の評価をしてくれます。機関投資家との対話に手応えを感じていますし、対話が実効的なものになっていると感じています。

――取締役会で戦略的な議論を行うため、いくつか工夫されている点があるとのことでした 4)。まずは、環境面の工夫として、御社では取締役会とは別に、茶話会形式のインフォーマルな会議を運営されているということですね。

　茶話会形式のインフォーマルな会議は 2015 年頃からありました。当時の役員がガバナンスの高度化に取り組む中で、工夫した点です。これを取締役会以外で取締役が必要なテーマについて意見交換する場として運営してきました。テーマによりますが、取締役に加え執行役員がメンバーとして入ります。これを取締役会の前後などに開催することで、役員間のコミュニケーションの活性化を図っています。

　最近の取締役会実効性評価において、取締役が取締役会以外での討議機会のコミュニケーションの一層の拡充の必要性について課題認識を持っているということが明らかになりました。これに伴い、茶話会形式のコミュ

---

4)　本書 49 頁松村発言参照。

ニケーションの場は、さらに活用されるものと考えています。

——執行役員から取締役会への業務執行状況の報告の在り方についても工夫されているということでした。

　事業が多角化し、経営環境の変化が速いため、各事業の変化に応じて報告を上げています。モニタリング型の取締役会といえども、業務執行に関する理解は不可欠ですので、業務執行に関する情報をできるだけタイムリーに取締役会に共有するようにしています。現在は、決算発表においても、事業担当の執行役員がアナリストの質問に回答するようになっていますし、さらに、2023年の株主総会では、取締役に加え、取締役を兼務していない執行役員も必要に応じて株主からの質問に回答できるように、登壇していました。

——取締役会を効率的に運営するための基盤として、社外役員に会社のアカウントを発行されているということでした。

　当社では、10年以上前から、社外役員各人に対して会社のアカウントを発行し、取締役会資料などの社内情報に、社外役員が直接アクセスできるようにしています[5]。

　また、取締役会当日に、取締役会資料を印刷し、役員の席に紙で用意していたのですが、数年前にその紙の配布もやめました。資料はフォルダに全部入れておき、社外役員はそのフォルダにアクセスして資料を確認します。印刷をやめたことで、事務局側の負荷は相当減りましたし、紙資源の削減にもつながりました。役員としても、必要なときにいつでも情報にアクセスできることは大きなメリットだと思います。

---

5)　ガバナンスリサーチQ20（216頁）によれば、社外取締役が常時取得できる社内情報としては「経営会議の審議状況」が最も多い。一方で、「常時取得できる情報はない」との回答も約半数に上る。

――監査等委員会設置会社への移行に伴い、取締役会付議基準を見直されたとのことでした。どのように見直されたのでしょうか。

　移行に際して、事務局としては、会社法上、取締役に決定を委任できるものはすべて委任したいと考えていました。先ほども申し上げたように取締役会の長時間化が運営上の課題となっていたためです。結論として、移行初年度は、規程類を取締役会決議事項から落とした一方で、重要な財産の処分等については、どこまでが「重要な財産か」という法的な論点がありますが、会社として慎重に判断し、いったん基準をそのまま継続しました。その後1年間運用したうえで基準を見直しました。なお、各決議項目は、項目ごと委任する、しないという議論ではなく、会社への影響度を考え、そこに金額基準やその他定性的基準を設けて、その基準を超えるもの、満たすものは取締役会へ付議するという仕組みも取り入れています。

――監査等委員会設置会社に移行しながらも、権限委譲については移行初年度は実施せず、翌年以降の課題として持ち越したという会社も多いと認識しています。御社が初年度から権限委譲に取り組めたのはなぜでしょうか。

　モニタリング型の取締役会を実現しようとすると、実務では職務決裁権限の一つ一つの決議項目に向き合うという泥臭い作業をしなければなりません。当社は、移行時の準備として、職務決裁権限における項目を色分けしました。これは落とせる、これは残そうと、一つ一つ色分けする作業です。役員にもその色分けした表を見せて議論しました。そうすると役員も、移行後の取締役会で何を議論するかという具体的なイメージがもてます。

　ただ、初年度としては少し慎重に、取締役会決議事項を残し、実際に取締役会を運営しながら、段階的に委譲していきました。このように1年間運用したことで、事務局、役員双方に一定の納得感を醸成することができたと考えています。先ほど経営環境の変化の速さについて申し上げましたが、こういう状況があるからこそ、基準を定期的に見直すという方法には合理性があると思っています。

——モニタリング型の取締役会を志向し、取締役に求められている役割は、移行前よりも戦略的な議論に注力する点にあるという共通のご認識はどのように醸成されていったのでしょうか。

　共通認識は一朝一夕にできるものではないと思います。社外役員も、社長や業務執行側と定期的なコミュニケーションの機会をもつ中で、次第に醸成されたように感じます。徐々にガバナンスを向上させたことも、意識の変化に寄与したのではないでしょうか。やはりそういう一つ一つの積み重ねが大切なのだと思います。

——最後に、取締役会事務局という仕事へのご認識についてお聞かせください。

　私は前職から取締役会の事務局として、この業務にかかわってきました。どの機関設計であっても、どのような企業であっても、取締役会事務局が担っている運営の実務は非常に泥くさく、一つ一つの課題に対し、市場環境、役員の意識、そして会社の置かれた現状を踏まえ、考え抜かなければならない業務であると強く感じます。

　取締役会事務局の役割が、秘書的な役割から、戦略的な役割に変わらなければならないという話を、最近よく耳にします。当社の場合は秘書的か戦略的かと言われれば、比較的戦略的な役割を担うというカルチャーがあるように思います。それは、当社がベンチャー企業と言われていた時代から、従業員一人一人が会社を動かすという意識を強く持ち、自分たちも経営陣と同じ意識で考えるという姿勢があったからかもしれません。この気質がいまもベースにあるのだと思います。それに戦略的な仕事のほうが楽しいですし。市場の声を踏まえて経営陣と議論し、会社を高めていく。コーポレートガバナンスに携わる仕事のやりがいはここにあると思います。

機関設計と取締役会
——重要な業務執行の決定の委任の在り方と委任後の取締役会の体制と運営について

1 はじめに

　近年、CG コードや CGS ガイドラインをはじめとした各種指針等を背景に、コーポレートガバナンスの向上を目指し、上場企業各社ではさまざまな取組みを進めています。取締役会の在り方については、CGS ガイドラインが、機関設計と関連づけて「(A) 取締役会を監督に特化させることを志向するモデル」と、「(B) 取締役会の意思決定機能を重視しつつ取締役会内外の監督機能の強化を志向するモデル」の区分を示しました[1]。どのようなガバナンス体制を目指すかは企業によってさまざまな考え方があるところですが、ガバナンス体制を機関設計と関連づけたこの整理は、多くの会社にとって参考になります。

　東証の全上場企業を対象に機関設計の選択状況をみてみると、監査役会設置会社が減少する一方で、監査等委員会設置会社が増え続け、東証全上場企業全体の約 4 割を監査等委員会設置会社が占める状況となっています（2024 年 4 月末現在）。監査等委員会設置会社への移行目的としては、「監督と執行の分離」、「取締役会の経営監督機能の強化」、「迅速、効率的な意思決定」等をあげる会社が多くみられます。監査等委員会設置会社の特徴として、法定の要件[2] を満たす場合には「重要な業務執行の決定の委任」が可能であり、個別の業務執行の決定を取締役に委任することで、取締役会は監督機能に注力することができるため、このことが、モニタリング・

---

　1)　図表 1-2（12 頁）参照。
　2)　取締役の過半数が社外取締役である場合（会社法 399 条の 13 第 5 項）、または重要な業務執行の決定の委任ができる旨の定款規定がある場合（会社法 399 条の 13 第 6 項）。

モデルを目指す会社にとって親和性があるためと考えられます。

　そこで本稿では、2020 年に監査等委員会設置会社に移行したグリー株式会社の松村氏（以下、「グリー・松村氏」という）のインタビューにおける示唆を踏まえて、取締役会の監督機能を強化するための実務的な論点として、重要な業務執行の決定の委任の在り方や、委任後の取締役会の体制と運営について取り上げます。

2　重要な業務執行の決定の委任の在り方

　前述のとおり、監査等委員会設置会社は重要な業務執行の決定の委任が可能な機関設計であり、監査等委員会設置会社へ移行する目的に、取締役会の監督機能の強化を掲げる会社が多くみられます。監査等委員会設置会社へ移行した会社のうち、定款規定に基づき実際に委任を行っている会社は 54.2%と過半数にのぼっていますが、その実施割合は直近 4 年間でほぼ横ばいとなっています（図表 1-5）。モニタリング・モデルへの移行を機関設計変更の主な目的とする会社において、それを実現するために重要な業

図表 1-5　監査等委員会設置会社における重要な業務執行の決定の取締役への委任状況

		2020 年度	2021 年度	2022 年度	2023 年度
定款規定を設けている		404 社	481 社	620 社	689 社
		86.3%	86.0%	90.1%	89.3%
	実際に委任している	246 社	281 社	363 社	418 社
		52.6%	50.3%	52.8%	54.2%
	実際には委任していない	158 社	200 社	257 社	271 社
		33.8%	35.8%	37.4%	35.1%
定款規定を設けていない		50 社	72 社	61 社	73 社
		10.7%	12.9%	8.9%	9.5%
無回答		14 社	6 社	7 社	9 社
		3.0%	1.1%	1.0%	1.2%
全体（合計）		468 社	559 社	688 社	771 社
		100%	100%	100%	100%

（出所）株主総会白書（旬刊商事法務 2256 号、2280 号、2312 号、2344 号）より当社作成

務執行の決定の委任を行うこととなった場合、その委任範囲をどのように決定するのかについて、実務上は非常に悩ましく思っている会社が少なくないことがうかがい知れます[3]。

　以上を踏まえ、本稿では、監査等委員会設置会社に移行した会社および移行を機に取締役会付議基準を見直すことを検討している監査役会設置会社の皆さまを主な想定読者として、取締役会付議基準の見直しの手順として考えられる一つの方法をご提案します。もっとも、監査役会設置会社のままでも、後述する「重要性」の基準を見直すことにより、委員会型の機関設計に比べるとその範囲は狭いものの、一定程度取締役会決議事項を減少させることは可能ですので[4]、以下の手順は監査等委員会設置会社に移行する予定のない監査役会設置会社の皆さまにも参考にしていただけるものと考えています。

3　取締役会付議基準の見直しの手順（例）

(1)　自社の取締役会の課題と、付議基準見直しの目的の明確化[5]

　委任する項目・しない項目、項目ごとに付議基準となる金額基準を設ける場合の適正な基準については、これまで取締役会を運営するにあたって抱えてきた課題、今後目指すべき取締役会の在り方（マネジメント・モデル、モニタリング・モデル）を含むガバナンス体制、企業規模等によって異なります。自社にとって適正な基準を検討するためには、まずは自社の取締役会が何を課題とし、何を目的に付議基準を見直すのかを明確にしておくことが必要と考えられます。これは付議基準の見直しによって達成したい最終的なゴールのイメージを明確にする作業といえます。

　たとえば、取締役会1回当たりの時間の延長が難しい中で、経営戦略に関する議題について議論する時間の捻出を課題とする会社でしたら、これまで定例的に付議してきた決議事項のうち相対的に取締役会に付議する必要性が低いものを選別のうえ、これらの審議に費やす時間を減少させ、代

---

3) 委任状況について Q15（214頁）参照。
4) 本書第1章塚本論説 101頁参照。
5) 本書第1章倉橋論説 80頁参照。

双日株式会社の取締役会での審議内容、審議実績（同社の「統合報告書 2023」より抜粋）

取締役会での審議内容

2022年度は、女性活躍推進、デジタル人材育成や外国人人材CxO、男性育児休暇取得率に係る人材KPIの進捗状況、次期中期経営計画における人材施策やDX実装に係る報告に関し、活発に議論を行いました。

また、コーポレート・ガバナンスを充実させ、さらなる企業価値向上を図るため、監査等委員会設置会社への移行を含めたガバナンス体制の見直しについて、さまざまな議論を行いました。

投融資案件では、豪州で空調設備設計・施工及び省エネルギーサービス事業を手掛けるEllis Air社の買収や豪州でDuttonグループとして中古車卸売・小売事業などを展開するAlbert Automotive Holdings Pty Ltdの買収について審議するとともに、冷凍マグロの加工販売を行うトライ産業の全株式取得に関し、先に子会社化したマリンフーズを含む当社グループの強みを活かした相乗効果による水産事業拡大についての議論を深めました。

経営戦略 サステナビリティ ガバナンス (51%)	中期経営計画関連	中期経営計画・業績進捗状況報告
	サステナビリティ	サステナビリティ委員会報告
	役員関連	指名・報酬委員会報告、役員人事・報酬、業務執行報告、D&O保険、社外役員との責任限定契約
	ガバナンス関連	取締役会実効性評価、政策保有株式、株主資本コスト、取締役会年間計画、ガバナンス体制の見直し
	株主総会	株主総会関連
	人事関連	人事施策、新人事制度、従業員への株式付与
	システム、DX関連	情報・ITセキュリティ委員会報告、DX進捗報告
監査・内部統制 リスク管理・財経 コンプライアンス (34%)	監査	監査役会関連、内部監査報告
	内部統制関連	内部統制委員会報告、リスク管理運営方針
	リスク管理関連	品質管理委員会報告
	財経関連	決算関連、予算関連、資金計画・調達関連
	コンプライアンス関連	コンプライアンス委員会報告、安全保障貿易管理委員会報告
	訴訟仲裁関連	訴訟仲裁報告
投融資 ポートフォリオ見直し (15%)		インド高速鉄道車両基地建設事業関連、マリンフーズ・トライ産業などの水産事業関連、不動産リート事業関連、豪州省エネルギー事業関連、豪州中古車販売事業関連

（表左側の縦書き見出し：主な審議内容）

注：括弧内は、2022年度取締役会の総審議時間に占める、各項目の審議時間の割合

取締役会審議実績

- 経営戦略、サステナビリティ、ガバナンス
- 監査・内部統制、リスク管理・財経、コンプライアンス
- 投融資、ポートフォリオ見直し

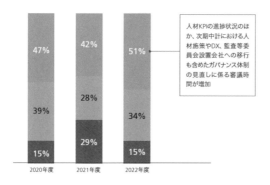

人材KPIの進捗状況のほか、次期中計における人材施策やDX、監査等委員会設置会社への移行も含めたガバナンス体制の見直しに係る審議時間が増加

（グラフ）
2020年度：47% / 39% / 15%
2021年度：42% / 28% / 29%
2022年度：51% / 34% / 15%

わりに経営戦略に関する議題について議論する割合を増加させることがゴールとなるでしょう。

監査役会設置会社ではありますが、双日株式会社では、取締役会での各項目の審議時間の割合を統合報告書で示しており、参考になります（本書73頁）。なお、ガバナンスリサーチでは、各社が取締役会で重点的に審議している事項や、今後議論を活性化させたいと考えている事項が明らかになっています[6]。

(2) 現状把握（過去の付議事項の性質別の分類）

最終的に目指すべきゴールが定まったら、まずは自社の現状を把握することが肝要です。そのため、たとえば、過去の取締役会への付議実績を洗い出したうえで、その付議事項を性質別に分類することが有用です。

具体的には、自社の取締役会付議実績を、過去3年分程度一覧化します。そのうえで、各付議事項を、会社法上「委任できる事項」と「委任できない事項」に分類します。さらに、分類ごとに色分けを行うと視覚的にその事項の性質がわかりやすくなります。

(3) 委任事項の検討（質的基準と量的基準への着目）

委任事項の決定にあたっては、(1)で設定した目指すべきゴールのほか、過去の取締役会での審議実績や個別要因（取締役会決議事項としている自社の事情等）が考慮すべき要素となります。たとえば、社内規程の改廃について、取締役会付議基準に基づき従来は決議事項としていながらも、取締役会では実質的な議論が少なかったといえる場合には、社内規程の改廃を取締役会決議事項として残す意義が低いと捉えることが可能です。もちろん社内規程の中でも取締役会決議をすべきと考えられるものもあるため[7]、それらは取締役会決議事項として残し、別途「その他会社にとって重要と考えられる規程」といった包括的な項目も設けることで、必要なも

---

6) Q12（212頁）、Q21（217頁）
7) たとえば、株式取扱規程が挙げられる。全国株懇連合会が策定している「定款モデル」および「株式取扱規程モデル」においては、株式取扱規程の改正は、取締役会の決議によるものとされている。

のを柔軟に取締役会に付議する運用が可能となります。

　また、委任事項の決定に際しては、以下に掲げる①質的基準、②量的基準の観点に着目することが考えられます。

①質的基準

　会社法上は委任可能であっても、質的基準の観点から、たとえば以下のような事項については委任は行わずに、引き続き取締役会決議事項とすることも選択肢となります。

> ・CGコード上、取締役会の関与が要請されている事項
> 　（例：サステナビリティの基本方針の決定など）
> ・株主にとって重要性、関心が高いと考えられる事項
> 　（例：決算短信・有価証券報告書の承認など）
> ・取締役間の役割分担の性質を有する事項
> 　（例：役付取締役の選定・解職、取締役の職務分掌など）
> ・経営の基本方針には該当しないが、会社に大きな影響を及ぼすような事項
> 　（例：大規模なM&Aなど）
> ・個社事情により、自社の取締役会で議論に時間を割きたい事項
> 　（例：過去の不祥事等に関連するものなど）

②量的基準（「重要性」の考え方）

　前提として、監査役会設置会社では、「重要な」業務執行の決定は取締役会の専決事項とされており（会社法362条4項）、委員会型の機関設計（監査等委員会設置会社および指名委員会等設置会社）に比べ、執行側へ権限委譲できる範囲は限定されています。そこで監査役会設置会社のままモニタリング・モデルを目指す会社においては、何が「重要な」ものに当たるか、その「重要性」というものをどのように解釈するのかが重要な論点となります。

　これに対して、監査等委員会設置会社においては、前述の法定要件を満たす場合には、「重要な」業務執行の決定を取締役に委任することができます。すなわち、たとえば「重要な財産の処分」等について、「重要性」の基準を設けずに、取締役会決議事項から除外することも可能です。しかしながら、監査等委員会設置会社においても、実際には、会社への財務上

その他の影響が極めて大きな投資等の案件については、取締役会決議事項として残すことに合理性があると考えられます。そのため、この「重要性」の考え方については、監査役会設置会社のみならず、監査等委員会設置会社においても参考になる観点といえます。

「重要性」の考え方については、会社法に定めがない中、重要な財産の処分・譲受けについていうと、判例[8]が参考にされるとともに、東京弁護士会会社法部が提示している「総資産の1%」という基準[9]が、少なくともこれまでの実務では一つの目安とされてきました。ただし、当該判例においても「重要な財産の処分に当たるか否かは、当該財産の価額、その会社の総資産に占める割合、保有目的、処分行為の態様及び会社における従来の取扱い等の事情を総合的に考慮して判断すべきである」とされており、各社の状況に応じて適切な基準を検討することが望まれます。なお、最近では連結総資産の1%を基準とすることに肯定的な意見もみられます[10]。

取締役会決議事項にするということは、社外取締役を交えて議論をするということを意味します。そこで、金額基準の検討の際、社外取締役を交えて議論することが望ましいのはどの程度の規模の案件からかという視点をもつことは重要です。加えて、この金額基準にした場合に実際に決議事項および審議時間がどの程度減少するかといったシミュレーションをすることも有益でしょう[11]。

⑷　定期的な見直し

⑶で決定した内容に基づき実際に取締役会運営を行う中で、定期的に

---

8)　「株式が、帳簿価額で会社の総資産の約1.6パーセントに相当し、適正時価を把握し難く、その譲渡が、代価いかんによっては会社の資産及び損益に著しい影響を与え得るものであり、営業のため通常行われる取引に属さないなど判示の事実関係の下においては、右株式の譲渡は、商法260条2項1号にいう重要な財産の処分に当たらないとはいえない。」（最判平成6年1月20日民集48巻1号1頁）。

9)　東京弁護士会会社法部編『新・取締役会ガイドライン〔第2版〕』（商事法務、2016）209頁。

10)　藤田友敬ほか「座談会　会社法における会議体とそのあり方〔Ⅳ〕―取締役会編―」旬刊商事法務2342号（2023）38頁。

11)　本書第1章倉橋論説80頁も参照。

（たとえば年に 1 回または数年に 1 回程度）現在の委任範囲が適切かを検討し、必要に応じて段階的に委任範囲の拡大（場合によっては縮小）していくことも有用と考えられます。

付議基準の見直しに際し、委任可能な事項をただちにすべて執行側に権限委譲することも可能ではありますが、グリー・松村氏がインタビューで述べられているとおり（本書 68 頁）、段階的な権限委譲には、取締役・事務局ともに何をどこまで委任しても実務としては滞りないのかということを確認・実感することができるというメリットがあり、結果として社外取締役を含めた納得感ある円滑な委任を進めることができる効果があると考えられるためです。

たとえば、このような定期的な見直しを取締役会実効性評価等の機会に行うなど、実務のルーティンとして組み込んでおけば、ガバナンスの向上に取り組みやすいといえます。

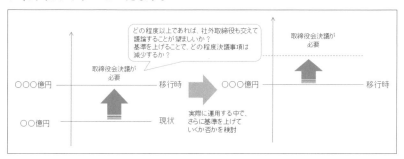

4　重要な業務執行の決定の委任後の体制と運営上の工夫

(1)　取締役会への報告事項（モニタリング体制）

委任した事項については、取締役会で定期的にその進捗状況をモニタリングすることが重要です。委任した事項すべてを報告事項とするか否かについては、取締役会による直接的な監督機能の低下の懸念と、報告に要する時間の兼ね合いをはかりながら判断する必要があります。監督機能の低下を防ぐために委任した事項のすべてを報告事項とする場合には、報告時間が長時間化し、戦略的な事項に関する審議に割く時間が想定していたよりも取れなくなってしまうおそれがあるため、報告方法を工夫することが考えられます。たとえば、重要度の高い案件だけを口頭の報告事項とし、

その他の案件については書面報告とする方法が考えられます。

　報告の内容や頻度は、自社の経営環境が変化するスピード、事業の進捗等を踏まえた各社の判断によるところではありますが、検討時の観点の一例としては以下が挙げられます。

・モニタリング機能の観点
　▷　委任事項の遂行結果、業績、経営指標、将来予測など
・コンプライアンス・リスク管理の観点
　▷　コンプライアンスの状況、不祥事、同業他社等の重大な不祥事、新しい法律等への対応、内部通報制度の運用状況など
・CG コードの観点
　▷　政策保有株式の保有合理性等の検証結果など

---

(2)　情報共有の環境整備

　重要な業務執行の決定を委任する場合、前述のとおり、取締役会のモニタリング体制の構築が重要となりますが、それと併せて、取締役（特に社外取締役）への情報共有の環境を整えることが考えられます。

　グリー・松村氏がインタビューで述べられているとおり（本書67頁）、社外取締役が社内のイントラネット環境のアクセス権限を持ち、常時情報を取得できるような体制を構築することで[12]、委任した事項の進捗状況等を社外取締役が主体的かつ機動的に確認することができ、モニタリング体制、ひいてはガバナンスの向上に資すると期待されます。

　また、社内取締役と社外取締役の情報格差を埋めるという観点からは、経営会議等に社外取締役がオブザーバーとして参加できるようにしたり、オフサイトミーティングを実施することも有用であると思われます。

（文責：野村剛宏、白木絵利加）

---

12)　Q20（216頁）。

論　説

社外取締役比率向上を踏まえた
今後の社外取締役の機能発揮のための
実務上の課題と対応

弁護士　倉橋　雄作

1　はじめに

　CG コードの策定・改訂を経て、社外取締役の比率が向上している。東証の調査によれば、2023 年 7 月 14 日現在、プライム市場上場会社のうち、3 分の 1 以上の独立社外取締役を選任する会社の比率は 95.0%、過半数を選任する会社は 15.9%、平均人数でみれば取締役 9.1 人に対し独立社外取締役が 3.8 人となっている（東京証券取引所の 2023 年 7 月 31 日付「東証上場会社における独立社外取締役の選任状況及び指名委員会・報酬委員会の設置状況」）。これまでのコーポレートガバナンス改革により、取締役会全体の規模を 8～10 人程度に最適化し、業務執行取締役の数を 4～6 人程度にまで絞り、社外取締役の数を 3～5 人程度にまで増員するという構成が標準形になったといえる。

　取締役会の構成がこのように大きく変容したことに付随して、取締役会が果たすべき機能、運営の在り方、その他の実務対応も変化する。そこで本稿では、社外取締役の機能発揮のための実務上の課題と対応について論じる。特に、取締役会の運営面での改善余地、そして社外取締役による株主とのエンゲージメントの 2 点を取り上げたい。

2　取締役会の運営

　取締役会の構成が変容したことに合わせ、取締役会の運営を目的合理的に工夫する必要がある。CG コードが 2015 年に策定されて以来、各社でさまざまな工夫が進められてきた。以下では、主要な検討課題について、まださらに改善の余地があると思われる事項について紹介したい。

(1) 取締役会のアジェンダ

　まず、取締役会のアジェンダが重要な検討課題であり続ける。取締役会が果たすべき役割・機能を明確にしたうえで、取締役会が何を決定すべきか、取締役会で何を議論すべきかを考え、アジェンダを具体的に決めていく。すでに実務上の対応は大きく進んでいる。

　決議事項の最適化という面では、重要な財産の取得・処分、多額の借財、重要な使用人の選任などの定量基準・画一基準が実務課題となる。基本的な判断軸は、「社外取締役を交えて議論し、決定すべきような事項か」で考えればよい。監査役会設置会社ではこれらは取締役会の専決事項であるが（会社法362条4項1号～3号）、財産の取得・処分や借財は連結総資産の1％や単体総資産の3％に定量基準を設定することもできる。そうすれば決議事項の範囲を大幅に縮減することができる。人事案件も部長人事などは執行に任せておけばよい。基本的には執行役員以上の人事を取締役会決議事項とすればよい。執行役員の数が多い会社では、役付きの執行役員のみ取締役会決議の対象とするなどしている。社内規程の制定・改定も、会社の経営方針・経営体制、コーポレートガバナンスの基本方針・体制、これらに準じるような方針・体制を定めるような重要な社内規程に限って、取締役会決議の対象とすればよい。

　監査等委員会設置会社や指名委員会等設置会社では執行への権限委譲も可能であり（会社法399条の13第5項、416条4項）、決議事項はより柔軟に合理化することができる。

　報告事項の合理化も不可欠である。仮に決議事項を絞っても、経営会議決裁事項を全て取締役会に報告していれば、結局、個別の業務執行事項が取締役会審議の中心を占めてしまう。報告事項についても、「社外取締役に報告しておくべき事項は何か。社外取締役を交えて議論しておくべき事項は何か」という観点で、思い切って合理化を進めてよい。

　こうして従前から決議・報告の対象となっていた事項を減らし、取締役会の時間に余裕を捻出したうえで、いまの経営環境・経営課題・経営戦略との関係で重要なアジェンダについて議論する機会を創出していく。新しい中期経営計画の策定に向けた議論、重点課題への対応方針についての討議、経営戦略の推進状況の報告、サステナビリティ・DX・人的資本など

の重要施策についての議論などを取り上げていく。最近は「報告事項」とは別に、「審議事項」などを設ける例も増えている。重要なテーマ、トピックを取り上げ、戦略的かつ大局的な観点で議論する機会を設けるという発想で、決議事項・審議事項・報告事項のテーマやトピックを選択するとよい。

　重要事項を優先度に応じて審議できるよう、取締役会アジェンダの年間計画を定め、各部門に準備を促し、取締役会メンバーにも事前に説明しておくことも有意義である。取締役会で議論するテーマそれ自体について、「価値創造ストーリー」に即したものとするとなおよい。

　アジェンダによっては、オフサイトミーティングを活用してもよい。取締役会ではどうしても畏まった議論になりがちであるため、取締役会終了後にそのままざっくばらんな議論の機会を設けたりする取組みが多くみられるようになっている。オンサイトとオフサイトの切り替えは議論の仕掛けとして有効である。

(2)　取締役会資料・プレゼンテーションの工夫

　取締役会の資料作成やプレゼンテーションに関連する実務対応も工夫が進んでいる。充実した資料を作成し、事前に共有し、取締役会では説明時間を短縮化する取組みが広がっている。起案部署が議案説明を録画し、事前に動画配信する会社もある。社内の取締役にとっても、経営会議等で聞いた説明を取締役会で重複して聞くことになると時間泥棒になりかねないが、社外取締役が事前に動画配信で説明を聞いてくれていれば、そうした非効率を避けることもできる。

　他方で、課題を認識している会社も少なくない。特に、資料のボリュームが多すぎることが課題になりがちである。背景として、これまでの社外取締役からのリクエストに応じて資料記載項目が増えてしまったり、起案部署が過去の取締役会での経験をもとに、予想される質疑を見越して先回りで資料に書き込む情報を手厚くすることなどで、資料のボリュームが増えたりする。また、経営会議資料を取締役会に流用すると、往々にして資料が細かく、かつ情報量も多くなりがちである。そのような場合、付随的に、取締役会での議論がマイクロマネジメントに陥るという副作用も生じ

かねない。

　社外取締役の存在感がますます高まることを受けて、取締役会資料や当日のプレゼンテーションの在り方も継続的な改善が必要となる。

　決議事項であれば、その議案書や参考資料にて、(i)決議の対象が明確に特定されているか、(ii)その議案の背景・文脈・意味が提示されているか（経営戦略や重点施策との関係性など）、(iii)執行側での検討過程で主要な論点となった事項（投資判断の合理性に対する審査結果、主要な想定リスクなど）が共有されているか、(iv)事後のモニタリングに資する判断材料（当該議案での獲得目標、投資判断の前提条件、主要なKPI、マイルストーンなど）が明確とされているかなどが主要なチェックポイントとなる。

　特に、取締役会に提案されるに至るプロセスの説明を意識するとよい。執行がみている風景に本質的に重要な情報が詰まっている。その案件の検討プロセスそれ自体が説明されれば、案件の背景事情、その案件の必要性・合理性、リスク要因、反対論、弱み、デメリット、他の選択肢との比較検討結果などが自然と取締役会に共有され、上記のような主要チェックポイントの大半を充たすはずである。

　取締役会の資料作成やプレゼンテーションの質を高めるための工夫として、「本件で社外取締役に特に説明しておくべき事項、特に理解いただきたい事項」という着眼点を推奨したい。取締役会の決議が必要となるような議案は、それだけの重要性を備えているということであり、その重要性を裏づける何らかの個性がどの議案にもあるはずである。「この議案について議論するうえで、これはぜひ社外取締役に理解してもらっておかないと本当に意味のある議論はできない」というような特記事項があるはずである。起案部署に対しては、そうした特記事項を明確にし、取締役会にも共有してほしい旨を要請しておく。案件の採算性であるのか、前提条件であるのか、想定しておくべきリスクであるのか、案件ごとの特記事項を暗黙知にとどめず、形式知として、焦点を当てることが重要である。そうすれば総花的な説明にとどまらず、議論も締まるはずである。

　取締役会での社外取締役を交えた議論の質を高めていくには、執行サイドの「本音」の共有も不可欠である。建前論だけでは議論は深まらない。説明者のMy Message/I Messageもあったほうがよい。「この案件はこのよう

な背景の中で、これこれのビジョンを実現するために是非とも取り組みたいものです。要は、これこれというものです。本日ご承認いただけましたら、これこれに取り組んでいきたいと考えております。」といったメッセージがあることで、取締役会は執行によるリスクテイクの応援者になってくれる。

　執行サイドによる「論点の整理と提示」も有効である。取締役会での議論の焦点が定まらないことに苦戦しているのであれば、執行から「取締役会で特にご議論いただきたい事項」を提示すればよい。起案部署と取締役会事務局が一緒になって、議長とも相談しながら、論点を提示する。たとえば M&A であれば、個別の取組方針や契約条項などについては執行で熟慮しており、取締役会の場でいまさらの細かなコメントを期待していないこともあるであろう。そのようなマイクロマネジメントの議論ではなく、当社の経営戦略との関係で当該案件が意味することは何か、案件の推進において優先すべきことは何か、取引実行後の施策の必要十分性をいかに確保するかなど、あえて社外取締役を交えて議論すべき本質的論点を執行サイドで考え抜いておくことがプレゼンテーションの質を高め、結果として取締役会での議論の質を高めることになる。

　経営会議資料を取締役会に流用するのであれば、取締役会用のサマリーだけは作成するといった対応も合理的であり、効果的でもある。サマリーの作成は執行サイドによる分析の質を計測するポイントにもなる。案件の根幹となる達成すべき目標、その実現の前提条件、ネクストステップ（マイルストーン）、リスクの分析・対処・残余リスクの意識的・明示的認識、事後の効果測定の目線（KPI）、主要な論点などを WORD1〜2 枚、パワーポイント 4〜6 枚にまとめるイメージである。これも起案部署と取締役会事務局が協働するのがよい。

(3)　報告事項のさらなる工夫

　社外取締役の機能発揮のためには、審議事項や報告事項がますます重要となる。実務上の改善余地はまだ見受けられる。

　たとえば、月次報告には工夫の余地が大きい。取締役会で毎月、業績について月次報告をしている会社は少なくない。しかし、取締役会にて月次

で予算と業績の進捗などを詳細に説明することに意味があるのか。業績推移、経営戦略、経営環境の動向、経営指標の達成状況に対する、主観的な評価と分析のプレゼンテーションにこそ意味があるのではないか。業績を理解するための数字の「文脈」と「意味」を理解するための感覚的な説明こそ重要ではないか。そうであれば、月次報告の優先度は低いのではないか。四半期報告で必要十分ではないか。そのような問題意識で、月次報告をなくし、その時間を別の重要テーマの審議に充てることも有意義である。

　四半期毎の業務執行報告も合理化することができる。取締役会は取締役の職務執行を監督し（会社法362条2項2号）、そのための機会となるよう、代表取締役をはじめとする業務執行取締役は3カ月に1回以上、「自己の職務の執行の状況」を取締役会に報告しなければならないとされている（会社法363条2項）。

　実務上は四半期毎の業務執行報告と呼ばれ、業務執行取締役が全員、順々にそれぞれの所管範囲について報告している会社も多い。背景には、業務執行を担当する取締役が各自、取締役会に報告することが義務づけられているとの理解がある。しかし、そうした運用であれば総花的な報告になりがちである。

　改めて考えてみると、全ての所掌範囲で社外取締役にぜひ報告しておくべき重要なトピックが3カ月の頻度で常に更新されるわけでもない。さらに、いまは業務執行取締役の数が絞られており、重要な職掌について取締役ではない執行役員が担当していることもある。そのため、業務執行取締役のみが順々にそれぞれの所掌範囲について説明しても、一部は説明され、一部は報告から漏れるといったような偏りが生じることもある。社外取締役の比率が向上し、またCGコードなどによって求められているアジェンダも増えていることから、業務執行報告についても合理化することが有効な選択肢となる。

　この点に関する会社法上の解釈として、従前より、代表取締役をはじめとする業務執行取締役による3カ月毎の職務執行報告は、代表取締役が各取締役の業務執行の状況をまとめて報告してもよいし、それに加えて業務を分担している各取締役が各自の担当業務につき報告してもよいと解され

ていた（竹内昭夫『株式会社法講義』（有斐閣、2001）530 頁）。

　最近でも、会社法 363 条 2 項の趣旨は取締役会の形骸化を防止するために 3 カ月に 1 回以上は会議体を開催させることにあり、(i)取締役会にて業務執行状況について適切なタイミングで適切な内容を適切な報告者により説明がなされ、業務執行を担当する取締役各自が質問を受ける体制が確保されていれば、(ii)取締役会を実際に開催しつつ、一部の報告は書面による報告とすることも許容され、(iii)代表取締役、CEO、CFO、取締役ではない担当執行役員などが他の業務執行取締役らを代理して報告することも許容されるとの考え方が示されている（藤田友敬ほか「座談会・会社法における会議体とそのあり方（Ⅳ）――取締役会編」旬刊商事法務 2342 号（2022）42〜43 頁）。特定の業務執行取締役にとって報告すべき事項がない場合には、取締役会にて特段の報告をしないことにより、実質的には報告すべき事項がない旨の黙示の報告があったものと取り扱うこともできると指摘されている（塚本英巨「業務執行取締役による職務執行状況の報告のあり方」旬刊商事法務 2334 号（2022）295 頁）。

　実務上の観点では、3 カ月に 1 回必ず、業務執行取締役の全員が順々に報告することを止めて、代表取締役、CEO、CFO らのしかるべき業務執行取締役や担当執行役員が業務執行状況について目的合理的に報告することが可能であり、かつ、効果的である。たとえば、中期経営計画の重点施策を柱として、それぞれの進捗状況について説明したり、四半期決算説明会での説明内容を材料にして報告したり、その 3 カ月に起きた・注視した重要トピックについて説明したりすれば、社外取締役に対して報告すべき重要な情報に焦点を当てた報告にすることができる。

　四半期決算の報告をもって業務執行報告がなされていると整理することも可能である。四半期決算のタイミング次第では、暦の関係で、業務執行報告の間に 3 カ月以上の間隔が空いてしまうこともあるが、従前より、「たとえば、三月、六月、九月、一二月の定例取締役会において報告することになっていれば、その日時が多少前後しても法の許容する範囲内というべきであろう」との考え方が示されていた（稲葉威雄『改正会社法』（金融財政事情研究会、1982）236 頁）。最近でも、定例取締役会を利用した業務執行報告にて、前回と今回の間に 3 カ月にプラスして数日から 1 週間程

度の間隔が空く程度であれば許容されるとの考え方が示されている（渡辺邦広「業務執行取締役の職務執行状況報告の頻度」旬刊商事法務2341号（2022）82頁）。このような見解を踏まえ、業務執行報告のスケジュールを柔軟に設定し、実質的な内容報告の充実に注力することができる。

さらには、1年間を通じて計画的に、重要な経営課題について順番に取り上げて報告することで、結果的に「3カ月に1回以上の業務執行報告」の義務を履践していると整理することもできる。業務執行報告は議題の名称にとらわれる必要はなく、実質的に取締役会による監督のための情報が提供されているかがポイントであり、柔軟に対応すればよい。たとえば、人的資本、DX、サステナビリティやESGをめぐるマテリアリティとアクションプラン、東証が全上場会社に要請している「資本コストや株価を意識した経営」など、取り上げるべきテーマは多数存在する。非財務情報開示の対象となっている「経営方針、経営環境及び対処すべき課題等」、「経営者による財政状態、経営成績及びキャッシュフローの状況の分析（いわゆる Management Discussion and Analysis : MD&A）」、「優先的に対処すべき事業上及び財務上の課題」、「主要なリスク（顕在化する可能性、BS・PL・CFに与える影響、対応策など）」などもテーマになる。これらについて年間を通じて議論していけば、有価証券報告書の記載内容も取締役会で議論を経た会社方針が記載されることになる。

業務執行取締役に限らず、取締役ではない執行役員によるプレゼンテーションの機会を設けることも有意義である。特に業務執行取締役の数が少ない会社で有効である。たとえば、四半期ごとに1回とその他の1〜2回の合計5〜6回、戦略的な議論を重点的に行うための取締役会を開催することにし、各事業本部や各リージョンの代表、あるいはCXO（CEO、CFO、COO、CTO、CROなど）が順番に、それぞれの事業環境・経営課題・問題意識などの大局的な分析や今後の経営方針や戦略についてプレゼンテーションを実施し、それを踏まえて議論する機会を設けることが考えられる。1回の取締役会でのプレゼンターは1人でよく、年間を通して、執行の各代表やCXOが1回ずつのプレゼンテーションの機会をもつように計画的にスケジュールを組む。そうすることで、各主要事業領域・機能部門について、1年に1回、掘り下げて議論する機会を持つことが可

能になる。取締役会としても執行への理解が深まり、取締役会の議論を執行につなぐこともできる。監督者と執行者の接点を確保することにもなる。

3　社外取締役による株主とのエンゲージメント

(1)　株主とのエンゲージメント

　社外取締役の機能発揮を考えるうえで、これからの実務で特に重要と思われるのは株主とのエンゲージメントである。

　すでにいまも、IR・SR の状況について取締役会にインプットしている会社は増えている。機関投資家との面談内容、アナリストのレポートなどについて、定例的にまとめて取締役会に報告したり、随時、電子メール等で報告したりする実務である。これは資本市場の見方を取締役会に共有するものであり、有意義な取組みである。

　今後は執行による IR・SR 活動の状況報告にとどまらず、社外取締役による株主とのエンゲージメントを推進することが有効である。たとえば、特に重要な機関投資家との面談やアナリスト説明会に社外取締役にも参加してもらったり、社外取締役のインタビューやステートメントを統合報告書や招集通知に掲載することが典型的な取組みである。これらはすでに実務で広がりつつあるが、より積極的に取り組んでいくとよい。

(2)　投資家を知る機会

　その効用として、投資家やアナリストが我が社に何を期待しているか、どのような問題意識を持っているかについて、社外取締役が直接的に知り、また、理解しようとする機会となる。投資家やアナリストは個別銘柄のみを注視しているわけではなく、常にセグメントの中で相対的に各社のことをみている。社外取締役が投資家やアナリストと直接対話する機会があれば、同業他社比較の視点が当然に持ち込まれる。

(3)　社外取締役のコミットメントを引き出すことに

　こうした直接対話は社外取締役の姿勢、マインド、行動様式をプラスの方向に変える機会にもなる。社外取締役のコミットメントを引き出すと

いってもよい。

　社外取締役は普段、どちらかというと受け身の立場にある。取締役会に参加し、執行からの提案・報告を待ち、詳細な検討材料を提示され、懇切丁寧な説明を受ける。その中で何か気になったこと、関心事、疑問、問題提起などがあれば、その点について発言する。

　他方で、社外取締役が自ら株主とのエンゲージメントに参加するとなれば、受け身だけでは許されない。社外取締役も株主から選任された取締役会メンバーの一員であり、企業価値の維持・向上という重大なミッションを託されている。投資家やアナリストとの面談に自ら参加するとなれば、いまの経営環境や経営課題をどのようにみていて、今後の中長期の経営戦略をどのように考えているのか、取締役会でどのような議論を重ねているのか、執行と同じ側にたって自ら能動的に説明することになる。

⑷　投資家面談の準備

　面談に際しては、これまでの IR・SR で会社がどのようなストーリーでの説明をしてきたのか、投資家やアナリストからどのような質問や指摘が寄せられているのか、会社が対外的に公表・開示しているさまざまな媒体・資料にどのような説明をしているのか、中長期の経営戦略での主要な KPI は何であったか、直近の業績の主要な内容はどうなっていて、会社としてどのような定性的な説明をしているか、主要な重点経営施策や経営課題は何かについて、事前にみっちりと勉強しておく必要もある。

　こうした準備の過程は、社外取締役が自社への洞察を深め、企業価値の維持・向上を担う取締役会メンバーの一員であることの自覚を高める良い機会となる。

⑸　スポークスパーソンの選定と連携

　社外取締役による株主とのエンゲージメントを強化するのであれば、スポークスパーソンを決めておくとよい。取締役会議長である社外取締役や筆頭社外取締役がいれば、適任である。指名・報酬委員会の委員長でもよい。

　スポークスパーソンが明確に定まっていれば、平時から、IR・SR の推

進状況を連携しておく。

　特に、投資家の目線に立ったときに、我が社にどのような課題があるか、事前に分析し、社外取締役にも共有しておくとよい。取締役会の独立性（特に社外取締役の割合）、取締役会の多様性（特にジェンダーダイバーシティ）、取締役会のサクセッション（特に経営戦略と連動したスキルマトリックス、新陳代謝、在任期間）、機関構成（指名委員会等、監査等委員会、監査役会設置会社の選択、任意の指名・報酬委員の設計・運用状況）、取締役会の議長・筆頭社外取締役、報酬制度のインセンティブ体系（構成割合、連動指標、インセンティブ構造）、報酬制度の透明性・客観性（開示や決定プロセス）、政策保有株式（保有の合理性、純資産に比して保有量が多い場合は将来的な縮減方針）、気候変動リスクへの対応、事業ポートフォリオ、東証が要請している「資本コストや株価を意識した経営」、非財務情報開示の十分性、資本政策、配当方針など、着眼点はコーポレートガバナンス全般に関わる。いずれも、同業他社比較、ESG レーティングなども参照の必要性が高い。

　これらの事項について、課題を分析するだけではなく、我が社のポリシーを社外取締役に堂々と語ってもらえるようにしておくことも重要である。そうした対応を日頃から行い、社外取締役との議論を重ねておけば、いざ重大な株主提案があったような場合に、社外取締役は執行の支援者にもなってくれる。

(6)　社外取締役からの面談報告

　面談を実施した後には、その社外取締役に取締役会や非公式な会合などで報告してもらってもよい。副次的効果として、取締役会の議論が執行サイドから監督サイドへの一方向にとどまることなく、双方向での対話となる契機にもなる。

　社外取締役が株主とのエンゲージメントの主体となることは、以上のようなさまざまな効用があり、まさに社外取締役の機能発揮を考えるうえで重要な施策といえる。

社外取締役・独立取締役の役割：再論

東京大学　後藤　元

1　はじめに

　日本の上場企業による社外取締役・独立取締役の選任は、2014（平成26）年および 2019（令和元）年の会社法改正や、2015 年のコーポレートガバナンス・コード導入と 2018 年および 2021 年におけるその改訂、2022年の東京証券取引所の市場再編など一連のガバナンス改革を経て、大きく増加した[1]。これに伴って、実務の関心も、社外取締役・独立取締役の選任の是非から、選任した社外取締役・独立取締役を有効に活用するための方策へと移っているようである。

　このような実務のニーズを受けて、経済産業省が上場企業とその社外取締役に向けて策定した「コーポレート・ガバナンス・システムに関する実務指針（CGS ガイドライン）」（2017 年策定、2018 年・2022 年に改訂）と「社外取締役の在り方に関する実務指針（社外取締役ガイドライン）」（2020 年策定）では、上場企業各社が自社のガバナンス体制の見直しに際して検討すべき事項や、社外取締役が取るべき具体的な行動と会社側が構築すべきサポート体制が整理されている。そこで取り上げられている具体的な項目は、取締役会の開催頻度と 1 回当たりの長さ、取締役会のアジェンダ設定、社外取締役を取締役会議長にするかどうか、筆頭社外取締役の選定、社外取締役だけでのミーティングの設定、社外取締役の情報入手手段の整備、取締役のスキルマトリックスの作成、社外取締役の任期・兼任の上

---

1)　詳細については、東京証券取引所上場部「東証上場会社における独立社外取締役の選任状況及び指名委員会・報酬委員会の設置状況（2023 年 7 月 31 日）」（https://www.jpx.co.jp/equities/listing/ind-executive/nlsgeu000005va0p-att/aocfb40000003dlj.pdf）を参照。

限、取締役会・社外取締役の実効性評価の方法など、多岐に渡っている。

　もっとも、誤解を恐れずに言えば、これらの項目も、取締役会における社外取締役・独立取締役の人数・比率と同様に、形式面に関するものである。実務では、現在これらの項目についての検討が進められているものと思われるが、なぜそれらが必要とされているのかということが腑落ちしないままに、ガイドラインに記載されているからというだけで行われるのであれば、その効果が十分に上がることは期待できない（独立取締役の選任についても、コーポレートガバナンス・コードによって求められているので、仕方なくギリギリの人数を選任しているという会社が少なからず存在するものと思われる）。

　そこで、本稿では、上記の各項目それ自体よりも、そもそも何のために社外取締役・独立取締役が必要だとされているのか、社外取締役・独立取締役に期待されている役割は何かという点について[2]、実務家からの最近の注目すべき指摘を踏まえて若干の検討をすることとしたい。

2　社外取締役・独立取締役による「経営の監督」

　「社外取締役ガイドライン」は、社外取締役は「社外者として経営陣から独立した立場から、経営（経営陣による業務執行）の監督を行う役割が期待されている」とし、「その中核は、経営を担う経営陣（特に社長・CEO）に対する評価と、それに基づく指名・再任や報酬の決定を行うことであり、必要な場合には、社長・CEO の交代を主導することも含まれる」と敷衍している[3]。

　このような整理に対して、倉橋雄作弁護士は、事業内容等に関する情報の点でも会社を良くしようとするインセンティブやコミットメントの点で

---

[2]　平成 26 年会社法改正とコーポレートガバナンス・コード策定時の議論の整理として、後藤元「社外取締役・独立取締役はどのような役割を期待されているのか？——近時の企業統治改革の効果の検証に向けて」宍戸善一＝後藤元編著『コーポレート・ガバナンス改革の提言——企業価値向上・経済活性化への道筋』（商事法務、2016）215 頁を参照。

[3]　経済産業省「社外取締役の在り方に関する実務指針（社外取締役ガイドライン）（2020 年 7 月 31 日）」（https://www.meti.go.jp/press/2020/07/20200731004/20200731004-1.pdf）13 頁、14 頁。

も限界がある社外取締役が、経営陣に対する上位者として「助言」や「監督」をしようとすることには違和感もあるとして、経営陣と社外取締役とが対等な立場で「対話」し、企業価値の向上という共通のミッションのために「協働」するものと捉えるべきであり、このような「対話」により「認知の歪みを乗り越えたり、長期の時間軸での思考を深めたり、誰も触れようとしない『部屋のなかに居座っている象』に向き合う覚悟を決めたり、経営者による感覚的判断の確からしさを検証したり、価値観や暗黙知を共有したり」するといった効果が期待されると指摘されている[4]。

　事業ポートフォリオの再編であれ、事業上問題となる ESG 要素の考慮であれ、内部者のみで議論することによるグループシンキングの弊害を是正し、しがらみのない立場からの発言によって当該企業の課題に目を向けさせることが、社外取締役・独立取締役の重要な役割であることには、全く異論はない。そのような社外取締役・独立取締役からの問題提起を真摯に受け止めた経営陣が、企業価値向上のために必要な具体策を考案・実施していくというのは、ガバナンスの在り方として理想的であるとも言えよう。

　もっとも、筆者の理解では、これも社外取締役・独立取締役による「監督」の一環なのであり、「監督」という言葉の内実を誤解が生じないように具体化することは有益であるとしても、やはり社外取締役・独立取締役の役割は「経営の監督」であると捉えるべきであると思われる。「必要なのは『監督』ではなく『対話』である」というフレーミングには、経営陣が社外取締役・独立取締役（が代弁する一般投資家）の意見を尊重しない言い訳として使われてしまうのではないかという危惧も覚えるところである。

　もちろん、会社事業に関する情報量に制約のある社外取締役・独立取締役の意見が常に正しいとは限らない。このため、「健全に議論を尽くせば、社外取締役の一部が反対意見のままであっても、取締役会の多数決によって意思決定を前に進めること」もあって良いだろう[5]。問題は、投資家か

---

4)　倉橋雄作「社外取締役の実効性をいかに評価するか──『対話』と『協働』のパラダイム」旬刊商事法務 2305 号（2022）38 ～ 40 頁。

ら見た場合に、それが真摯な議論の結果なのか、経営陣が最初から聞く耳を持っていなかったのかを判断することが困難である点にある。投資家の一部に、取締役会の過半数を社外取締役・独立取締役とすることを求める意見が根強いのは、そのような形式を整えることでしか、真摯な議論が行われることは確保できないと考えられているからではないかと思われる[6]。

3　「守りのガバナンス」と社外取締役・独立取締役

　異なる観点からの議論として、遠藤元一弁護士は、アベノミクス下のコーポレートガバナンス改革で強調された「攻めのガバナンス」（迅速・果敢なリスクテイク）だけでなく、「守りのガバナンス」（周到・堅固でレジリエントなリスク管理）も重要であるとして、後者の文脈での社外取締役の役割を分析している[7]。「攻め」だけでなく「守り」のガバナンスも重要であるということには異論はないものの、社外取締役が果たすべき役割という観点からは、攻撃だけでなく防御、アクセルだけでなくブレーキという比喩にのみ頼るのではなく、もう少し具体的に考える必要があるように思われる。

　この点、遠藤弁護士は、「攻めのガバナンス」を迅速・果敢なリスクテイク、「守りのガバナンス」を周到・堅固でレジリエントなリスク管理と整理したうえで、後者に関する社外取締役の役割として、内部統制システムの実効性の監視、監査役会・監査委員会や内部監査部門を通じた情報収集などを取り上げている。もっとも、違法行為や不正行為の発見・是正と、過大なリスクテイクの防止とでは、社外取締役・独立取締役が果たしうる役割は異なりうる。

　前者のうち、違法行為・不正行為の発見については、まさに内部統制シ

---

5)　倉橋・前掲注4）40頁。
6)　逆に言えば、取締役会の過半数が社外取締役でなかったとしても、この会社の経営陣は企業価値と株主の利益を尊重していると投資家からの信頼が得られるのであれば、取締役会の過半数を社外取締役とする必要はない。そのような信頼が得られるかどうかは、これまでの経営が企業価値と株主の利益を尊重したものであったかどうかというトラックレコード次第であろう。
7)　遠藤元一「守りのガバナンスと社外取締役」旬刊商事法務 2298 号（2022）21 頁。

ステムと監査の役割であり、監査ポジションについていない社外取締役にできることは少ないようにも思われる。他方で、違法行為・不正行為が発見された場合に、隠蔽を図るのではなく早期に公表して是正策をとるべきことや、それを契機として内部統制システムの実効性を再検証する必要性を指摘することは、社外取締役・独立取締役の重要な役割であると言えよう。

　また、リスク管理というニュアンスにより近いのは後者の過大なリスクテイクの防止であるが、ここでも、例えば M&A や大規模な設備投資などに際して経営陣が前のめりになっている場合には、社外取締役・独立取締役が devil's advocate[8] としてグループシンキングにより過度の楽観主義に陥っていないかを問題提起することが期待される。

4　終わりに

　以上からは、社外取締役・独立取締役の第一の役割は、経営トップの交替から「守りのガバナンス」の文脈におけるものも含めて、経営陣以下の内部者とは異なるバックグラウンドを背景に、しがらみのない観点から、その時々の会社にとっての課題を指摘し、取締役会の議論を喚起することであるということができる。上場企業各社における CGS ガイドラインで取り上げられている諸事項への対応の検討に際しても、社外取締役・独立取締役がこの役割を果たすことができる状況を確保することが目的であることが念頭に置かれることを期待したい。

---

8)　より深い議論を促すため、議論の中であえて反対意見を出す役割を任う人のこと。

論　説

取締役会の議題設定の在り方 （各機関設計における権限委譲の在り方を 含む）

弁護士　塚本　英巨

1　取締役会の議題設定の見直しの背景

　取締役会は、機関設計の如何を問わず、会社の業務執行に関する事項を決定する職務を担う会議体である（会社法 362 条 2 項 1 号、399 条の 13 第 1 項 1 号、416 条 1 項 1 号）。

　そのような取締役会において決議すべき事項の範囲を含め、取締役会の議題設定の在り方について、近時、悩ましく思っている上場会社が少なくない。

　その背景として、社外取締役の人数・割合が増えたことが挙げられる。これは、取締役会において、伝統的に、個別具体的な業務執行事項が決議事項として上程され、その議題数が比較的多かったことと関連する。つまり、社外取締役は、必ずしも会社の業務に精通しているわけではない。そのような社外取締役としては、比較的重要な議題といえども、こまごまとした議題について判断を求められても困る、適切に判断することができないということになる。そのような議題は、むしろ日々業務執行に携わっている業務執行者こそが判断・決定すべき事項ではないかということになる。そのため、取締役会の実効性評価等の機会に、特に、社外取締役から、取締役会の議題が多いことが課題として指摘され、これを減らすことが求められることになる。

　そこで、上場会社としては、取締役会の決議事項からどこまでの範囲の事項を外し、その決定権限を執行側に委任すべきであるかということを検討することになる。

　さらに本質的な悩みとして、取締役会の決議事項を減らしたものの、では、取締役会に何を議題として挙げたらいいのかというものがある。取締

役会の決議事項が減らされた結果、取締役会の開催時間が短くなってよかったということでは済まない。これまで、個別具体的な業務執行事項の審議に相応の時間を要し、そのために、本来もっと時間をかけて審議すべき事項に時間をかけることができていなかったのではないか、では、当社の取締役会において、そのように時間をかけて審議すべき事項とは、何なのだろうか、ということを真剣に考える必要性がますます高まっている。

2 取締役会の議題設定に関する CG コードの原則

　このように、取締役会の議題設定については、減らすべき方向と増やすべき方向の2つの方向から検討する必要がある。

　CG コードには、取締役会の議題設定の在り方について手がかりとなる原則として、補充原則4-1①および4-12①があり、それぞれ、以下のとおり定められている。

補充原則4-1①
取締役会は、取締役会自身として何を判断・決定し、何を経営陣に委ねるのかに関連して、経営陣に対する委任の範囲を明確に定め、その概要を開示すべきである。

補充原則4-12①
取締役会は、会議運営に関する下記の取扱いを確保しつつ、その審議の活性化を図るべきである。
　　　　　　　（中略）
　　　　　　　（ⅳ）審議項目数や開催頻度を適切に設定すること

　特に、補充原則4-1①は、上記の定めのとおり、取締役会において決議すべき事項の範囲はどこまでなのか、何を決定すべきであるのか、また、その裏返しとして、取締役会にわざわざ上程しなくてもよい事項、すなわち、執行側にその決定権限を委議してもよい、委議すべき事項は何なのか、ということをきちんと判断し、かつ、それを明確に定めること、さらには、その概要を開示することを求めている。

　ところで、CG コードは、2015 年の制定後、2018 年および 2021 年の2

度の改訂を経ている。そのような中、補充原則 4－1 ①（および補充原則 4－12 ①）は、その内容が改訂されることなく、また、上記のとおり、開示を求めるいわゆる「開示原則」でありながら、特に注目されることもなく、現在に至っている。

　しかしながら、取締役会の議題設定の在り方は、取締役会の役割をどのように考えるかということを明確にすることなくして導くことのできない、ガバナンスの本質に関わる論点である。そのような取締役会の決定事項の範囲および業務執行者への委任の範囲の設定と開示を求める補充原則 4－1 ①も当然のことながら、非常に重要な原則である。また、同補充原則の開示の状況についても、単に、取締役会の決議事項の範囲および業務執行者への委任事項の範囲を明確に定めている旨の開示に留まり、具体的な決議事項・委任事項の範囲そのもの（の概要）の開示まではしないケースも珍しくない。そのような開示の在り方も踏まえ、今後、同補充原則が改訂される可能性も否定はできない。

3　取締役会の議題設定の在り方と取締役会の役割の関係

　前述した、取締役会の議題設定の在り方は、取締役会の役割をどのように考えるかということを明確にすることなくして導くことができないとは、どういうことか。

　そもそも、取締役会の役割は、大きく、以下の 2 つに分けられる。

≪取締役会の役割≫
②業務執行の意思決定の役割：個別具体的な業務執行事項の決定に関与
②業務執行者に対する監督の役割：中期経営計画等における経営目標に照らして業務執行者の業績を評価し、その評価結果を業務執行者の指名・解任（交代・不再任）及び報酬に反映

(1)　業務執行の意思決定の役割を重視する場合の取締役会の議題設定

　取締役会の議題設定の中でも、取締役会の決議事項の範囲は、直接的には、①業務執行の意思決定の役割に関連する。しかし、それだけでは、取締役会の決議事項の範囲が広くあるべきか、狭くあるべきかといったことは直ちには導き出されない。この点は、①業務執行の意思決定と②業務執

行者に対する監督のいずれの役割を重視するかということがポイントとなる。

①業務執行の意思決定の役割を重視するとした場合、業務執行に関する事項を、取締役会という会議体において、慎重に審議をして、その実行の当否を検討することが主眼となる。監査役会設置会社において、「重要な業務執行」について、その決定の取締役への委任が認められず、取締役会の専決事項とされていること（会社法362条4項）がその典型である。

これは、業務執行事項の中で比較的重要なものについて、その最終的な決定機関として取締役会を位置づけるものである。重要性の判断は、もちろん会社によって区々であるが、日々実行されるべき業務執行事項は相当数あるため、業務執行の意思決定機関たる取締役会に上程される業務執行事項も自ずと多くなる傾向にある。そして、一定金額以上の資産の取得・譲渡や借入れといったこまごまとした案件が取締役会に諮られることになる。正に、一昔前の日本の上場会社の取締役会の議題設定の在り方である。

このような取締役会では、会社の業務執行の状況に精通している者がその意思決定に関与しないと、おかしな内容の意思決定になりかねない。そのため、取締役会の構成員は、業務執行を行う者、すなわち、業務執行取締役が多数派であるべきこととなり、会社の業務執行に精通しない社外取締役は不要か、いてもせいぜい1〜2名程度で十分という発想になる。

(2)　業務執行者に対する監督の役割を重視する場合の取締役会の議題設定

これに対し、②業務執行者に対する監督の役割を重視する場合は、以上とは逆の方向性となる。業務執行者に対する監督の役割とは、具体的には、中期経営計画等で定めた業績目標に照らし、業務執行者の業績を評価し、その評価結果を、業務執行者の指名・解任および報酬に適切に反映するというものである。このような監督の意味合いは、経済産業省が2020年7月に策定・公表した「社外取締役の在り方に関する実務指針（社外取

1）　https://www.meti.go.jp/press/2020/07/20200731004/20200731004.html

締役ガイドライン）」[1]（以下「社外取締役ガイドライン」という）の心得 1 に
端的に示されている。すなわち、心得 1 は、「社外取締役の最も重要な役
割は、経営の監督である」としたうえで、「その中核は、経営を担う経営
陣（特に社長・CEO）に対する評価と、それに基づく指名・再任や報酬の
決定を行うことであり、必要な場合には、社長・CEO の交代を主導する
ことも含まれる」としている（14 頁）。社外取締役ガイドラインでは、「社
外取締役」の最も重要な役割がこのような意味合いを有する経営の監督で
あるとされているが、社外取締役は、取締役会の構成員である以上、「取
締役会」の最も重要な役割が「経営の監督」であるということになる。

　ところで、「業績」とは、個別の業務執行事項（経営判断）が積み重
なったものであり、また、その結果である。したがって、取締役会が個別
の業務執行事項の決定に関与する場合には、その結果たる業績に対して責
任を負うべき者も、決定者たる取締役会自身ということになる。すなわ
ち、取締役会が、監督者であると同時に、被監督者となってしまうが、そ
れはいわば「自己監督」であり、適切でない。取締役会の業務執行者に対
する監督の役割を重視するのであれば、監督者たる取締役会は、監督の役
割に徹し、被監督者とは異なる存在となる（いわゆる「経営と監督の分離」）
のが適切であり、したがって、個別の業務執行の決定には関与すべきでな
いということになる。個別の業務執行事項の決定権限は、むしろ被監督者
すなわち業績に対して経営責任を負う業務執行者こそが有するべきことと
なる。かくして、取締役会の業務執行者に対する監督の役割を重視する場
合は、個別の業務執行事項の決定権限を業務執行者に対して大幅に委任す
ることが推奨されることになる。

　このような業務執行事項の決定権限の業務執行者に対する大幅な委任
は、業務執行者がある程度チャレンジングな経営目標を達成する観点から
も重要である。業務執行者の業績の評価とは、業務執行者が経営目標を達
成しているかどうかの評価が主なものとなる。他方で、業務執行者が、経
営目標を達成するためにどのような業務執行を行うかについてある程度の
裁量を有していないと、経営目標を達成しようにも達成することが困難な
ものとなってしまう。権限はあまり与えないが、その結果（業績）に対す
る責任は大いに問うということでは、誰も業務執行者にはなりたくないで

あろう。したがって、責任を問う以上は、その責任に見合った権限も与えるべきである、その裏返しとして、取締役会が業務執行の決定に関与しすぎて業務執行者の手足を縛るのは適切でないということになる。そのため、業務執行者がチャレンジングな経営目標を達成するために積極果断な業務執行を行うことができる、リスクを取ることができるように、業務執行の決定権限も業務執行者に大幅に与えるべきであるということになる。正に、CGコードの基本原則4の(2)が取締役会の役割・責務の一つとする「経営陣幹部による適切なリスクテイクを支える環境整備」がこれに当たる。

　以上のような考えのもと、業務執行者に対する監督の役割を重視する取締役会では、個別の業務執行に関する決議事項（議題）は少なくあるべきであるということになる。

　また、取締役会の構成についても言及すると、取締役会が、業務執行者に対する監督を適切に行う、すなわち、業績評価によっては業務執行者の交代を行うという判断をするためには、業務執行者から独立した者によって構成されている必要がある。したがって、業務執行者に対する監督の役割を重視するのであれば、社外取締役を選任し、また、取締役総数に占めるその割合も高いほうがよい（最終的には、多数派たる過半数であるべき）ということになる。

　そして、会社の業務執行にあまり精通していない社外取締役が取締役総数の中で高い割合を占めるような取締役会が、個別具体的な業務執行事項の決定に関与するのは適切でないという観点からも、取締役会の決議事項を減らすことが推奨されることになる。

4　取締役会の議題設定と機関設計の選択

　①業務執行の意思決定の役割と②業務執行者に対する監督の役割のいずれを重視するかという点について、上場会社ごとでその濃淡は区々である。しかしながら、特に、プライム市場の上場会社では、CGコードの原則4-8も踏まえ、（独立）社外取締役が取締役総数の3分の1を占めることが極めて一般的となっている中、ある程度の範囲で、個別具体的な業務執行事項の決定権限を執行側に委譲する流れになっている。

　そのような流れの中、機関設計の変更も選択肢の一つとなる。すなわち、前述のとおり、監査役会設置会社では、「重要な」業務執行の決定が取締役会の専決事項とされており（会社法 362 条 4 項）、この重要性の要件が取締役会の決議事項のスリム化における一つのネックとなっている。重要性の要件については、伝統的には、総資産額や純資産額の 1% が一つの目安とされ、これを超える金額の案件は、取締役会に付議するというのが一般的であった。

　これに対し、取締役会の監督機能の重視や社外取締役の導入もあって、そのような基準を引き上げる動きになっている。しかしながら、監査役会設置会社のままでも、指名委員会等設置会社（会社法 416 条 4 項）や監査等委員会設置会社（会社法 399 条の 13 第 5 項・6 項）ほどに大幅に決定権限の委譲が可能であるという解釈は、会社法上、各機関設計について決定権限の委譲の範囲に関する定めが設けられているという建付けからすると、無理があると言わざるを得ない。そのため、執行側に決定権限を委譲することができる業務執行事項の範囲は、監査役会設置会社の取締役会では、委員会型の機関設計の取締役会に比べて狭く、重要性という定性的で曖昧な要件のもとでの「ガラスの天井」があることになる。

　したがって、大胆に業務執行の決定権限を委譲する観点からは、監査役会設置会社のもとで解釈論上の問題を（無理に）クリアしようとすることに比べて、委員会型の機関設計に移行するほうがはるかに楽である。

　このように、取締役会の業務執行者に対する監督の役割を重視し、業務執行の決定権限の執行側への大幅な委任を可能とするため、特に、監査等委員会設置会社に移行する上場会社が増えている。以下は、上場会社における機関設計の分布（2023 年 7 月 14 日時点におけるコーポレート・ガバナンスに関する報告書の記載をもとに東京証券取引所が集計したもの）であるが、監査等委員会設置会社は、上場会社全体の 4 割近くを占めており、早晩、半数を超え、監査役会設置会社よりも多くなると見込まれる。

　もちろん機関設計の選択は、取締役会の決議事項の範囲だけが決め手となるわけではない。また、機関設計の変更を検討するに当たっては、取締役会においてどのような議題についてじっくりと時間をかけて審議をしたいのか、また、現状では、そのような議題に十分な時間をかけることがで

会社法上の機関設計の選択状況

集計対象	社数	指名委員会等 設置会社		監査等委員会 設置会社		監査役会 設置会社	
		会社数	比率	会社数	比率	会社数	比率
プライム市場	1,833社	77社 (+5)	4.2% (+0.3pt)	770社 (+67)	42.0% (+3.7pt)	986社 (-76)	53.8% (-4.0pt)
スタンダード市場	1,440社	11社 (±0)	0.8% (±0.0pt)	564社 (+20)	39.2% (+1.8pt)	865社 (-36)	60.1% (-1.8pt)
グロース市場	538社	3社 (-2)	0.6% (-0.4pt)	176社 (+31)	32.7% (+2.3pt)	359社 (+32)	66.7% (-1.9pt)
全上場会社	3,811社	91社 (+3)	2.4% (+0.2pt)	1,510社 (+118)	39.6% (+2.7pt)	2,210社 (-80)	58.0% (-2.7pt)
JPX日経400	398社	37社 (±0)	9.3% (±0.0pt)	120社 (+12)	30.2% (+3.1pt)	241社 (-13)	60.6% (-3.1pt)

注：括弧内は前年7月比

（出典）東京証券取引所「東証上場会社における独立社外取締役の選任状況及び指名委員会・報酬委員会の設置状況」（2023年7月31日）

きていないといった課題感があるのか、ということも併せて考える必要があり、そのことこそが重要となる。

　そのうえで、業務執行者に対する監督の役割の重視に大きく舵を切るのであれば、業務執行の決定権限の大胆な委譲が会社法上可能とされている委員会型の機関設計に移行し、これにより、業務執行の機動性も併せて確保することが、有力な選択肢となるといえる。

5　決議事項のスリム化後の取締役会において取り上げるべき議題

　業務執行者に対する監督機能の役割を重視し、社外取締役が一定程度の割合で存在する取締役会であることを前提として、業務執行の決定権限を執行側に対して一定程度委譲し、取締役会の決議事項を減らした、すなわち、スリム化した後の取締役会において、どのような議題についてじっくりと時間をかけて審議をすべきであろうか。これまで述べてきたとおり、この取締役会の審議の充実化こそが、取締役会の議題設定の本質的な課題

である。

　総論としては、業務執行者に対する監督機能を重視する以上、業務執行者に対する監督に関する事項こそが、取締役会における主な審議事項となるべきである。

　そして、個別具体的な業務執行事項はもはや取締役会の決議事項ではない以上、むしろ、会社の大枠や進むべき方向性に関する事項がそのような取締役会における審議のテーマとなる。

　中期経営計画の策定はいうまでもない。その策定後は、その中期経営計画の進捗状況と経営目標の達成に向けた経営課題が示されたうえで、当該経営課題への対処としてどのような方策があるかということが、特に議論されるべきである。そこでは、必ずしも、解決策について、何らかの意思決定がされることが求められるわけではない。社外取締役の知見も活かしながら、より良い解決策としてどのようなものが考えられるかということについて、執行側と社外取締役が協働しながら模索し、執行側に対して示唆が与えられることがとりわけ重要である。

　また、経営課題のほか、事業ポートフォリオの見直しを含むその在り方も、取締役会においてじっくり議論すべき事項である。いずれの事業をコア事業・ノンコア事業とし、経営資源をいずれの事業に集中的に振り向け、逆に、いずれの事業を縮小すべきか、撤退・売却すべき事業はいずれか、ということを判断するための方針（事業ポートフォリオに関する方針）を定めるとともに、その当てはめの議論を行うことが重要となる。

　事業ポートフォリオについて、CG コードでは、原則 5−2 および補充原則 5−2①が、経営戦略や経営計画の策定・公表に当たって、事業ポートフォリオに関する基本的な方針や事業ポートフォリオの見直しの状況について、株主にわかりやすく説明すべきであるとしている。また、補充原則 4−2②は、取締役会が、事業ポートフォリオに関する戦略の実行が、企業の持続的な成長に資するよう、実効的に監督を行うべきであるとしている。このように、事業ポートフォリオに関する基本方針の策定やその見直しは、経営戦略や経営計画の策定という限られたタイミングで行えばよいというものではなく、取締役会において継続的に監督すべき対象であることに留意する必要がある。この点は、社外取締役ガイドラインにおいて

も、「複数の事業を有する会社において、事業ポートフォリオに関する基本方針は、取締役会において、単に経営陣に決定を委任してその状況を監督するということではなく、主体的に決定すべき事項であり、<u>少なくとも年に1回は定期的に、取締役会において、事業ポートフォリオに関する基本方針の見直しを行うべきである。</u>」とされている点（30頁。下線は筆者）にも表れている[2]。

　このような事業ポートフォリオの在り方のほか、人的資本や知的財産への投資を含む、経営資源の配分の在り方（CGコードの補充原則3－1③、4－2②）について、取締役会における議論を充実化させる必要がある。

　さらに、10年後、30年後、50年後といった、より長期・超長期のビジョン・ありたい姿およびそこからバック・キャストして、そうなるために今、何をすべきか、どうあるべきかといったことも、取締役会において議論されるべきである。

　以上のほか、業務執行者に対する監督機能の役割の中核となる事項やCGコードにおいて取締役会で審議・監督等すべきものとされている事項である、業務執行者の業績評価、業務執行者の候補者の指名・解任（交代・不再任）（原則3－1(iv)(v)、補充原則4－3①～③）、社長・CEOといった経営トップの後継者計画（補充原則4－1③）、業務執行者の報酬（原則3－1(iii)、原則4－2、補充原則4－2①）、内部通報制度の構築・運用状況を含むグループ全体の内部統制システムの構築・運用状況（原則2－5、補充原則2－5①、補充原則4－3④）や内部監査部門による内部監査の状況（補充原則4－13③）、サステナビリティ(ESG要素を含む中長期的な持続可能性)を巡る課題に関する事項（補充原則2－3①、補充原則3－1③、補充原則4－2②）、株主・投資家との関係（第5章）、さらに、取締役会の実効性の評価に関する事項や取締役会の在り方・取締役会が備えるべきスキル・セット（補充原則4－11①、4－11③）について、きちんと時間をかけて議論をする必要がある。

---

2)　なお、事業ポートフォリオの変革を後押しするためのベストプラクティスを整理したものとして、経済産業省が2020年7月に策定・公表した「事業再編実務指針～事業ポートフォリオと組織の変革に向けて～（事業再編ガイドライン）」がある。https://www.meti.go.jp/press/2020/07/20200731003/20200731003.html

　以上のような事項は例示ではあるが、取締役会の決議事項のスリム化や機関設計の変更に当たっては、これらを実行した後の取締役会において何を審議したいのか、どのような議題に関する審議により多く時間をかけたいのかということも、正に取締役会において議論し、取締役間の共通認識としておくことが肝要である。

6　取締役会の議題設定と社外取締役

　取締役会の議題設定について、社外取締役ガイドラインでは、「取締役会においてどのような議題を議論するかはガバナンスを働かせる上で非常に重要であり、<u>社外取締役としても必要に応じてアジェンダセッティングに能動的に関与することが期待される</u>」とされ、社外取締役が「取締役会の議案の絞り込みを求める」ことおよび「中長期的な経営戦略について、取締役会での議論を促す」ことが望まれるとされている（27 頁以下。下線は筆者）。

　このように、取締役会の議題設定において、社外取締役の役割の重要性が指摘されている。

　ところで、社外取締役については、業務執行の細かいことまで口出しをする（いわゆるマイクロ・マネジメント）といった、執行側からの不満の声が聞かれることがある。そして、社外取締役ガイドラインでは、「社外取締役が日常の業務執行に過度に細かな口を出すことには慎重であるべきである。」とされている（17 頁）。

　この点は、もちろん個々の社外取締役が十分に留意しなければならないものではある。他方で、社外取締役がこのようにマイクロ・マネジメントに陥ってしまうのには、取締役会の運営面、特に、取締役会の議題設定にも問題があることを認識しておく必要がある。すなわち、取締役会に上程される事項が個別の業務執行事項であれば、社外取締役から出される意見・質問も、それに対応して細かい内容となるのはやむを得ない側面がある。

　したがって、執行側、取締役会議長および取締役会事務局において、社外取締役に出してほしい意見のレベル感について一定の想定があるのであれば、そのような意見を出してもらえるように、議題設定を行い、かつ、

そのために必要な情報を提供しなければならない。このように、社外取締役のマイクロ・マネジメントを避ける観点からも、取締役会に上程される事項の見直しが必要となる。

さらに、取締役会で議論される議題が変わる、そして、取締役会で議論すべき事項が明確になることに伴い、当該議題を議論するに相応しい取締役、とりわけ、その多数派を今後占めることになる社外取締役に求められるスキルも自ずと変わることになる。そのため、取締役会の議題設定の見直しに伴い、そのような議題についての議論を可能とするため、社外取締役を入れ替える必要が生じうるということも、念頭に置いておく必要がある。

7 取締役会の開催頻度その他取締役会の運営面への影響

(1) 取締役会の開催頻度

上場会社に限らず、日本の会社では、毎月、取締役会が開催されるのが極めて一般的である。そして、四半期決算等に関して取締役会が別途開催されることもあり、年に15回前後の取締役会が開催されることも珍しくない。

他方で、上記5で述べたような、業務執行者に対する監督に関する事項を中心とした議題は、いずれも、毎月の取締役会において取り上げるべき議題であるわけではない。そのため、取締役会の議題の見直しに伴い、取締役会の開催頻度が、たとえば、2カ月に1回や3カ月に2回というように減る可能性もある。

また、取締役会の開催頻度が減ることはないとしても、たとえば、四半期に1回は、監督に関する事項のいずれかを取り上げ、かつ、十分な審議時間を確保するために長めの開催時間とし、それ以外の月の取締役会は、ルーティーンの決議事項のみを取り上げ、短時間で済ませるといった工夫をすることも考えられる。

(2) インフォーマルな会合の活用

業務執行者に対する監督に関する事項は、審議をしたうえで、必ずしも、取締役会の「決議」という形で、一定の結論を出すこと（意思結集）

が求められるわけではない。したがって、正式な取締役会の場でそのような事項を審議しなければならないわけではない。そして、社外取締役を中心として、取締役から、様々な意見が出され、執行側において経営課題に対処するなどにあたっての指針やそこまでいかずともヒントや示唆が得られることが重要である。そのような忌憚のない意見を出しやすくするため、正式な取締役会ではない、インフォーマルな会合（取締役の集まる場）を設定し、議論してもらうことも考えられる。

(3)　取締役に提供される情報の在り方

取締役会の議題設定の在り方が変わることに伴い、取締役会資料や（社外）取締役への事前説明において取締役に提供されるべき情報の在り方も変わりうる。

個別具体的な業務執行事項の決議が取締役会の主な議題である場合、取締役会資料等において提供されるべき情報は、当該決議内容はもとより、当該決議事項を行う背景やそのメリット・デメリットである。

これに対し、経営課題や経営資源の配分をはじめとする事業ポートフォリオその他監督に関する事項の審議が取締役会の主な議題である場合、今後の業績のみならず経済の見通しや競合他社の状況、課題に対して現在行っている施策とそのボトルネックといった情報が提供される必要がある。

そして、そのような情報は、取締役会の数日前に取締役会資料が提供され、また、事前に説明されれば、特に社外取締役が、直ちにこれを理解することができ、また、それを踏まえて議論に資するような意見を述べることができるようになるというものではない。

そのため、この点からも、取締役会として何についての審議を深化させたいのかということを明確にしたうえで、情報提供の在り方もさらに工夫する必要がありうる。たとえば、執行役員や部長等の執行側と社外取締役との意見交換会をより頻繁に設けるなどして、会社の置かれている状況をより適切に、また、深く理解する機会を設けることが考えられる。取締役会の運営面において一般的に行われている、わかりやすい取締役会資料の作成や取締役会資料の提供の早期化、事前説明の実施といったものだけで

は足りないのである。

8 本項目のおわりに——業務執行取締役の心得

　業務執行取締役は、取締役会の議題（決議事項）について、経営会議といった取締役会の前の段階の執行側の会議体等において既に議論に加わっているため、取締役会では意見を述べる必要がないと考え、社外取締役から質問を受ければ回答をすることはあるが、積極的に発言することはないということも珍しくない。そのため、取締役会では、主に社外取締役が発言をするということも比較的一般的である。

　しかしながら、以上述べたところからわかるとおり、取締役会の業務執行者に対する監督の役割を重視する場合、取締役会は、もはや、経営会議で議論・決議した個別具体的な業務執行事項を改めて審議する場ではなくなる。そのような事項の最終的な意思決定機関は、取締役会ではなく経営会議等の執行側の会議体である。

　したがって、取締役会に上程される議題が、経営会議等の執行側の会議体で既に議論したものであるから、業務執行取締役は、取締役会において発言する必要があまりないといったことにはなり得ないはずである。

　取締役会では、経営課題や業績評価をはじめとする監督に関する事項が審議されるのである。そのため、業務執行取締役は、取締役会において、積極的に、経営課題を開陳し、社外取締役に示す姿勢が重要である。業務執行取締役の中には、そのようなことが躊躇されたり、経営課題や経営資源の配分、事業ポートフォリオに関する事項等は、執行側が考えるべき事項であるとの認識を強く有したりする者がいるかもしれない。しかし、業務執行者に対する監督機能の重視のもとでは、社外取締役のいる取締役会こそが、経営課題への対処の在り方等を審議する場であり、また、社外取締役とは、経営課題等に対して適切に対処することで企業価値の向上を図るために協働すべき存在であると、業務執行者側の認識を改める必要がある。

　取締役会は、執行側から一方的に報告がされ、社外取締役がそれを聞き置くとか、逆に、社外取締役が一方的に意見を述べ、執行側がそれを有り難く拝聴するという場ではなくなっており、執行側と社外取締役の両者が

建設的に議論を行う場であることを、業務執行取締役と社外取締役の双方
が強く認識し、取締役会に臨む必要がある。

第 **2** 章

取締役会の実効性評価

研究会におけるディスカッション

- CG コードの影響により、上場会社において、取締役会の実効性評価を実施する実務が定着した。毎年の評価において、取締役会の課題等を確認し、対応策を検討し、着実に実施していくという PDCA サイクルを回すことが期待される。一方で、毎年同じアンケートを繰り返すことなどにより、評価が形式的なものになり、マンネリ化してしまっているという悩みも聞かれる。

- そういった実務の悩みに対する解として、実施の手法について、アンケートに加えてインタビューを実施することの有用性が説かれ、実際にインタビューを実施する会社は増えつつある。また、アンケートの設問設計のサポート、インタビューを実施する場合のインタビュアーなどとして、外部機関を活用する会社も増えつつある。評価対象についても、取締役会全体の実効性を評価するのみならず、取締役個人に焦点を当てて評価すること、さらには任意の指名・報酬委員会なども評価対象に加えることの意義も語られるようになった。

- 実効性評価は毎年実施することが一般的であるため、事務局を務める実務家の悩みは深い。取締役会の実効性評価をより有効なものとして実施していくために、どのような取組みが考えられるであろうか。
　　——本章では以上の論点に関する議論を紹介する。

1　評価方法の決定および評価方法にかかる検討・課題事項

図表 2-1　インタビュー型実施企業の推移（時価総額別）

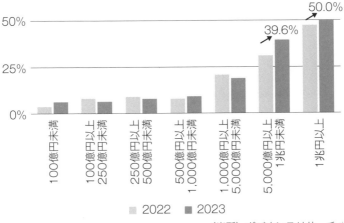

（出所）ガバナンスリサーチ[1]

図表 2-2　外部機関利用率の推移（市場別）

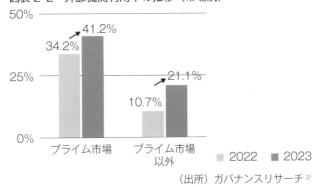

（出所）ガバナンスリサーチ[2]

▷ファシリテーター(三菱UFJ信託銀行)

　取締役会の実効性評価について議論をさせていただければと思います。2015年にCGコードが施行されてから7年経っておりますので（本研究

---

1)　取締役会の実効性評価の手法に関するデータとしてQ23（218頁）。
2)　取締役会の実効性評価への外部機関利用に関するデータとしてQ24（218頁）。

会開催時点）、実効性評価自体を実施される会社様がほとんどではないかと思います。最初から実施されていらっしゃる会社様はもう7回目を終えてらっしゃるところもあると思います。そういった中、ガバナンスリサーチは、実効性評価の取組みの進展等を明らかにしています[3]。一方で、毎年取り組むゆえに、マンネリ化が課題だというお話もお聞きします。マンネリ化にならないようにという観点も含めて、評価方法についてどのように決定しておられますでしょうか。また、今後の評価方法に関する検討課題はありますでしょうか。

▷石井（アドバンテスト）

実効性評価については、アンケート型で実施しています。第三者機関を使うというのは最近のトレンドになってきていますが、当社の場合は、特に今のところは使っていません。これは社外取締役から使う必要がないのではないかというような指摘があったことが背景です。

▷ファシリテーター（三菱UFJ信託銀行）

ありがとうございます。社外の方が不要ではないかとおっしゃったその理由はどういったものだったのでしょうか。

▷石井（アドバンテスト）

取締役会をどのように改善していくかということを考えると、それはやはり内部、要は自分らが一番知っているでしょうということになります。急に外部の人が来て、今ある議論がどのように出てきたのかというのはわからない、雰囲気もわからないという中で指摘されるとなると、その指摘が正しいのかどうか疑問が生じます。そうであれば、自分達で評価しておいたほうがきちんとした結果が出るし、それについて、どのように対応するかというのも考えることはでき、第三者を使う必要はないのではないかというような考えです。

▷加藤（いすゞ自動車）

当社は過去数回、ガバナンスについて広く全般的に問い、その定点観測に重点を置いていたのですが、本当に聞きたいところに的を絞ってアンケートをやろうということで、2022年に設問数をぐっと絞りました。

アンケートのほうも、月次アンケートと年次アンケートという2つの方法を使うことで、月次であれば、取締役会が終わった後すぐに聞くので新鮮味があるうちに回答できると。年次のほうで包括的に聞いて、それを補完する形でインタビューを行うという方法に今年はトライしようと考えております。

▷ファシリテーター（三菱UFJ信託銀行）

月次アンケートというのは、私も初めてお聞きしましたが、なかなか斬新な取組みのような気もいたします。取締役会が終わった後に、今日の取締役会の議論はいかがでしたかといった設問でお聞きになるのでしょうか。

▷加藤（いすゞ自動車）

まさにそのような聞き方です。月次のほうは、「今日はどうでしたでしょうか」という1問だけを聞いて、フリーコメントで回答いただくということを考えています。

▷ファシリテーター（三菱UFJ信託銀行）

どうもありがとうございます。非常に面白い取組みであると感じました。

▷加藤（J．フロント リテイリング）

2015年度以降毎年度、取締役会実効性評価を続けてきまして、今年度で8回目になります。今年度の課題は、毎回の実効性評価の報告書の中のまとめのところで必ず挙がります。

当年度の取締役会実効性評価をする際には、まず昨年度の取締役会実効性評価で挙げた現状の当社の課題が、それから1年経ってどう成長しま

したか、逆に、1 年経ちましたがこの課題は結局クリアできませんでしたねとか、こういったことが、まず一つの柱になると思いますし、それが当年度のある意味出発点になると考えています。評価方法というより、評価の設問というか評価の切り口というのでしょうか、そういった形で決めている部分があることをご紹介させていただければと思います。

▷小山（TBS ホールディングス）

当社の取締役会実効性評価については、2 年前から第三者機関を入れて実施しています。初年度がインタビューとアンケートを取り入れて、2 回目がアンケート、3 回目もアンケートということでやっております。質問の項目については、基本的に第三者機関の方が、議長からヒアリングをして、事務局ともミーティングしたうえで決めていまして、大体 60 問ぐらい作ってアンケートをしています。

▷半田（T＆Dホールディングス）

当社では、これまでアンケートと社外取締役へのインタビューを行っておりました。2022 年に初めて、第三者評価まではいかないですが、第三者を活用した形で、同じようにアンケートと社外取締役へのインタビューを実施しました。

当社の事業に精通しているわけではない第三者がインタビューを行うとなると、特に社外取締役へのインタビューでは話がかみ合わないのではないかという心配があったのですが、自社でやるよりも率直な話をしやすかったという感想も社外取締役からありました。第三者を活用した実効性評価については社外取締役の満足度が高かったと思います。

▷松村（グリー）

弊社は書面によるアンケート形式で実施しています。SR 活動を通して、外部機関によるインタビューは客観性のある取組みだという「声」がありましたが、他のお会社でもお話しのあったとおり弊社の事業や、評価の経緯への理解度と客観性の兼ね合いについて、まだ検討の余地があるというところです。

他社様の取組みで、指名報酬委員会で評価結果を確認するという事例があります。弊社でも任意の指名委員会と報酬委員会を設置しており、委員の過半数が社外取締役であり、議長は、取締役会と異なり社外取締役という構成です。このような委員会で、評価結果の確認をする、審議をすることによって、また違った視点が得られる可能性があり、実践されているお会社の方にお話を伺いたいと思いました。

▷倉橋（中村・角田・松本法律事務所）

T&Dホールディングスの半田様から言及のあった外部評価の必要性についてです。外部者には自社のことがわからないのではというご懸念についてですが、そういう捉え方をされてしまう場合、それはそういったサービスを提供している側のプレゼンの問題にも起因するのかなという印象を持ちました。

どういうことかというと、「外部評価」という概念自体を独り歩きさせているのではないかという話です。外部者があなたたちを評価するのですといったニュアンスで伝わってしまうことで、外部者に何が評価できるのですかという反応になりかねないのではないか。もともと実効性評価で予定されているものは、何らかの評価事項を当てはめて評価しにいくということではありません。取締役会の実効性評価で外部者を使うとしたら、より良いものをつくっていくためのファシリテートをしていくという役割になるのではないかと思います。こうした前提に立てば、第三者のファシリテートを活用することの意義がある場合も大いにあると思います。取締役会の実効性評価の外部評価ということの意味合いが重要なのではないかなという感想を持ちました。

▷後藤（東京大学）

なぜ第三者機関が使われるのかということを考えると、そもそも内部者が仕切っていると信頼できないから社外者を入れたので、その社外者がどういう活躍をしているかわからないから評価するという場合に、それを監督される側の内部者が評価するのは変な話ですし、かといって社外者自身が自分たちはちゃんとやっているといっても、それだけでは説得力はなさ

そうだからというところに帰着すると思います。しかし、究極的には結果というか、どういう議論をしてどういう決断を下しているのかというところが本来の評価の対象であって、第三者による評価が本当に必要なのかなと思わないではないところです。また、取締役会の実効性評価をしているから良いという話でも多分ないはずで、むしろ、ここは駄目だったから、次の年、直しましたということが出てくるかどうかということなのかなという気もします。

　そういう意味では、少しやり方を変えてみて月次でというお話がありましたけど、面白い取組みであり、それで、もし１年に１回だと吸い上げられないものが出てきて変わってくるのだったら、非常に意味のあることをしたということなのかなという気がします。

▷塚本（アンダーソン・毛利・友常法律事務所外国法共同事業）

　たとえば、アンケート結果等を踏まえて抽出された課題について、他社ではどのような対応策を実施しているかという知見が欲しいということで、私どもの事務所にご依頼いただくことがあります。また、課題がいろいろと出されている中で、取締役会事務局からはそれを課題としては取り上げづらいので、第三者の立場から指摘してもらいたいという利用方法もあります。

　先ほどＴ＆Ｄホールディングスさんのお話で、例年、社外取締役に対してインタビューを行っていて、今年は、第三者機関を利用したということでしたが、社内の方がインタビューをするとしたら誰がインタビュアーとなるのが適切かというのは、よく問題になります。社内の方がインタビュアーになる、たとえば、取締役会事務局の方がインタビュアーになると、取締役に対してなかなか聞きづらいということもあって、インタビュアーとして第三者機関を利用することもあります。

▷ファシリテーター（三菱 UFJ 信託銀行）

　当社でも取締役会の実効性評価のサービスを提供しておりますが、外部機関だと雰囲気がわからないのではないかというご懸念に対しては、過去の取締役会議事録や実効性評価の結果報告書を拝見したり、事務局と事前

に綿密にコミュニケーションするなどして実効的なインタビューができる
ようにしております。

2　評価対象（任意の委員会等、取締役個人）

図表 2-3　実効性評価の対象（時価総額別）

	監査役会 監査等委員会 監査委員会		指名委員会 報酬委員会		取締役個人	
	2022	2023	2022	2023	2022	2023
企業全体	**11.1%**	**13.5%**	**9.8%**	**14.8%**	**15.3%**	**11.7%**
100 億円未満	10.9%	8.1%	2.6%	3.8%	18.8%	10.0%
100 億円以上 250 億円未満	11.0%	11.8%	4.1%	7.0%	14.2%	15.6%
250 億円以上 500 億円未満	9.5%	10.8%	6.0%	12.3%	18.4%	11.3%
500 億円以上 1,000 億円未満	7.7%	13.1%	11.5%	13.9%	15.4%	12.4%
1,000 億円以上 5,000 億円未満	14.0%	14.4%	16.6%	18.8%	13.5%	10.9%
5,000 億円以上 1 兆円未満	11.4%	20.0%	20.5%	34.0%	11.4%	8.0%
1 兆円以上	14.8%	32.5%	33.3%	47.0%	6.2%	10.8%

（出所）ガバナンスリサーチ[4]

▷ファシリテーター（三菱 UFJ 信託銀行）

　最近任意の委員会も含めて、委員会を活用する会社さんも多くなってき
ておりますので、そういった任意の委員会も含めた、委員会の実効性評価
を始めていらっしゃる会社さんもあるようです。このたび改正された企業
内容等の開示に関する内閣府令[5] の中では、そういった委員会の活動状
況の記載等も含まれておりますので、このあたりも課題になってくるのか

---

4)　Q25（219 頁）。
5)　2023 年 3 月期決算企業より適用開始。

なという問題意識です。

　加えて、取締役個人の評価も重要性を増してきているように思います。特に社外取締役のさらなる活用の観点から、社外取締役がその期待役割に対して、どれほどの働きがあったのかを評価すべきではないのかというお話があろうかと思います。ガバナンスリサーチでは、取締役個人の実効性評価を実施している企業はまだ少ないという結果が出ており、実務はこれからというところではあります。

　野村ホールディングスさんでは、「野村ホールディングス コーポレート・ガバナンス・ガイドライン」にあるように、各取締役が毎年、自己評価をされているようですね。

（自己評価）
第 6 条　各取締役は、毎年、自己の職務執行の状況および取締役会全体の実効性について評価を行う。
　　2．　取締役会は、前項の各取締役の評価を参考に、取締役会全体の実効性について分析・評価を行い、その結果の概要を開示する。

（出所）野村ホールディングス「野村ホールディングス コーポレート・ガバナンス・ガイドライン」

▷高良（野村ホールディングス）

　はい、自己評価ということで、取締役自身が期待される役割を果たせたかなどを確認する設問が入っています。

▷ファシリテーター(三菱 UFJ 信託銀行)

　いわゆる社内取締役と社外取締役、あるいは委員会の委員長だと、おのおのの期待される役割が違うところもあるかと思うのですが、設問としては共通で、それぞれのお立場に沿って自己評価をしてご回答いただくというような形でしょうか。また、その評価結果は取締役会などで報告されるのでしょうか。

▷高良（野村ホールディングス）

　はい、設問は共通にしておりまして、もちろん委員会に関する質問もありますので、委員に該当しない方はそこに答えない等はありますが、アンケートで聞いている設問としては同じになります。アンケート結果につき

ましては、取締役会の中で別途ご報告しております。

▷ファシリテーター（三菱 UFJ 信託銀行）

そうすると、お 1 人お 1 人がご自身のところについてどのような評価をしたかというのも、取締役会の場で共有されるということになりますでしょうか。その辺は匿名性が保たれていますでしょうか。

▷高良（野村ホールディングス）

そうですね。個別の名前は出さずに平均値という形で出しています。

▷ファシリテーター（三菱 UFJ 信託銀行）

ありがとうございます。他の会社様はこの社外取締役に対する評価のプロセスをお持ちでしょうか。

▷加藤（いすゞ自動車）

当社には社外取締役に特化した評価プロセスはありません。実効性評価が初めて言葉として出てきた時に、確か取締役会の実効性評価は、決して個人の評価・査定ではなくて、取締役会のチームとしての評価なんだというようなご意見があったと記憶していて、何となくそれを頭で引っ張っているので、実効性評価の中で個人を評価することに違和感があるのかなと思っています。

▷青島（小松製作所）

当社は、プロセス的には 3 段階で行っております。まず全役員に実効性についての評価のアンケートをするのですが、その結果を受けて社外だけがフリーディスカッションのような感じで議論をして、その後で取締役会での議論という形をとっています。ですので、社外のみの議論の時に、社内による社外の評価が合わさるというような形にはなっているのかなと思います。

また、自己評価もあります。その結果については、匿名性は維持されたまま社外のみによるフリーディスカッションを経て、取締役会でフリー

ディスカッションの内容を含め全員に共有されます。

▷小山（TBS ホールディングス）

　当社は特に社外取締役に対する評価のプロセスは今のところ設けていません。取締役会実効性評価については 2 年前から第三者機関を使っていまして、かなり詳細にはやっているのですが、取締役会自体と、任意の委員会が 2 つありますので、その委員会の評価にとどまっています。第三者機関のほうからは、今後やはり個人に対する評価、さきほどの社外に対する評価も含めて検討したほうがいいというご提案は受けているのですが、段階を追って、いずれ検討をしていくことになるかもしれませんが、当社としてまだそこまでのフェーズには至っていないと思われます。

▷ファシリテーター(三菱 UFJ 信託銀行)

　なかなかこの社外取締役に対する評価のプロセスを入れるというのは難しい面があるようです [6]。

▷金森（ピジョン）

　2022 年度から任意の委員会も評価対象にしました。弊社には任意の指名委員会、報酬委員会とガバナンス委員会という 3 委員会がございますので、具体的にはこちらを対象として実施しました。評価方法といたしましては、アンケートと、事務局主導での個別インタビューです。

　そこから出てきた課題は、委員会の中で情報が閉じてしまっているが故の、委員でない方との情報の非対称性です。それをたとえば取締役会に活動報告をしたとしても、全ての取締役との間で全ての情報を共有し切れていないところがあり、かつその報告を受けても取締役会でのディスカッションも充実していないことが現実の課題として明らかになったところであります。それを踏まえ、情報の非対称性を解消するための施策を検討しております。

---

6)　Q30（221 頁）。

▷前田（富士通）

　冒頭に取締役会評価のマンネリ化といったご発言もあったかと思うのですが、当社はまったくマンネリ化せずに、毎年新しいことを始めているというところでございます。2019年度には、今までの取締役会評価に加えて、議長評価というのを取り入れました。これは、弊社は議長が社外なのですが、自ら議長評価をしてほしいというところがありまして取り入れたものです。また、2020年度には、自己評価というのをやってもらいました。

　さらに2021年度は個人の相互評価を取り入れました。事務局としては、改善事項であるとか、もっとこうしたらうまくいくのではといった要望事項が出てくることを期待するところがあったのですけれども、皆さん、今できていらっしゃることや、こういう点が良いと思いますといったことを積極的に書かれていたようです。やはりどうしても無記名であるものの、評価メンバーに対して遠慮しがちになるのではないかと事務局では考えており、もう少し本音を引き出せるような仕組みはないのかなと、話しておりました。

　あと、欧米などの取締役会の相互評価は取締役の重任判断に利用されているという一般論もございますが、社内で議論した結果、まずは、取締役会の実効性評価の枠組みの中で、重任判断につなげるということまではせずに、より良い取締役会をつくっていこうという目的の下にやることで落ち着いたと聞いています。

　ですので、これは質問になってしまうのですけれども、重任判断につなげているような事例等を、もし事務局や先生方のほうでご存じでしたら教えていただきたいなと思います。

▷倉橋（中村・角田・松本法律事務所）

　私は重任判断にリンクさせている事例は存じ上げていません。かつ理屈の世界で考えてもそこまでやる必要はないのかなと思いまして。そこにリンクさせてしまうと、急にハードルが上がってしまうので、ざっくばらんな議論ができなくなってしまうと思います。

　まさに富士通の前田さんが先ほどおっしゃられたように、取締役の個人

の評価を仮にするとしても、それはより良いメンバーシップにしていきましょうという発想だと思うので。必ずしもそれを重任判断とリンクさせる必要はなく、チームビルディングの発想でよいのではないかなと思います。

　その点で1つだけコメントを付け足しますと、実効性評価の取組みは、コーポレートガバナンスの目的そのものとも関係するとは思うのですが、2つ意味合いがあるのかなと思うところがあります。1つはアシュアランスといいますか、後藤先生がおっしゃられたところはそちらに近いのかなと思うのですが、信頼を確保するために、こういったことをしていますという外形的な取組みで信頼を得ていくという意味合いです。もう一つは、実質的に意味のある、質の向上につなげていきましょうという意味合いがあるのかなと思います。

　取締役会の実効性評価とか、個人評価も、ここまでやっていますということのアシュアランスを取りに行くという目的と、より良いチームにしていくということの目的の2つを考えていけば、いろんな手段が明確になってくるのかなと、皆さんのご議論を聞きながら思いました。

▷後藤（東京大学）

　個人の評価という言葉からも、当然重任の判断に使うだろうというイメージでいました。ただ、そういってしまうとお互いやりづらいというのもわかる気がします。

　今の倉橋先生の整理で、外部向けにきちんとやっていますというのを示すというのとは別に、会議体としてもっと機能的にしていきましょうという意味合いはもちろんあるのかなと思ったのですが、その場合、あなたのパフォーマンスは、ここがあまりよくないですよといった話をするイメージになりますか。

▷倉橋（中村・角田・松本法律事務所）

　個人評価をするというプロセス自体が持つ効用だと思うのです。つまり、この会議体に参加しているメンバーは、全員その会議体のミッションに貢献するという価値を提供するということを、それぞれの個人が担って

124

いると。では、その価値を提供する時にどのようなものを期待するのかという議論をしないと個人評価もできないと思いますし。

　また、われわれはこのメンバーでこういう価値を提供していきましょうという合意がある中で、あなたはこういうことをもっと踏み込んで発言してもいいと思いますとか、あなたのソフトスキルは改善が必要ではないですかといった観点で議論をすることで、そのプロセス全体を通じて、というイメージです。

▷後藤（東京大学）

　わかりました。もう重任の評価と、非常に近づいてくるような気もするのですけどもね。

▷倉橋（中村・角田・松本法律事務所）

　そういった議論があると、自然と重任の評価に、別の局面で、あの時の取締役会の実効性評価の個人評価が指名委員会での議論につながっていくとは思います。ただ、やはりそれを分けるということに意味があるのかなと。この議論をすることで重任の判断をしていきましょうとやってしまうと、かしこまってしまって、かつハードルが変わってしまいますので。

▷後藤（東京大学）

　会社の規模が大きくなると個人評価を実施する比率がやや下がるというのは面白いなと思いました（図表2-3）。人数が多くなって大変なのか、偉い人が多過ぎてやりにくいのか。規模が小さい会社のほうが、もっとフランクにやれているということなのか。

　もしそうだとすると、結構問題だと思うのですよね。特に社外取締役等だと、本当に偉い人ばかり並んでいると、それを個人評価するなんて恐れ多いという話があるとすると、実はお飾りで来ているのではないかという感じにならなくもないという話なので。

▷塚本（アンダーソン・毛利・友常法律事務所外国法共同事業）

　取締役個人の評価について、CGコードができて、取締役会実効性評価

が入った際に、取締役個人のパフォーマンスを評価する手続ではないというのが、一般的な理解であったと記憶しています。したがって、取締役会実効性評価の結果をもって取締役を再任するかどうかの判断につなげるものではないと説明されていたと思います。今も、基本的には、そういう理解であるとは思います。

ただ、一方で、2021年の対話ガイドラインの改訂の中で、「各取締役」についての評価が適切に行われているかというのが入りました。

そして、取締役個人の相互評価、特に社外取締役の相互評価を行うとすると、おのずと社外取締役の再任の判断に結びつかざるを得ないとは思います。

また、三委員会や任意の委員会を実効性評価の対象とするかという関係で、実務で少し分かれていますのが、監査委員会や監査等委員会、監査役会を実効性評価の対象にするかという点です。指名委員会等設置会社で、法定の三委員会がある中で、先ほどの野村ホールディングスさんのように３つの委員会を全て評価対象とする会社がある一方、監査系の機関は、質問の分量や視点が他の２つの指名委員会・報酬委員会とも異なるため、取締役会の実効性評価の手続とは完全に切り離す会社もあります。

これらの監査系の機関を切り離したうえで、それについては別個に実効性評価をしていれば良いのですが、実効性評価をしていないとすると、その点は課題として残ることになると思います。

【取締役会の機能発揮】
３－７．取締役会が求められる役割・責務を果たしているかなど、取締役会の実効性評価が適切に行われ、評価を通じて認識された課題を含め、その結果が分かりやすく開示・説明されているか。取締役会の実効性確保の観点から、各取締役や法定・任意の委員会についての評価が適切に行われているか。

（出所）対話ガイドライン

取締役会の実効性評価の取組みについて
▷富士通

　コーポレートガバナンス改革における中核的なテーマの一つに、「取締役会が実効的に機能すること」が挙げられます。ステークホルダーからも高く期待され、CG コードにおいても、毎年、その実効性を分析・評価し、その結果の概要を開示することが求められていますが、その「分析・評価」の方法について、一律的なものはなく、各企業の判断に委ねられ、各社、自社に適した取締役会の実効性評価に取り組まれています。

　富士通株式会社様は、2020 年度からは取締役の個人評価を行うなど、先進的かつ挑戦的な取組みを重ねておられます。

　取締役会の実効性評価のお取組みの内容やその背景にあるお考えなどについて実務担当者にお話を伺いました。

（インタビューの受け手）

堀川剛史様：富士通株式会社　ガバナンス・コンプライアンス法務本部　コーポレートガバナンス法務部において、取締役会事務局を含む、コーポレートガバナンスに関する制度改革・企画をご担当

前田倫子様：富士通株式会社　ガバナンス・コンプライアンス法務本部　コーポレートガバナンス法務部において、株主総会事務局を含むコーポレートガバナンス全般の実務をご担当

——貴社における取締役会の実効性評価の実施スケジュールについて教えてください。

　例年、事業年度の終了した４月から取締役会メンバーの意見を確認し、６月に開催する取締役会で結果を報告し審議するサイクルで行っています。事前の準備として、多くの場合、その年の１，２月頃から当年度の評価方針を検討しています。具体的には、事務局が主体となって、前回評価の振り返り・反省をとりまとめ、当年度に特に確認するべき事項や評価の手続きなどを、取締役会議長と協議し、決定しています。

——評価方針を検討される際、取締役会メンバーの皆様のご意見の反映など、考慮されている点はありますか？

　取締役会議長や社長とは、評価方針に関して、定期的に会話する機会があるため、適宜意見をもらっています。他のメンバーからの意見については、前回の実効性評価の際にいただいているものなどがありますので、それを反映しています。前回からの継続課題や取締役会運営にあたり把握した事項、たとえば取締役会メンバーのコミュニケーションをどのようにして深めていくべきかという点については、事務局として取締役会の運営を行っていく中で平時より留意していますので、気づいたことなどを前広に検討しています。

——取締役会の実効性評価結果について取締役会への報告はどのように行われていますか？

　６月の取締役会で、評点や意見、課題意識にかかる評価結果を報告し、審議しています。その後、評価結果に基づく具体的な施策案を検討するため、独立役員会議で議論する機会を別途設けています。

　施策案は事務局がたたき台をつくり、議長とも協議し具体策の提示なども受けながら、独立役員会議に提案します。当社の独立役員会議は、すべての独立社外取締役と独立社外監査役で構成され、中長期の当社の方向性の議論を含め、独立役員の情報共有と意見交換を踏まえた各独立役員の意見形成を図ることを目的とした会議体ですが、施策案を検討する際は社内取締役、社内監査役も参画し、提案内容について、ブラッシュアップや絞り込みを行います。

——評価結果として課題提起された事項へのアクションを絞り込むにあたり、課題提起者が少数であった場合、そのご意見はどのように取り扱われますか？

　意見が少数であるから重視しないということはありません。全ての意見に目を通し、取締役会の実効性向上の観点からピックアップする必要があるかという観点で、議長と協議します。議長は少数の意見も大変重視しており、少数意見であってもピックアップすることもあれば、施策に反映しないまでも取締役会運営にあたり参考にしています。独立役員会議における議論の場でも、施策案に基づいて、取締役会メンバーの総意として取り組む必要があるかという観点で建設的に議論します。

——取締役会の実効性評価を踏まえ、実施されたアクションにはどのようなものがありますか？

　毎年、何らかの具体的な施策を実行しています。まず、定着化した事例として、「プライベートセッション」の実施が挙げられます。

　2019 年度に行った評価で、独立役員同士のコミュニケーションが十分でないことが指摘されました。その改善策として 2020 年度から、取締役会や独立役員会議の直後に独立役員を中心とした非執行役員のみが集まり、よりフランクに自由な意見を交わす機会を「プライベートセッショ

ン」として設けています。非執行役員のみが参加するため、議論内容について事務局は直接的に把握していませんが、執行側や事務局に対する要望事項は、参加している議長からフィードバックをもらっています。フィードバック事項としては、独立役員からみて、社内に関する不明点や、取締役会において説明が足りなかったと感じた点等があります。独立役員同士が率直な疑問について、タイムリーに共有することにより独立役員間の信頼関係の醸成や、議長の判断による執行側や事務局への的確なフィードバックにより、取締役会の議論の活性化に役立っています。

　また、直近の施策として実行したものとして、取締役会資料のフォーマット見直しと資料提出タイミングのルール化があります。限られた時間内での密度の濃い効率的な議論を行ううえでは資料のつくりは非常に重要なことです。資料に関しては実効性評価で毎年様々な意見をもらっていたものの、これまで抜本的な見直しができずにおりました。この点、今回個別にインタビューを行い、各取締役・監査役の考えや要望を正確に把握できたことで、施策案の検討の場でも抜本的な見直しの機運が高まり、改めて一部の取締役・監査役で構成する資料フォーマットを集中的に検討する枠組みを作ることとなり、そこでの検討の結果を反映させる形で新しい資料フォーマットを作成し、既にそれを用いた運用がスタートしています。

　また、弊社の取締役会では各取締役・監査役がそれぞれ議題の資料を事前に読み込んでいる前提で議論を始めることとしておりますが、執行側からの資料配付タイミングが遅れることがありました。この点についても資料提出タイミングをルール化し、執行側に周知、運用を厳格化することで事前の資料配付が実現できております。

——貴社のコーポレート・ガバナンスに関する報告書等における取締役会の実効性評価にかかる開示を拝見すると、2015年度、2016年度においては「社外役員を中心としたインタビュー」を行い、2017年度、2018年度は「議長と社外役員の議論」による意見聴取、2019年度以降は「取締役会メンバーに対するアンケート」を中心に、適宜インタビューを行う手続きを採用するなど、評価手続きの見直しを行っています。このように評価手続を見直してきた理由を教えてください。

基本的に取締役会メンバーの構成等を踏まえ、メンバーの考えや期待をより的確に把握することを重視して、手続きを変えてきています。

当初は、社外役員の視点からの客観的な意見を把握することを重視していたと考えます。2019年度に社外役員が取締役会の議長に就任し、2020年度以降、取締役会メンバーの過半数を社外役員が占めている状況において、取締役会が実効的に機能しているか確認するうえで、バランス上、社内役員の意見も必要ですし、特に社外役員がリードする部分について社内役員の意見をしっかり聞き、共有することが重要であると考えています。

また、合議だけでは、深い議論を行いづらかったという指摘があったと聞いています。そのため、現状は、すべての取締役、監査役のご意見を確認できる手続きを採用しています。

――2022年度は、取締役会メンバーに対してインタビューを行われたと開示されましたが、背景にはどのようなお考えがありましたか？

アンケートでは評点に加え、定性的なコメント欄を設けていますが、評点についてのコメントがない場合もあり、課題意識を十分に確認できないこともありました。そのため、評点だけからでは読みとれない課題意識を深掘するためインタビューを行うこととしました。また、取締役会メンバーと取締役会事務局とのコミュニケーションを緊密に行うためのベースをしっかりと整えたいという期待もありました。

インタビューを行ったことで、取締役会メンバーが課題と感じている点について事務局としてより的確に把握でき、改善へのヒントも様々な角度から意見をもらえたので、期待していた効果があったと感じています。先ほどお話しした少数の意見についても、インタビューを通じて他のメンバーの見解を確認する機会もあり、双方向の視点から課題を認識することができ、施策案の策定に大変有用でした。

取締役会メンバーからも、指摘したい事項について詳細な場合分けをしたい場合に、アンケートでは、時間的制約などから書ききれないこともあるが、インタビューという手法により、率直に事務局に共有できたことや、アンケートだけ行っていた時よりも、インタビューで把握したコメン

トのほうが、質、量ともに充実し、施策案の検討に役立ったことなどの意見があり、大変好評でした。

　加えて、これまで、我々取締役会の運営事務局は、取締役会メンバー、特に社外役員とは主に取締役会の資料共有やロジ関連でコミュニケーションをとっていましたが、改めて、取締役会の運営や議論の在り方などについて直接対話を行う機会を持てたことは、事務局と取締役会メンバーの信頼関係の醸成に有効であったと感じています。

――2020年度から、取締役の個人評価を導入されていますが、どのようなお考えがありましたか？

　導入以前より、議長が、取締役会はメンバーが持つ知見と経験、そこに基づく意見を、時にはそれが相対するものであってもテーブルに乗せ、建設的な議論を行うべきである、そして取締役会の実効性評価の一環として個人評価を行うことは、メンバーの忌憚のない意見をより促し、取締役会全体の活性化に結び付くとの考えを持っていました。また欧米では、取締役会の実効性評価の一環として取締役個人を評価するプラクティスがあることは理解していましたので、議長と実施時期などを検討のうえ、実施しました。

――取締役の個人評価は、日本ではまだ実務において定着しているとはいえない段階と考えますが、導入にあたり特に留意された点はありますか？

　まずは、取締役の個人評価を行うことの意義を取締役会メンバーに理解してもらうことが重要と考えました。個人評価を行っても、あまりネガティブな意見は出ないのではないかと、その効果を懸念する声もありましたが、議長から、取締役の個人評価を行うことで、さらなる取締役会の議論の活性化を図りたいという期待・意義を説明し、理解してもらいました。また、指名委員会における役員候補者選任との関連性についての質問については、あくまでも取締役会の議論の活性化や個人のパフォーマンス向上を図ることを目的とした評価であることを説明しました。

　加えて、個人評価の結果はセンシティブな情報を含む可能性があるため、評価内容、結果の情報管理については慎重に取り扱うことを説明しま

した。

——取締役の個人評価の手法について、2020年度は取締役がご自身について内省する「自己評価」、2021年度には全取締役が社内出身者を含む非執行取締役を評価する「相互評価」と手法を見直されていますね。

　取締役会の議論の活性化という本旨に沿い、評価対象者の方に新たな気づきを促す観点からは、相互評価が有用と考えていましたが、導入当初から相互評価を行うことは評価対象者の心理的な負担となりうることが考えられたため、まずは自己評価から取り入れることとしました。翌年には相互評価に進みました。

——取締役の個人評価を行った成果はいかがでしたか？

　相互評価を行った結果について、評価者を匿名とし、評価対象者本人に対してフィードバックしています。評価対象者にとって、ポジティブな評価が肯定感を高めることや、他のメンバーからの指摘により自身では気づかない事項を客観的に把握する機会となり、取締役会のチームワークについてプラスの効果があったと考えています。一方で、相互評価における評価内容は、評価者の見解であり、基準となる考えも多様であるため、評価対象者からすると、やや受け止め方に苦労した面もあったと思います。それでもやはりプラスの効果が大きかったと考えていますので、必要な修正を加えながら、今後も取締役の個人評価を継続していく予定です。

取締役会の実効性評価の実務

1 取締役会実効性評価とは

取締役会の実効性評価は、取締役会がその本来の役割・機能を適切に発揮できているかどうかを、メンバー全員の自己評価等も参考としつつ定期的（一般的に毎年）に分析・評価するプロセスをいいます。この評価プロセスは、欧米では1990年代から広く導入されていますが、わが国では2015年に制定されたCGコードの補充原則4-11③（下記参照）で要請されたことを受け、普及・浸透してきました。

補充原則4-11③
取締役会は、毎年、各取締役の自己評価なども参考にしつつ、取締役会全体の実効性について分析・評価を行い、その結果の概要を開示すべきである。

なお、株式会社東京証券取引所の「東証上場会社 コーポレート・ガバナンス白書」（以下、「CG白書」）2023年版（2023年3月発行）によれば、同補充原則につきプライム市場上場会社の91.7%（1,684社）、スタンダード市場上場会社の57.8%（842社）がコンプライしているとのことから、現在では多くの上場企業が何らかの形で取締役会実効性評価を実施していることが窺えます。

2 取締役会実効性評価の実施目的

CGコード補充原則4-11③では、取締役会が毎年、「実効性について分析・評価を行い、その結果の概要を開示すべき」とされています。その本質的な主旨は、実効性評価を起点としたPDCAサイクルを通じて取締

役会の機能を継続的に向上させ、持続的成長と中長期的な企業価値向上に繋げていくことにあるものと考えられます。

　そのため取締役会実効性評価は、年度を通じた取締役会の運営に係るPDCA サイクルの C（Check ＝評価）と位置づけられるものと考えられます。そして、把握された課題は放置することなく適切に対処することで、ガバナンスの改善に繋げる（Action ＝改善）プロセスを継続することが期待されます。さらに CG コードでは、実効性評価の結果について、前年度課題への対応状況や今年度課題に対するアプローチ・方針等（可能な範囲で）も含め、わかりやすく開示することを求めています。

3　取締役会実効性評価の潮流（視点・切り口）

　CG コードが 2015 年に制定されてから、2 度にわたる改訂（2018 年と2021 年）を経て、9 年が経過しました。これらの改訂を通じ、不確実性への対応や「監督と執行の分離」の視点から取締役会へ求められる期待役割が年々高度化する中、ガバナンスも「形式から実質へ」の潮流が高まってきています。そのため、現在では多くの上場企業が取締役会実効性評価を実施しているものの、ガバナンスの最新潮流を考慮しつつ、形式面に止まらぬ本質的な課題の深掘りまで出来ているか等については、多くの企業が課題認識を抱かれているものと思われます。

　実際、「監督と執行の分離」を旨としたモニタリング・モデル化の進展とともに社外取締役の人数・比率が急速に高まる中、より斬新な目線で深度ある評価を行うためにも、以下の視点での手法・アプローチの見直しが多くの企業で検討されています。以下、その各々につきトレンドや検討ポイントをご説明します。

　①自社のみで対応するか、外部機関を活用するか
　②アンケート型だけでよいか、インタビューも併用するか
　③取締役会に加え、諮問委員会も対象に含めるか
　④取締役個人も対象に含めるか

①自社のみで対応するか、外部機関を活用するか
　わが国の CG コード（補充原則 4 - 11 ③）は、上場企業に対し、取締役

会実効性評価を毎年実施するよう求めています。しかし、自社のみでの評価実施でよいのか、それとも外部機関を活用すべきかについては言及されていません。その点が、3年に1度は外部機関を活用するよう求めている英国のCGコードとの大きな違いとなっています。

そのため現在では、ほとんどの上場企業が取締役会実効性評価を実施しているものの、その半数以上が自社のみで評価を実施している状況となっています。しかし一方で、「形式から実質へ」の潮流を背景に、外部機関を活用する企業も年々増加しています。

その裏付けとしてCG白書の調査データをご紹介します。CGコード制定から2年が経過した2017年版のデータによれば、外部機関を活用した取締役会実効性評価の実施件数が74件（5.9%）でしたが、直近の2023年版のデータによれば、その数は572件（22.6%）にまで増加しています。またガバナンスリサーチでも、2023年にはプライム市場上場会社の4割以上、それ以外の上場会社でも2割以上が外部機関を活用していることがわかります[1]。

図表 2-4　外部機関を活用した実施件数の推移

（出所）各該当年度のCG白書（東京証券取引所）
　　　　取締役会実効性評価の実施手法の調査結果のうち、「外部評価者等（第三者機関、弁護士等）」の各回答社数を集計

このように外部機関の活用率が増大した背景には、どのような課題認識があったのでしょうか。

ガバナンスリサーチによれば、多くの企業から、自社のみで実施する実効性評価の課題として、「実施方法が毎回従来どおりで代わり映えしない」

1)　本書113頁 図表 2-2 参照。

「（アンケート方式のみでは）課題の深掘りや真因を確認ができない」「客観性に懸念がある」等の回答が寄せられています[2]。その一方、弊社が取締役会実効性評価サービスをご提供している企業からは、外部機関活用のメリットとして「客観性」の確保に加え、「対外説明」「知見活用」「意見収集」等が挙げられています。2 度にわたる CG コード改訂を経て「形式から実質へ」の潮流が高まる中、ガバナンス高度化の一環として外部機関を活用する事例も増えているものと考えられます。

図表 2-5　外部機関活用の主なメリット

	主なメリット
客観性	・アンケート回収や集計、ならびに分析等における客観性を確保できる
対外説明	・外部機関を活用している旨を開示することにより、対外的にも客観性あるプロセスを訴求できる ・ステークホルダーから、ガバナンス高度化へ注力されている証として、他社対比のもと評価される
知見活用	・外部機関の実績やネットワークを活用し、実効性評価手法や取締役会運営プロセス等の他社事例（グローバル企業等の先進的な取組みも含む）を入手できる ・同機関の支援を得て、その効率的な取り込みも可能
意見収集	・アンケートの回収・集計やインタビューを外部機関が行い、結果報告でも氏名を開示しない等の取決めとすることで、回答への安心感が醸成され、役員の皆様から忌憚のない意見を得やすくなる
施策導入	・会社事務局が導入を希望される新たな取組みにつき、外部機関からの提言という「裏付け」を得ることで、社内のコンセンサスを得やすくなる
効率性	・会社事務局の事務負荷が軽減され、リソース・時間をより有効な用途に活用できる

②アンケート型だけでよいか、インタビューも併用するか

＜アンケートの品質向上＞

わが国の CG コード（補充原則 4-11 ③）は、上場企業に対し、取締役会実効性評価を毎年実施するよう求めていますが、その具体的な手続・手法には言及されていません。そのため多くの企業は従来から、一定期間内

---

2)　Q29（221 頁）。

に役員全員の課題認識を聴取できるよう、取締役会メンバーへのアンケートを中心とした調査を実施してきました。

そのアンケート項目も、かつては取締役会メンバーの規模・構成や、議事運営上の基本的な事項（例：開催頻度、資料配布、事前説明）など、いわゆる「形式」面に終始するケースが多く見られましたが、昨今の「形式から実質へ」の潮流のもと、議題選定や経営戦略に係る議論の活性度など、いわゆる「実質」面に係る設問設計が充実化してきたケースもみられるようになっています。

なお、弊社の取締役会実効性評価サポートでは、「取締役会の構成と運営」「経営戦略と事業戦略」「企業倫理とリスク管理」「経営陣の評価と報酬」「投資家等との対話」の5大カテゴリーをベースとした設問設計をご提言しています。その各々の大カテゴリー別の内訳も、CGコードや主要ガイドラインの改訂等を踏まえ毎年見直しし、必要に応じて更新しています。これらの最新かつ多様な設問設計を通じ、取締役会の役割発揮に係る役員の皆様の様々な課題認識を把握しています。

＜インタビューとの併用型の増加傾向＞

しかし、そのような中でも昨今、ガバナンスの「形式から実質」への急速な変遷を受け、深度ある評価を行ううえで「アンケート型」では限界があるとの考え方から、「インタビュー」と併用するケースも増えてきています。ガバナンスリサーチによれば、時価総額5,000億円以上の企業の4割以上がインタビュー型を採用していることがわかります[3]。

それとともに、実効性評価で抽出される課題には、従来のような構成や運営といった「形式」面だけでなく、経営戦略・事業戦略やサステナビリティに係る議論の活性度や内容・深度などの「実質」面にフォーカスしたものも数多くみられるようになってきました[4]。

このように、ガバナンスの「実質」面につき深度ある分析を行うためには、アンケート紙面上の限られたスペース内での役員コメントだけでは必ずし

---

3) 本書113頁 図表2-1参照。
4) Q26（219頁）。

も十分でなく、そこに書き切れなかった忌憚のないお考えやご意見を口頭ベースで聴取することが有用なケースも増えているものと考えられます。

　本書でご紹介した富士通様におかれても、評点だけでは読み取れない役員の課題認識を深掘する目的でインタビューを開始したところ、質・量ともに充実した多様なコメントを得られ、改善策の検討にも大いに役立つなど、期待以上の成果が得られたとのことでした（本書131〜132頁）。

　まさに、そのようなメリットこそが、インタビュー型の増加トレンドの背景にあるものと考えられます。

③取締役会のみを対象とするか、諮問委員会も対象に含めるか

　わが国のCGコード（補充原則4-11③）では、実効性評価の対象として任意の諮問委員会も含めるべきかどうかについては言及されていません。しかし2021年6月に改訂された対話ガイドラインでは以下のとおり、各委員会の評価の実施が要請されています。

> 「取締役会の機能発揮」（3-7）
> 取締役会が求められる役割・責務を果たしているかなど、取締役会の実効性評価が適切に行われ、評価を通じて認識された課題を含め、その結果が分かりやすく開示・説明されているか。取締役会の実効性確保の観点から、各取締役や法定・任意の委員会についての評価が適切に行われているか。

　では、実際にどのような対応がなされているのでしょうか。ガバナンスリサーチによれば、指名委員会等を実効性評価の対象としている企業の割合は14.8%にとどまっています。しかし一方では、投資家の85.7%が指名委員会等を対象とした実効性評価の実施を期待していることから、企業と投資家との間の認識ギャップは相当大きなものとなっていることがわかります（図表2-6[5]）。

　そもそも任意の諮問委員会の役割・機能は、取締役会の監督機能の一部が移譲されたものであることから、取締役会と各委員会が一体となってはじめて取締役会としての監督機能を全うしているとも考えられます。そのため、任意の諮問委員会もスコープに含めたうえで、たとえば「委員会で

5）　関連データとして、Q25（219頁）。

図表 2-6

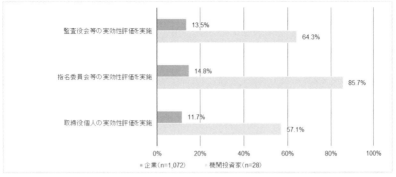

（注）以下の質問への回答結果
　　　企業側「取締役会実効性評価に付随して実効性を評価している対象について、あ
　　　てはまるものを全てお答えください」
　　　機関投資家側「取締役会実効性評価に付随して実効性評価を期待したい対象につ
　　　いて、あてはまるものを全てお答えください」
　　　（※ガバナンスリサーチは、本設問を含む一部設問において、機関投資家側の意向
　　　も確認しています。）

は、評価・報酬に係る議論が、社外取締役の関与のもと透明性を確保しつ
つ展開されているか」「委員会での議論のプロセス・結果は、適時適切に
取締役会へ連携されているか」など幅広い視野から評価することが期待さ
れます。なお、その観点からは、諮問委員会そのものを対象とした設問を
敢えて設けなくとも、「経営陣の評価と報酬」のカテゴリーの中で、「社外
取締役の関与」や「透明性の確保」などの実質面の効果にフォーカスした
設問を設けることも考えられます。

④取締役個人も対象に含めるか

　わが国の CG コード（補充原則 4−11 ③）では、取締役会実効性評価を
毎年実施するよう要請していますが、取締役個人を評価すべきかについて
は言及されていません。その点が、取締役個人も評価するよう求めている
英国の CG コードとの大きな違いとなっています。

　ガバナンスリサーチによれば、取締役会個人の評価を実施している企業
の割合は 11.7％に止まっているものの、投資家の 57.1％は取締役個人を対
象とした評価を期待していることから、企業と投資家との間の認識ギャッ

プがあることがわかります（図表 2-6 参照）。

　ただし、取締役個人の評価を「実施している」とご回答頂いた企業の中でも、評価の手法や深度、およびその結果を再任判断に反映しているか等については、様々であるものと推察されます。たとえば、わが国のごく一部の企業では、外部専門家が、個々の取締役に対する評価を、他の取締役や関係者（執行役、事務局）からヒアリングし、その分析・評価結果を当人にフィードバックするとともに指名委員会へ連携している事例もみられます。また本書でご紹介した富士通様のように、取締役同士での相互評価（ピア・レビュー）を実施されているケースも、少数ながらみられます。しかし、それ以外の大半の企業におかれては、取締役会実効性評価アンケートの中で「自身の貢献度」を問う設問を設け、その中で取締役会メンバー各人が自己評価を行うにとどまるなど、実際に評価結果が指名委員会等の審議に活用されるケースは稀であるものと推察されます。

　わが国においても今後、モニタリング・モデル化が進展し、社外取締役の割合・人数が増加していくにつれて、取締役（特に社外取締役）各人のパフォーマンスを定期的に評価し、それをフィードバックすることで改善を促す（改善できなければ退出を促す）プロセスが、欧米と同様に必要となる時期が到来するものと予想されます。しかし、そのためには受け皿となる体制の整備・構築が必要であり、具体的には「個々の社外取締役を誰が評価するのか」「評価基準はどうするのか」「客観性・適切性は、どのように担保するのか」等につき検討を開始することが先決と考えられます。

　欧米では、取締役会議長や指名委員会委員長、または（議長が CEO など社内取締役の場合には）筆頭社外取締役が評価者となることが一般的です。個々の社外取締役への期待役割が定められ、年度初めには、それを評価者から各取締役へ「評価基準」として伝達し納得を得たうえで、それをもとに年度を通じたパフォーマンスの観察・評価が行われます。そして年度末には、その裏付けを得るための当人との面談や他取締役へのピア・レビュー等を行うケースが一般的です。そのような欧米プラクティスも参考としつつ、自社としてのガバナンスのあるべき姿を検討されることも考えられます。

（文責：佐川裕一）

論　説

取締役個人・社外取締役の実効性評価、
第三者機関活用のメリット

弁護士　塚本　英巨

1　取締役会実効性評価の要請と現状

　CG コードの原則 4 - 11 は、「取締役会は、取締役会全体としての実効性に関する分析・評価を行うことなどにより、その機能の向上を図るべきである」とし、補充原則 4 - 11 ③が、より具体的に、「取締役会は、毎年、各取締役の自己評価なども参考にしつつ、取締役会全体の実効性について分析・評価を行い、その結果の概要を開示すべきである」としている。これは、取締役会実効性評価または単に取締役会評価と言われるものである。

　取締役会実効性評価は、取締役会が期待される役割・機能を適切に果たしているかということを定期的に検証し、その結果を踏まえ、問題点の改善や強みのさらなる強化等の適切な措置を講じていくという継続的なプロセス（PDCA サイクル）である。

　東京証券取引所によれば、2022 年 7 月 14 日時点において、プライム市場の上場会社 1,837 社の中で補充原則 4 - 11 ③を実施していたのは91.78% であった（2021 年 12 月比 +1.85pt)[1]。

　このように、すでに多くのプライム市場の上場会社において取締役会実効性評価が行われている。もっとも、その手法等については、より客観性の高い手法を用いるなど、取締役会実効性評価のプロセス自体の実効性を確保するための工夫をする余地がある。

---

　1)　東京証券取引所「コーポレートガバナンス・コードへの対応状況（2022 年 7 月14 日時点）」（2022 年 8 月 3 日）24 頁〈https://www.jpx.co.jp/equities/listing/cg/tvdivq0000008jdy-att/nlsgeu000006jzbl.pdf〉。

　そこで、以下では、取締役会実効性評価に関連する論点として、取締役の自己評価（2）、社外取締役に対する評価（3）および第三者機関の活用（4）について述べる。

2　取締役の自己評価[2]

　取締役会実効性評価は、取締役会が全体として適切に機能しているかということを検証するものであり、その対象は、取締役会自体である。

　他方で、1で引用したとおり、CGコードの補充原則4-11③は、「各取締役の自己評価なども参考にしつつ」とし、各取締役が自分自身について評価することも求めている。この点について、CGコードの立案担当者は、「取締役会全体の評価を実施するに際しては、各取締役が自分自身および取締役会全体についての評価を行うことが、その議論の出発点になると考えられるため、本補充原則において、少なくとも自己評価という形で各取締役の評価の実施を求めている」としている（下線は筆者）[3]。

　また、対話ガイドラインの3-7では、2021年の改訂により新設された後段において、「取締役会の実効性確保の観点から、各取締役や法定・任意の委員会についての評価が適切に行われているか」とされている（下線は筆者）。この改訂の背景に関し、立案担当者は、「取締役会評価については、法定・任意の委員会や取締役個人についても評価を行うよう促すべきとの指摘がされた」としている[4]。

　このように、取締役会実効性評価における「自己評価」については、CGコードの制定当初から求められるとともに、2021年の対話ガイドラインの改訂により、改めてその必要性・重要性が確認されたことになる。

　では、「各取締役の自己評価」とは、具体的にどのようにすればよいの

---

2)　ここで述べる「自己評価」は、評価を行う「主体」に着目して、第三者ではなく取締役自身「が」評価を行うという意味での「自己評価」（これについては、4参照）ではなく、評価の「対象」に着目して、取締役会全体ではなくその構成員である個々の取締役「を」評価するという意味での「自己評価」である。

3)　油布志行ほか『「コーポレートガバナンス・コード原案」の解説〔Ⅳ・完〕』旬刊商事法務2065号（2015）51頁。

4)　島崎征夫ほか「コーポレートガバナンス・コードと投資家と企業の対話ガイドラインの改訂の解説」旬刊商事法務2266号（2021）9頁。

であろうか。

　まず、これは、前述の CG コードの立案担当者の解説にもあるとおり、あくまでも、取締役会実効性評価の一環として行うものであり、取締役会全体の評価を行うための材料となるものである。すなわち、取締役会全体がその機能を適切に果たしているかということを評価するために、その構成員である個々の取締役を対象として評価するものである。したがって、自己評価は、取締役会の構成員として、取締役会の機能発揮に寄与・貢献しているかという観点から、自身の取締役会における活動ぶりを評価するものであると考えられる[5]。

　その意味するところは、取締役の中には業務執行取締役もいるところ、業務執行者としての業績評価は、ここでいう自己評価には含まれないということである。業務執行取締役の業績評価は、取締役としての評価ではなく、業務執行者としての評価であって、取締役会実効性評価とは別物であり、取締役会や指名委員会・報酬委員会において、その再任の当否や報酬額の算定に当たって別途行われるべきものであると考えられる。

　以上を前提に、自己評価は、取締役会全体の評価と同様に、アンケートまたはインタビューにより行うことになる。質問項目としては、前述のとおり、個々の取締役が取締役会に対して貢献しているかということを評価する観点から、たとえば、以下のものが考えられる。

自身は、取締役会において、適切な内容の意見・発言を、十分な回数述べたか？
自身は、取締役会における審議に貢献するような発言、問題提起または提言を十分に行ったか？
自身は、慎重な意見または反対意見を述べるべき場合において、忖度することなく意見を述べるなど、適切に行動したか？

---

5)　英国のコーポレートガバナンス・コード（UK Corporate Governance Code 2018）（以下「UKCG コード」という）の Principles L. では、個々人の評価は、各取締役が継続して効果的に寄与しているかどうかを明らかにするものであるべきである（"Individual evaluation should demonstrate whether each director continues to contribute effectively."）とされている（この点は、2025 年 1 月から適用開始予定の 2024 年版でも変更されていない）。
https://media.frc.org.uk/documents/UK_Corporate_Governance_Code_2018.pdf

> 自らの取締役としての役割・責務を適切に全うするために必要・十分な時間・労力を割いたか？
>
> 自身は、当社が取締役たる自身に対して求める役割を理解しているか？　また、自身は、当該役割を果たし、また、スキルを発揮していたか？

　各取締役が、このような自己評価を行うことにより、1年間の取締役会における自身の振る舞いや活動ぶりを省みることになり、以後の取締役会において活かすことが期待される。さらに、そのような取締役個人に対する評価を、取締役の指名（再任）プロセスに反映することも考えられる（特に、社外取締役に対する評価結果の利用について、後記3参照）。

　取締役会実効性評価において、取締役会の構成や開催頻度、取締役会におけるアジェンダ設定等の取締役会全体に関する質問項目しか入っていない上場会社では、各取締役の自己評価を実施する観点から、以上のような質問項目を新たに加えることが考えられる。

3　社外取締役に対する評価[6]

(1)　社外取締役に対する評価への関心の高まり

　次に、各上場会社において、社外取締役の人数が増えていることに伴い、社外取締役に対する評価（社外取締役のパフォーマンスの評価）についての関心が高まりつつある。

　業務執行者については、取締役会の監督機能の強化のもと、そのパフォーマンスたる業績を評価し、その業績の評価結果を当該業務執行者の指名・解任（不再任）および報酬に反映することが強く求められている。他方で、業務執行者を監督する立場にある社外取締役は、そのパフォーマンスについて評価を受けなくてよいのか、漫然と再任され続けるというこ

---

[6]　社外取締役に対する評価に関する近時の論文として、たとえば、倉橋雄作「2022年コーポレートガバナンスの現在地（2）　社外取締役の実効性をいかに評価するか─「対話」と「協働」のパラダイム─」旬刊商事法務2305号（2022）38頁、高山与志子＝宮地真紀子「コーポレートガバナンスの現在地2023（3）　取締役会の実効性と社外取締役に対する評価の考え方」旬刊商事法務2342号（2023）24頁がある。また、CGSガイドライン68頁以下も参照。

とでよいのかという問題意識がある。

　また、これに関連して、社外取締役の在任期間が相応に長くなってきており、社外取締役の新陳代謝をいかにして図っていくかということが課題の一つとなっている。

　さらに実情をいえば、上場会社の中には、社外取締役が期待したような役割を果たしていないどころか、重箱の隅をつつくような発言ばかりを行い、むしろ取締役会の実効性を阻害しており、そのような社外取締役に対していかにして引導を渡すかということを悩ましく思っており、その方法の一つとして社外取締役に対する評価プロセスとその結果を利用することができないかと考える上場会社もみられる。問題のある社外取締役の交代をいかにしてスムーズに行うかというテーマである。

　このように、社外取締役に対する評価は、短期的にみれば、個々の社外取締役のパフォーマンスを評価し、その評価結果を当該個々の社外取締役の再任・交代につなげる一連のプロセスである。

　中期的にみれば、社外取締役に対する評価は、社外取締役の後継者計画（サクセッション・プラン）につながるテーマでもある。社外取締役全体として必要なスキル・セットおよび多様性を維持・確保するため、自社の取締役会にどのような社外取締役がいるべきであるか、どのような人物を社外取締役の候補者として探しておくべきかという検討を常に行い、それが個々の社外取締役の再任・交代にもつながることになる。社外取締役のサクセッション・プランについては、社外取締役ガイドラインにおいて、「取締役会の実効性評価の結果（社外取締役自身の評価を含む）や会社が置かれた状況（経営戦略上の重点課題等）を踏まえ、取締役会・社外取締役を集合体（チーム）として捉え、様々な資質や背景を有する人材を組み合わせて全体として必要な資質・背景を備えさせる観点から、指名委員会が中心となり、社外取締役の人材ポートフォリオの在り方を検討し、一定の任期で新陳代謝を図っていく必要があることも踏まえつつ、中長期的な時間軸で適切な構成を維持・確保するためのサクセッションプラン（後継者計画）について、社外取締役自身が主体的に考えていくことも重要である。」とされている（40頁。下線は筆者）。

(2) 社外取締役に対する評価の軸

　以上のように社外取締役に対する評価の必要性が高まっているが、社外取締役に対する評価とは、何を評価するのか。社外取締役は、自ら業務執行に関与することがないため、業務執行者と異なり、数字面での業績があるわけではない。また、取締役会への出席率が著しく低い社外取締役は論外であるとして、毎回の取締役会にきちんと出席していることが前提となるが、発言の回数が多ければよく、少なければ悪いとも一概にいえない。あくまでも、その発言の内容・質が問われる。

　このように、社外取締役のパフォーマンスを定量的に直接測ることはできず、自ずと定性的なものからこれを測ることにならざるを得ない。

　ところで、取締役会の実効性評価も、定量的なものというよりは定性的なものが基本となる。そして、その評価の軸は、取締役会がその役割を果たしているか、その機能を発揮しているかということである。

　社外取締役に対する評価の軸も、これと同様に、社外取締役がその役割を果たしているか、その機能を発揮しているかである。CGS ガイドラインでも、「社外取締役の質の向上の観点から<u>社外取締役が期待する役割を果たしているか</u>について、各社において評価することを検討すべきである」とされている（68 頁。下線は筆者）。

　したがって、社外取締役に対する評価を行う大前提として、自社が個々の社外取締役に期待する役割・機能を確認し、かつ、当該役割・機能が当該社外取締役およびその他の取締役に共有され、十分に理解されている必要がある。役割・機能があいまいなままでは、社外取締役がきちんと仕事をしているかということを評価することはできない。CGS ガイドラインも、「評価を実施するためには、……社外取締役に期待される役割・機能を明確にし、取締役全員がそれを理解していることが重要である」としている（69 頁）。

　スキル・マトリックス（CG コード補充原則 4-11 ①）も、本来、そのような観点から作成される必要がある。スキル・マトリックスは、自社の社外取締役が、自社の取締役会の一員としてどのようなスキルを備えている必要があり（前述の「社外取締役全体として必要なスキル・セット」）、そして、そのようなスキルを期待することができる社外取締役としてだれを選

んでいるか、という観点から作成されているのが理想的である。そして、社外取締役がそのようにして選ばれていれば、個々の社外取締役に期待される役割・機能も明らかであるはずである。

(3) 社外取締役に対する評価の方法

(2)で述べた個々の社外取締役に期待する役割・機能を確認したら、いざ、社外取締役に対する評価を行うことになるが、では、どのようにして評価を行えばよいか。

その方法には、以下のとおり、大きく3つのものが考えられる[7]。

社外取締役に対する評価の方法

①	**社外取締役の自己評価** ▷社外取締役が自身の職務執行の状況について評価
②	**社外取締役同士の相互評価（peer review）** ▷社外取締役が他の社外取締役の職務執行の状況について評価
③	**株主総会における選任議案を通じた信任** ▷社外取締役に関する情報の対外的な発信を積極的に行った上で、株主等のステークホルダーによる評価を受ける

ア　社外取締役の自己評価の方法（①）

まず、①社外取締役の自己評価は、基本的に、2で述べた取締役個人の自己評価と同様の発想のものである。そのため、①社外取締役の自己評価は、取締役会実効性評価の一環で行うことが想定される。そして、2で述べた項目例の質問を、少なくとも社外取締役に対して行っている場合は、①社外取締役の自己評価を既に行っているという評価も可能である。

もっとも、社外取締役の自己評価において、社外取締役が、自身の交代に結び付くような分析・回答を自ら行うことはあまり想定されないであろう。

そのため、社外取締役の自己評価を行う意味がないわけではもちろんないが、それだけでは必ずしも十分ではないということになりうる。

---

7) CGS ガイドライン 69 頁参照。

イ　社外取締役同士の相互評価（peer review）による方法（②）

そこで、より実効性のある社外取締役に対する評価として、②社外取締役同士でお互いを評価すること（peer review）が考えられる。

そのような相互評価については、どのようにして相互の評価結果を引き出すかが実務的に問題となる。取締役会実効性評価の一環として、アンケートにより、社外取締役を相互に評価する内容の質問を行うことが考えられる。もっとも、他の社外取締役に対する評価（特に、ネガティブな評価）を文章で表すことには抵抗感がありうる。

そこで、インタビューを行うことが考えられる。CGSガイドラインも、「社外取締役同士の相互評価はセンシティブな性質のものであり、実施する場合には書面アンケートによる評価ではなく、インタビュー等の直接的なコミュニケーションを交えた評価手法を用いることが望ましい」としている（69頁）。

②社外取締役の相互評価をインタビューの方法により行うとして、次に、誰がインタビュアーとなるかが問題となる。これについては、以下のとおり3つの選択肢が考えられ、いずれも社外取締役がインタビュアーとなることが想定される[8]。このようなインタビューによる社外取締役に対する評価は、必ずしも取締役会実効性評価の一環として行うものとして位置づけなければならないわけではなく、取締役会実効性評価とは切り離したプロセスとすることも考えられる[9]。

(i)	取締役会議長を務める社外取締役
(ii)	指名委員会の委員長を務める社外取締役
(iii)	筆頭独立社外取締役

まず、(i)社外取締役が取締役会議長を務めるケースは、そもそも非常に少ない。たとえば、プライム市場の上場会社において、社外取締役が取締

---

[8]　このほか、4で述べる第三者機関がインタビュアーとなることも考えられる（CGSガイドライン69頁参照）。

[9]　取締役会実効性評価の一環として位置づけるかどうかにかかわらず、社外取締役に対する評価の結果の詳細のすべてを取締役会全体とは共有しないことが考えられる（CGSガイドライン69頁参照）。

役会議長を務めるものは、わずか3.6％である（2022年7月14日現在)[10]。社長または会長（社長兼任を除く）が取締役会議長を務めるケースが合計で94.1％と圧倒的に多い。そのため、取締役会議長を務める社外取締役がインタビュアーとなる選択肢は、ほとんどの上場会社にとって現実的なものとはなり難い。

　また、筆頭独立社外取締役（CGコードの補充原則4-8②）を選定する上場会社も、具体的なデータがあるわけではないが、多くないとみられる。

　他方で、社外取締役が指名委員会の委員長を務めるケースは比較的多い。2023年7月14日時点で、プライム市場の上場会社のうち、監査役会設置会社および監査等委員会設置会社が任意に置く指名委員会において、社外取締役がその委員長を務めるものは、64.6％（前年比+2.9％）、指名委員会等設置会社の法定の指名委員会においては、88.3％（前年比+0.8％）である[11]。このように、任意・法定のいずれの指名委員会でも、社外取締役がその委員長を務めることは、かなり一般的である。したがって、指名委員会の委員長を務める社外取締役が、社外取締役に対する評価のインタビュアーとなることは、現実的な選択肢となりうる。

　これは、社外取締役に対する評価の結果の最終的な利用場面との関係においても合理的である。社外取締役に対する評価の結果、すなわち、個々の社外取締役がその期待される役割を果たしているか、そして、社外取締役を再任してもよいかということは、正に「指名」委員会において審議・判断すべき事項である。

　そこで、指名委員会において社外取締役に対する評価を行うこととし、指名委員会の委員長が社外取締役全員（指名委員会の委員であるかどうかを問わない）に対してインタビューを行い、指名委員会が、その評価結果を

---

10)　東京証券取引所『東証上場会社コーポレート・ガバナンス白書2023』24頁〜25頁
〈https://www.jpx.co.jp/equities/listing/cg/tvdivq0000008jb0-att/cg27su0000004bk2.pdf〉。
11)　東京証券取引所「東証上場会社における独立社外取締役の選任状況及び指名委員会・報酬委員会の設置状況」（2023年7月31日）10頁〈https://www.jpx.co.jp/equities/listing/ind-executive/nlsgeu000005va0p-att/aocfb40000003dlj.pdf〉。

踏まえ、次期定時株主総会における社外取締役の候補者の指名を行うことが考えられる。

　このように指名委員会の委員長である社外取締役をはじめとしていずれかの社外取締役がインタビュアーとなって、各社外取締役から、他の社外取締役に関する評価（peer review）を聞き出すことになる[12]。実際にこのような取組みをしている上場会社によれば、ある特定の社外取締役の働きぶりが今一つである場合、得てして、いずれの社外取締役もそのような評価を有しており、インタビューにおいて、異口同音にそのような声が聞かれるようである。その結果、当該社外取締役の退任につながったケースもある。

　　ウ　株主総会における選任議案を通じた信任による手法（③）

　最後に、③株主総会における選任議案を通じた信任については、それ自体は、取締役としては会社法上当然であり（会社法329条1項）、何ら珍しくはなく、また、社外取締役に限られたものではない。この方法があえて挙げられることの趣旨は、そのような社外取締役に対する株主の信任（株主による再任）の正当性を高めるために、社外取締役に関する情報開示のさらなる充実化を図り、株主・投資家による社外取締役に対するより適切な評価を可能とする点にあると考えられる[13]。

　この点は、たとえば、法定の開示事項であれば、社外取締役の選任議案に係る株主総会参考書類の記載事項である、社外取締役に選任された場合に「果たすことが期待される役割の概要」（会社法施行規則74条4項3号、74条の3第4項3号）や事業報告の記載事項である、社外取締役が「果たすことが期待される役割に関して行った職務の概要」（会社法施行規則124条4号ホ）の各記載を、紋切り型のものではなく、各事業年度の実情・実態に合った内容とするなどして、充実させることが考えられる。このほか、これらの法定の開示媒体や統合報告書等の任意の開示媒体において、

---

12)　インタビュアーとなる社外取締役に関する評価は、当該社外取締役以外の社外取締役がインタビュアーとなって聞き出すことになる。

13)　社外取締役の活躍の状況に関する対外的な情報発信の充実化について、CGS ガイドライン70 頁以下参照。

コーポレート・ガバナンスに関する任意の開示情報として、社外取締役の活動について具体的な情報を開示することも考えられる。

とはいえ、株主が、このような文字情報だけから社外取締役に対する評価を行うことには限界があり、また、法定の開示情報にせよ任意の開示情報にせよ、社外取締役に関するネガティブな情報が積極的に開示されることは期待し難い。

このような情報開示のほか、株主総会の当日の質疑応答において、出席株主が、社外取締役に対して質問をし、そこでの答弁の様子から判断することも考えられる。もっとも、株主総会の議長が、社外取締役を答弁者に指名するとは限らない。また、社外取締役が答弁者に指名されたとしても、その答弁から得られる情報も限られているであろう。

以上は、一般株主を念頭に置いた情報開示であり、社外取締役に対する株主の信任の正当性を高める観点からは、広く一般株主に対する情報開示の充実化を図ることには意義がある。

他方で、株主総会における選任は、資本多数決の原則が支配しており、一定割合以上の議決権を有する株主、すなわち、株主総会での議決権行使において一定の影響力を有する機関投資家が社外取締役に対して評価を行うことを期待する声も大きい。機関投資家は、いわゆる議決権行使基準において、社外取締役の選任議案については、その独立性や取締役会への出席率、兼職数といった形式的な基準からその賛否を判断するのが通常であるが、より突っ込んで社外取締役の働きぶりを吟味して賛否を判断することへの期待ということである。

そのためには、やはり機関投資家にとっても情報が十分に提供される必要がある。そのような観点からは、特に、社外取締役が機関投資家との対話に参加することが有用である。機関投資家が上場会社との間で面談を行うにあたり、社外取締役も出席するのであり、上場会社側が、そのような機関投資家からの社外取締役との対話の要請に積極的に応ずることが求められることになる。そのような取組みの一つとして、機関投資家複数社と社外取締役の全員または一部との対話会を開催する上場会社もある[14]。

そのように、一般株主よりも影響力を有する機関投資家が、社外取締役と直接接触する機会を増やすことで、社外取締役を評価するための情報を

より多く取得することができるようになり、ひいては、社外取締役の選任議案に対する議決権行使も、形式基準だけでなく、実質的な判断にも基づいて行うことができるようになることが期待されている。

　エ　社外取締役に対する評価における留意点

　以上の手法を利用しながら、社外取締役に対する評価を行うことが考えられるが、実際にこれを導入することは容易でない。

　特に、②相互評価に係る懸念点として、平等・対等な関係に基づく取締役会の文化を損なうおそれがある、あまり日本的ではないとの指摘がされることがある。そのため、相互評価を行う場合は、評価を行うと同時に評価を受けることとなる社外取締役の全員が、その意義・必要性を十分に理解・納得し、その合意が形成されたうえで実施を始めるというように、慎重なプロセスを経て導入する必要がある。

　また、以上では、社外取締役について、（他の）「社外」取締役が評価をすることを念頭に置いて述べてきた。では、社外取締役以外の取締役、とりわけ、業務執行取締役が社外取締役を評価してはいけないのかというと、そのようなことはない。業務執行取締役も取締役会の一員である以上、業務執行取締役による社外取締役に対する評価も加味することは合理的である[15]。もっとも、業務執行取締役は、取締役であると同時に、業務執行者であり、業務執行者という側面においては、社外取締役からむしろ監督（評価）を受ける被監督者の立場にある。このように、社外取締役と業務執行取締役が監督者と被監督者の関係にあることからすれば、少なくとも、業務執行取締役「のみ」が社外取締役に対する評価を行い、その評

14）　たとえば、以下の上場会社である。
　　・双日：社外取締役によるパネルディスカッションや社外取締役と機関投資家とのスモールミーティングの実施〈https://www.sojitz.com/jp/ir/meetings/outside/〉。
　　・リコー：社外取締役と機関投資家とのスモールミーティングの実施〈https://jp.ricoh.com/IR/events/dialogue〉。
　　・セイコーエプソン：社外取締役と機関投資家との対話会の実施〈https://corporate.epson.com/ja/sustainability/engagement/shareholder.html〉
15）　CGSガイドラインも、「相互評価において社長・CEOを含む執行側の取締役も対象として声を聞くことも考えられる」としている（69頁）。

価結果をもって社外取締役の再任の当否を判断することは適切でなく、避けるべきである[16]。この点については、CGS ガイドラインも、「社外取締役を評価するとしても、社外取締役は、社長・CEO ら経営陣の業務執行の監督を実効的に行うため、経営陣からの独立性が確保されている必要がある。そのため、経営陣の評価のみに基づいて直接的に社外取締役の選解任の判断を行うことは、社外取締役による監督の実効性を損ねるおそれがあり、望ましくない」と明確に述べている（73 頁）。

導入自体のハードルが高いのが社外取締役に対する評価であるが、以上の点にも留意しながら、社外取締役の機能の実効性を確保するべく、今後、社外取締役に対する評価を導入することも十分に検討に値する。

4　第三者機関の活用
(1)　第三者機関の活用のメリットとデメリット

取締役会実効性評価にしても社外取締役に対する評価にしても、以上で述べてきたことは、取締役や社外取締役が自ら、取締役会全体や自分自身について評価をすることを念頭に置いてきた（このような評価の「主体」を捉えて「自己評価」といわれることもある）。

取締役会実効性評価のもと、取締役自らが評価をすることは、取締役会における過去の自身の振る舞いを内省する良い機会であり、その意義は十分にある。

もっとも、自分で自分または自分の所属する組織（取締役会）を評価するものであることから、それだけでは客観性に欠ける面があることは否めない。

そこで、取締役会実効性評価の結果に客観性を持たせるため、コンサルタントや弁護士といった外部の機関（第三者機関）をそのプロセスに関与させることが考えられる。第三者機関を活用するメリットとしては、客観

---

16)　この点は、社外取締役の再任の当否について、本来、独立性の高い指名委員会において実質的な審議がされるべきであるところ、実務上、どこまで実質的な審議がされているか（実際上の指名権が社長・CEO に残っているのではないか）という問題と本質的には同じであり、社外取締役に対する評価プロセスを導入するかどうかに関わらない留意点であるともいえる。

性を担保することのほか、専門性を有しており、また、他社の取締役会の状況にも精通して最新のトレンドを把握しているため、より課題を引き出しやすい質問項目を作成することや、自社では気付くことのできなかった課題を抽出したり、より効果的な改善策を提案したりすることを期待できる点が挙げられる。

　デメリットとしては、費用面が特に挙げられよう。また、取締役会に関する情報は、社内の情報の中でも特に機密性が高い情報であるため、これを第三者に提供することに抵抗感のある会社もあるかもしれない。

　そのようなデメリットはあるものの、これまで取締役会実効性評価のプロセスを内製しており、質問項目や評価結果は毎年あまり変わらず、取締役の中にマンネリ感が強くなってきており、第三者に関与してもらうことで、そのようなマンネリ感を解消し、さらには、より良い取締役会とする契機としたいと考える上場会社が増えている。そのため、何かしらの形で取締役会実効性評価のプロセスに第三者を関与させる上場会社が増えつつある。

　この点に関し、UKCG コードの Provision 21 は、上場会社に対し、定期的に外部者の関与する評価（"regular externally facilitated board evaluation"）を行うことを求め、また、FTSE350 を構成する上場会社に対し、3 年おきでのその実施を求めている。

　日本の CG コードは、取締役会実効性評価における第三者の関与は求めていないが、UKCG コードも踏まえ、早晩、第三者の関与を求めるよう改訂されるのは必至であろう。

(2)　第三者機関の関与の在り方

　第三者機関が取締役会実効性評価のプロセスに関与する場合、その関与の在り方として、たとえば、以下のメニューが考えられる。もちろんこれらの全てに関与するというわけではなく、そのいずれかに関与することも考えられる。

取締役会実効性評価における第三者機関の関与の在り方

①	取締役会実効性評価においてアンケートを行う場合 ▷質問項目の作成・レビュー ▷アンケートの集計 ▷集計結果の分析、課題案の抽出 ▷改善策案の提案 ▷取締役会実効性評価の結果について議論する取締役会に出席
②	取締役会実効性評価においてインタビューを行う場合 ▷質問項目の作成・レビュー ▷インタビュアーとなる ▷インタビュー録の作成 ▷インタビュー結果を踏まえた報告書（課題案の抽出および改善策案の提案を含む）の作成 ▷取締役会実効性評価の結果について議論する取締役会に出席

　もともと、会社側で、取締役会実効性評価において、アンケートのみを行っているのか、それとも、（アンケートに加えて）インタビューを行っているのかによって、第三者機関の関わり方も異なる。また、通常はアンケートのみを行うが、第三者機関が関与する年は、インタビューも行うこととすることも考えられる。なお、一般に、第三者機関がインタビューに関わるほうが費用は大きくなる。

　以上のほか、たとえば、第三者機関が取締役会の傍聴および取締役会の資料や議事録の閲覧をすることで、取締役会における審議の状況を直接確認するという関与の在り方もある。これは、第三者による関わり方が大きい、インタビューを行う場合に、よりなじみやすいであろう。

　ところで、取締役自身が評価するという意味での「自己評価」という用語に対置して、第三者が評価するという意味での「第三者評価（外部評価）」という用語がある。「第三者評価」の意味は必ずしも明らかではなく、第三者が取締役会実効性評価に何らかの形で関わることをもって「第三者評価」という用語が使用されることもあるが、「第三者評価」というには、少なくとも、アンケートやインタビューの結果を踏まえて、第三者として文字どおり評価した課題や改善策の提案を行う必要があるであろう。もっとも、そのような第三者機関の評価を受けるとしても、最終的には、あくまでも取締役会自身が、当該第三者機関の評価も加味しながら、また、当然のことながら取締役自身の評価も踏まえて、審議・検討し、そ

の結果として、取締役会としての課題を特定し、改善策を策定することが肝要である。「第三者評価」を受けるからといって、その評価をそのまま右から左に取締役会実効性評価の結果として確定するものではない。

　このように第三者機関の関与の在り方はさまざまあるが、前述のUKCGコードにみられるとおり、また、費用面の負担もあることから、必ずしも、毎年の取締役会実効性評価において第三者機関が関与することが求められるわけではないが、定期的に受けることは検討に値する。日本のCGコードの改訂も見据え、まずは、第三者機関が小さく関与すること（たとえば、アンケート項目の見直しへの関与）から始めることも考えられよう。

第 **3** 章

指名・報酬委員会の実務課題

研究会におけるディスカッション

- CG コードが契機となり、監査役会設置会社や監査等委員会設置会社においても指名委員会や報酬委員会（以下、「指名・報酬委員会」とする）が置かれるようになった。指名・報酬委員会は、取締役会の監督機能を強化するうえでの重要な要素であるとの認識は浸透し、特にプライム市場ではすでに多くの会社がこれを設置済みである。そして、いま会社の関心は、いかに指名・報酬委員会を実効的に運営していくかという点に移っている。

- しかしながら、法定の指名・報酬委員会が置かれる指名委員会等設置会社の数は少なく、また、指名・報酬委員会が扱う情報は秘匿性も高いため、その運営ノウハウなどは容易に他社が知ることができるものではない。

- こういった背景をもとに、CGS ガイドラインは、実務の指針となるよう改訂を重ねてきた。CGS ガイドラインは、指名・報酬委員会の委員長を社外取締役が務めることのメリット、CEO のサクセッションプラン（後継者計画）と解任基準の策定の有用性などに言及する。

- これらを実務に落とし込んでいくためには、どういった点に留意すべきであろうか。

  ——本章では以上の論点に関する議論を紹介する。

1　社外取締役が委員長を務めるメリット・デメリット

▷ファシリテーター（三菱 UFJ 信託銀行）

　指名委員会、報酬委員会の実務についてです。まずは、社外取締役が指名委員会や報酬委員会の委員長を務めるメリット、デメリットをどのように感じておられるかお聞かせいただければと思います。

　CGS ガイドラインでは、日本においては取締役会議長が社内者であることが多いため、指名委員会の委員長は社外であるほうが社外取締役の評価やボードサクセッションの検討においてリーダーシップを発揮して議論を進めやすいと考えられると説明されています[1]。委員会についても社外の方が議長になるというのが望ましいというのが共通理解なのでしょうか。あるいは、あくまで一般論ですので会社によって違うのではないかということなのでしょうか。

▷塚本（アンダーソン・毛利・友常法律事務所外国法共同事業）

　もちろん会社次第ではありますが、実際の運用として、社長がある程度リードしていきたいということであれば、社長が委員長になるということになると思います。

　ただ、一般論としては、そもそもの委員会の設置目的が、指名・報酬の客観性や独立性確保にあることからしますと、委員会メンバーが社外取締役過半数であり、さらに、議論をリードする委員長も社外取締役であるほうがより客観性・独立性が高く、ガバナンスが強化されているとみられると思います。そういうこともあって、CGS ガイドラインではこうした書き方になっている[2]と理解しております。

　ただ、本当に社外取締役が委員長となってどこまでワークするのだろうかと思っている会社も結構あります。そのような観点からは、今日ご参加の皆さんは大体社外取締役が委員長をされているかと思いますので、委員長としてどのような準備、運営をされているのかをぜひお聞きしたいで

---

1)　保坂泰貴ほか「コーポレート・ガバナンス・システムに関する実務指針（CGSガイドライン）」の改訂の解説」旬刊商事法務 2302 号（2022）34 頁。
2)　CGS ガイドライン 73、74 頁。

す。

▷ファシリテーター（三菱UFJ信託銀行）

　ちまたの解説書では「日本においては、取締役会議長は社内者であることが多いため」と書かれておりますが、取締役会議長が社外者であることが多くても、やはり指名委員会、報酬委員会の議長は、一般論で社外のほうが望ましいということですね。

▷塚本（アンダーソン・毛利・友常法律事務所外国法共同事業）

　そうですね。取締役会議長が社外取締役であれば、指名委員会や報酬委員会の委員長は社内取締役でもよいということになるわけではないと思います。

▷後藤（東京大学）

　社長が委員長をやっていますという形で、機関投資家などの株主が理解してくれるのかという、「見た目」の問題が大きいのだろうなと思います。もちろん立派な方で、ここはフェアにやりますということは十分ありうるでしょうが、わかってもらいにくいというデメリットはあると思います。

　他方で、そのような人を議長にしたのはなぜかという問題があると思います。とりあえず社外にしなくてはと、仕方なくその人にしたのだとすると、そもそもその人が社外取締役を受け続けていること自体が問題であるとも思います。委員長が社外であれば何でもいいのかというと、そんなことはないわけで、原案を全部事務局が作り、それを読み上げているだけですということだと全く意味がありません。

▷ファシリテーター（三菱UFJ信託銀行）

　ガバナンスリサーチでは、指名委員会と報酬委員会の委員長（議長）の属性の統計が出ています[3]。本日ご参加の各社では社外の方が委員長になっているケースが多いですが、その背景にある各社のお考えなどをご披

3）Q31（222頁）。

露いただければと思います。

▷松村（グリー）

　社外取締役が議長、委員長となった経緯についてご説明させてください。弊社では、2022年に、取締役社長であった委員長を社外取締役に変更しました。SR訪問において、前年の活動で得た市場の「声」を社内で検討し、報酬および指名委員会の委員長を社外取締役に変更したことを伝えたところ、オンライン会議だったのですがカメラの向こうから「納得感」が伝わってきました。対話の手応えを感じていただいたのだと思います。

　後藤先生がおっしゃったとおり、議長が社長ですと、SRで実質的な説明をしても十分な対話の手応えを得ることは難しい状況が続きました。そこで、SR活動による市場の「声」をまとめ、委員会の性質を踏まえた弊社における最適解を検討しました。

▷川口（リクルートホールディングス）

　私も、社外役員の方が委員長を務めることにデメリットは感じてはおらず、メリットのほうが大きいように感じます。議論内容を即座に開示することができない以上、どういった形で公平感、納得感を持ってもらうかに関し、社外の方が議長を務めており、諮問を目的とした任意の委員会ではあれ、ほとんどそこで議論されている内容が取締役会で決議されているのだろうという想像を読み手にして貰う必要はありますが、そうした納得感を構造的に提示できるところはメリットとして享受していると思います。

　デメリット、懸念点でいうと、やはり社外取締役の方は、基本的には本業の会社があって、お忙しい場合も多くなっています。たとえば海外の方が入ってくるとなると、会議一つでも時差にまで気を配ることが必須になります。これ以上の役割を社外取締役の方が担われることが、たとえばCGコード上でも規定され始めると、事務方は現在でも２～３年先のスケジュール調整をしている中で、更に調整工数が増えそうだなというのが感覚としてあります。

それでは今度は、指名委員会等設置会社の場合はどうなのかお聞きできればと思います。

▷加藤（J．フロント リテイリング）

まずメリット、デメリットですが、もちろん先ほどグリーの松村さんからお話があったように、当初はひょっとしたらあったかもしれません。その当初というのは、2015年のCGコードが施行された時、弊社は未だ監査役会設置会社でしたけれども、そのタイミングで任意の人事報酬委員会の体制を社外過半数、委員長は社外取締役という体制に変更しました。その2年後、指名委員会等設置会社に変わった後も、引き続きその流れでやっています。

2015年度とか2016年度の最初の1年、2年はいろいろ慣れないところもあったかもしれませんが、もうその実務も今や7年、8年経っていますので、社外取締役が指名委員会の委員長を務めることに何ら抵抗なくやっています。

それよりも私どもが最近に至って思ったことは、いわゆる社長、CEOが、指名委員会の中に入っていることの難しさです。指名委員会等設置会社に移行する前の2015年度の任意の組織の時からしばらくは、社内2、社外3、その社内2人のうちの1人には社長が入っていました。しかしながら、指名委員会で一番議論するのは、社長の選定や社長の解職となるので、その場にご本人がいらっしゃるというのはなかなか難しいわけです。ということで、2021年度からは、社長は指名委員会にも報酬委員会にも入らない体制に変更したという経緯があります。

指名委員会の構成として、今は社内1、社外3になっていますが、この社内1というのは、非執行の取締役会議長（社内取締役）であって、社長はこのメンバーに入っていないということです。やはり社長がいないほうが指名委員会は進めやすいようです。これはもう明らかだと思います。

▷後藤（東京大学）

報酬にせよ指名にせよ、やはり社長の話をするのか、それ以外の人の話

をするのかで違っていて、社長の話をするのに社長が入っているというのも、さらに議長もやっているというのは違和感があります。他方で、トップだけではなくて、下のマネジメントの方の話をする時には、社長が一番その人たちのことを良く理解しているとかということはあるのかなとは思うのですね。ただ、それがメインになってしまうと、やはり一番評価してほしいのはそこではなくて経営トップだから、という話になってくると思います。

何となく、報酬を社長一任とするところの名残があるような気もしますが、これはそれとは違う問題かと思います。結局、社長は自分で好きなように決められてしまうという話をしているわけですから。やはりそれとのズレなのですよね。社長自身のことはしっかり独立した人にみてもらうというところ、これをしっかり仕組みとして分けたうえでやるというのは一つの工夫かなと思います。グリーの松村さんがおっしゃった、結局最後は本当に見た目で信じてもらえるかどうかの一言に尽きるのかなと思います。

▷ファシリテーター（三菱UFJ信託銀行）

ありがとうございました。社長がいないほうがやりやすいという面もあるというお話でございました。

では今回ご参加の中で、いすゞ自動車さんは社外取締役の方が委員長ではない状況です。いすゞ自動車さんはこの辺はどのような整理をされているのかご紹介いただけるようであればお願いできればと思います。

▷加藤（いすゞ自動車）

まず、当社のみが委員長が社内取締役であるということに非常に刺激を受けております。皆さんのおっしゃっているとおり、客観性という意味で社外取締役が担ったほうがいいというメリットは重々理解しております。一方で、社内の人材を熟知している者がリードするメリットもあるというところで、この形になっている状況です。

ただし、経営陣もずっとこのままでよいと決して思っているわけではなく、当社にふさわしい形は何だろうという側面での議論はずっと続けてい

る状況です。事務方としても非常に悩ましいところではありますが、皆さんその悩ましさのハードルを越えていかれてすごいなというように思っているのが正直なところでございます。

社内をよくわかっている方がリードするという、それもメリットではあると思います。

TBS ホールディングスさんの場合には、社内取締役 3 名、社外取締役 3 名という構成になっておりますが、社内取締役 1 名、あるいは 2 名という会社さんが多いわけですが、この辺の構成についてお話いただけることがございましたら頂戴できればと思います。

▷小山(TBS ホールディングス)

当社だけ社内取締役 3 名、社外取締役 3 名と、委員会の構成は半数になっております。当初委員会をつくった時は社内取締役が議長だったと認識していますが、いまの議長は社外の方です。おそらくこれも CG コードの影響を受けています。この人数比についても当然 CG コード等の要請を意識しているのですが、社内でもいろいろ議論をして、CG コード上、「過半数を基本とし」とあり、必ずしも過半数を義務づけているわけではないので、議長を社外取締役の方が務め、独立性・客観性を担保した委員会の運営を意識していますので、形式ではなく、実質・実態を重視し、そこは過半数でなくてもいいよねということでやっています。

当社は社長と社長以外の代表取締役が 1 名、取締役が 1 名という社内取締役 3 名の委員構成です。社長を除く取締役 2 名が、指名諮問委員会、報酬諮問委員会ともに、主に議案の説明を行い、社長が補足説明をしたうえで、社外委員から意見を述べてもらう形が委員会の基本的な審議のスタンスになります。たまたま指名と報酬の委員会が同じ委員構成を取っておりますが、特に運営上支障は出ていないと認識しております。

ただやはり機関投資家からの要請もありますので、実務上何か支障は生じているとは感じていないのですが、社外取締役を過半数にする方向で社内では検討しております(2023 年 6 月からは、指名諮問委員会、報酬諮問

委員会ともに社外取締役が過半数の構成としています）。

▷倉橋（中村・角田・松本法律事務所）

　私はガバナンスに関しては、外形論が大嫌いなのですけれども、ことこの委員会については外形論でいいのではないかという意見です。というのはグリーの松村さんのお話などを拝聴していて感じたのですが、これは、取締役会は我が社の経営戦略などを考えるところなので、過度に利益相反について考える必要はなく、監督と執行が一緒になって将来を考えていけばいいので、議長とCEOの分離もそれほど過度に考えなくてもいいのではないかなと個人的には考えるところです。

　他方で、この指名と報酬というのは、特に社長の交代などの場合にまさに利益相反が先鋭化しますので、資本市場に対してエージェンシー問題に対処していますよという制度的な立て付けで信頼を得ていくためには、あえて外形をしっかりしておかないといけないと。まさに監査法人が監査でお墨付きを与えて、御社の財務報告は信頼できるよというような制度的な保証を与えるのと同じような外形論が、本件は重要なのではないかと。

　他方で、そうした外形論を整えつつ、普段の実質的な議論の中身について、報酬の技術的なところや、経営幹部をどうするのかについては、もう執行側の事務局がお膳立てをすればよくて、いざとなった時にしっかり動くことができるように、過半数は社外にしておいて委員長が社外であるという外形が重要なのではないか。そういった外形さえ押さえておけば、あとは執行がメンバーに入るかどうかについては、これは入ったほうが私はよろしいかと思います。これからの経営をどうするのかということを見なくてはいけないので、そこは執行サイドが入っていないと議論ができませんから、今の日本の趨勢である社外が過半数、社外が委員長でかつCEOも委員に入っているというのがベストなのではないかなと個人的には思います。

2　サクセッションプランと解任基準等

▷ファシリテーター（三菱UFJ信託銀行）

　CEOのサクセッションは、ガバナンス上の非常に重要な論点です。皆

さまがどのように考え、実際にどのように取組みを進めていらっしゃるのかを議論ができればと思います。ガバナンスリサーチはこれらの点についても各社の実態を明らかにしています[4]。

▷川口（リクルートホールディングス）

非常にコメントが難しいテーマだなと思いながら聞いておりました。どのように実行しているか、公開情報の範囲内でご紹介します。弊社では、十何年か前から経営者研修のようなものをやっておりまして、これはいわゆる、若手より少し上の30代前後ぐらいの人間を中心に受けさせる研修です。受講者には過去のとある時点にタイムスリップをしてもらい、当時の経営会議の重要アジェンダに対し、疑似的に経営課題解決の当事者になる体験をするという内容です。それを現役の役員に対してプレゼンテーションし、当時の役員会議を疑似体験します。そして、実際にまだその時に判断を下した人間がいる場合は、その人間がどういう考えを持って当時の判断をしたかを伝えています。

現役の役員でも、そういった研修の出身者が何人かいるというのは実はぎりぎり公開されています。では、そのやり方をもって、今後CEOを育成できるかがこの先担保されるかどうかは、もう少し期間や実績を様子見しないといけないかなと思います。

これは絶対解がない世界だと思っていて、何かこういうやり方が望ましいだったり、効果があるものがあればぜひ学びたいです。

▷加藤（J.フロント リテイリング）

まずサクセッションに関して文書化されたものがあるかというと、経営人材のあるべき姿やCEO、社長に求められる顕在化能力、こういうものは文書になっています。しかもそれを公表しています。ただ、文書になっていて公表しているといっても、誰がみてもそうだよねということが書いてあるだけなので、もちろん何もないよりはずっと良いのですが、偉くも何ともないのではないかとは思っています。

---

4) Q32（222頁）、Q33（223頁）。

　それとは別の話になるかもしれません。前社長の後日談です。前社長が社長時代の 2015 年度に、それこそ CG コードが施行された頃にガバナンスを整えて、先ほど申し上げた任意の人事報酬委員会の体制を変更しました。その時に委員長のポジションに就かれた社外取締役の方が最初に社長（当時）にいわれたのが、「社長さん、いつまで社長をされますか」と。まずいつ代わるのですかということだったと。それから、「では、その時までに後継者として誰を想定していらっしゃるのかしら」と聞かれたと。その次に聞かれたのが、「明日、社長さんが病気で出社できなくなったら次の社長は誰にお願いするといいですか」と。この３つとも自信を持って答えられなかったと、前社長は当時を振り返っていました。それからというもの、この３点を非常に考えるようになり、今に至るという感じです。

　今のサクセッションプランも基本的にはそれがそのまま続いているので

JFRグループ 経営人財のあるべき姿

J.フロント リテイリングは、基本理念・グループビジョンに照らし、当社グループの経営を担う者は次に掲げる資質を備えるべきと認識しています。
① 戦略思考
市場・顧客の変化を能動的に分析し、これを多角的に活用することで課題の本質を洞察し、中長期的視点で戦略を打ち出し目的達成に向けて先見的かつ革新的な解決策を考察する。
② 変革のリーダーシップ
先例や過去事例にとらわれることなく挑戦心を持って新しい取り組みを実行し、リスクを恐れず、組織に健全な危機感を醸成しながら変革のステップを推進する。
③ 成果を出すことへの執着心
高い目標に対する使命感と挑戦心とを持って、達成するまで諦めず成果が出るまでやり抜く。
④ 組織開発力
組織目標の達成に向けてビジョン・戦略をメンバーに浸透させ、組織の諸要素（業務・仕組み・文化風土・人財）に働きかけて組織に内在するエネルギーや主体性を最大限に高め、成果につなげる。
⑤ 人財育成力
「人は仕事を通じて成長する」という人財育成の考え方のもと、課題付与・成果の振り返り評価・育成プランの策定の一連のプロセスを通じて、メンバーの成長力を最大限に高める。

【JFR代表執行役社長に求められる顕在化している能力】
1 事業構想力
・既成概念にとらわれず、未来を見通し、将来の新たな価値創造の絵姿を描く力
・組織にとって競争優位をもたらす、論理的で説得力のある戦略を描く力
2 ビジョン共有力
・ビジョンの組織への浸透を図り、組織を感化する力
・多様なメンバーにより組織を構成し、自らが先頭に立って組織を牽引する力
・異文化間で組織を融合し、互いの利点を取り入れ、高め合う力
3 胆力・貫徹力
・あらゆる手段を使って粘り強く実行し、必ず結果を出し切る力
4 徳・人望
・ステークホルダー全体の利益を考え、社是を体現できる無私の精神
・心ばえの清潔さ

（出所）Ｊ．フロント　リテイリング株式会社　コーポレートサイト（https://www.j-front-retailing.com/company/governance/governance04.html）

は、と感じています。その中で若干進化した点でいうと、これももちろんわれわれ従業員のレベルには明らかにはなっていないのですが、経営人材として積ませたいキャリアのポジションの指定のようなものがあるそうです。その数も明らかになっていないのですが、どこかの子会社の社長かもしれませんし、持株会社の中のいくつかのポジションかもしれません。いくつかそういうキーポジションのようなものが指定されていて、次のCEO候補、次の次のCEO候補はキーポジションとなる役職を一回はやらせるとかというようなことが決まっているようです。

▷加藤（いすゞ自動車）

当社では、サクセッションとしてまず次世代を担う経営層のコーチングを数年前に始めました。それはもちろんその中から候補者が出てくればということと、経営陣のレベルアップも目的として始めました。このコーチングの対象をだんだん下に広げていき、裾野を広げていくことでこの人材プールをつくると。そのプールの中に入っている全員のアセスメントを実施して、それを指名・報酬委員会がみて、ポテンシャル等々見極めて議論をしていくというような形です。

▷塚本（アンダーソン・毛利・友常法律事務所外国法共同事業）

CEOの後継者計画についてはなかなか外部に出るようなお話ではないこともあって、投資家サイドからすると、社外取締役にも後継者計画がきちんと共有されているのか、どこまで突っ込んで社外取締役や指名委員会が関与しているのかという点について疑義があるという気はしています。そのため、CGSガイドラインでも言及されているとおり[5]、今後、後継者計画を文書化することが求められるのではないかと感じています。取締役会なり指名委員会なりで後継者計画を決議し、その内容について取締役間で共通認識を持ち、そのうえで、きちんとその監督をしていくべきであるという流れになっていくのではないかと思います。

---

5) CGSガイドライン別冊36頁。

▷後藤（東京大学）

　実務を触っていない人間が何かいえるのかという気もするところではあるのですが、お話を伺っていて思うのが、グリーさんみたいにオーナー経営者、特に自分で創業されたようなカリスマ性のある方がいる場合は、その人がやっていることがうまくいっている限りはたぶん何の問題もないわけです。ですので、もし何かあったらどうするのだというBCPのような話になると思うのです。しかしそれは、BCPとしてやるべきだという話です。

　ただ、そういう会社はあまり多くなく、たとえば社長が3期6年やることが通例である場合に6年後どうするのというのが主な話なのかなと思います。その時に、いろいろ考えて作っておきましょうというのは、一般論としてはそうなのかなと思いますが、文書化するのが本当にベストなのか、抽象的なことしか書けないとすると、私にはよくわかりません。あと、さきほどJ．フロント　リテイリングの加藤さんがおっしゃっておられた、育成ルートのようなもの、言い方を変えると出世コースのようなものは各社それぞれあると思います。もっとも、本当に大事な局面ではそういうルートから外れた人が会社を大きく変えることもあったりするので、これらの育成ルートを守らなくてはいけないとなってしまうと、かえってよくないこともあるかなと思います。そういう意味では、何も考えていないのはよくないですが、変にかっちりし過ぎるのもよくない。

　あと、社長が考えるので本当にいいのかというのが一番の悩ましい話ですが、結局これはCEOがどれだけ優れた人間かということに依存すると思います。自分がかわいがっている部下ばかり引っ張り上げるような人はよくないという話はあるわけで。そこをどうコントロールするかということのほうが多分大事なのかなと思います。

　J．フロント　リテイリングの加藤さんのお話にあったような、社外取締役からの一言でちゃんと考え始めるというのがある意味理想的なのかもしれません。形の話よりは、考えましょうというところが大事なのかなという気がします。CGコードには反しているのかもしれませんが、そのような印象です。

　私は、Ｊ．フロント リテイリングの加藤さんがご紹介してくださった内容にエッセンスが詰まっているのではないかと思います。いつまでやるのか、あなたのミッションは何ですかと問うているわけで、その次をどう考えているのですか、何かあったらどうするのですかというエッセンスが表れていると思いますし、本質的な内容を CEO と、CEO も一目置いて信頼を置いている社外取締役のキーパーソンの間でコミュニケーションが取れているという、この構造自体にもエッセンスがあるのだと思いました。何かプランが存在するということよりも、大事な内容について CEO としかるべき人がコミュニケーションを取っているということ自体が、まさに重要な内容なのかなと感じました。

　あと、後藤先生がおっしゃられた、社長が次の社長で子飼いの人を選び、それが企業価値向上に資さないサクセッションにつながっているという事例については、そういう会社はそもそも外在的なガバナンス論でどうにかできるものではないのではないかと思います。そうした会社に対して、外在的・外形的にいろいろな取組みを要請したり規制を作るのは、実効的なコーポレートガバナンスが必要な会社には効き目がそもそも発揮されず、逆に自律的な取組みをしている会社にとっては規制過剰の状態になり、社会的にはコストばかり発生させるのではないか。実態をみていくと、社長自身が真摯にリーダーシップの承継を考える方が多いと思いますし、会社によっては従業員・同僚によるガバナンスも効くことがありますし、企業は商品・サービス市場や資本市場などのさまざまなマーケットメカニズムに晒されているので、社長のサクセッションも何かわかりやすい解があり、それを全てに適用すればよいという話ではないかなという気がします。

▷ファシリテーター（三菱 UFJ 信託銀行）

　次は選解任の基準についてです。CGS ガイドラインでは、社長・CEO の解任・不再任の要否について議論を始める契機となる基準を平時から設けておくことの有用性が指摘されている[6] 一方で、本研究会では、過去に、解任基準の明文化はやはり難しいとの議論もしています。また、基準

があっても、定性的なものが多く、実務上誰が解任を判断するのか、判断して発議できるのかという問題はあり、実際の運用は難しいのではないかとも思われます。ガバナンスリサーチは、この点についての各社の実態を明らかにしています[7]。本件に関する各社のお取組みやお考えを教えていただけますでしょうか。

▷青島（小松製作所）

　BCP の面から経営トップが何か問題を起こした時にどう動くのかは決めておりまして、社外取締役のどのポジションの人が動いて、どこの弁護士事務所を使い、監査役が社内からどういうサポートをするのか、どのレポートラインを使うのかなどを決めており、問題が起きればその人たちが動きます。

▷小山（TBS ホールディングス）

　当社は取締役の任期が 1 年なので、事業年度の途中で、業績悪化や目標を達成していないなどといった基準で解任することはあまり想定していないと思います。明らかな法令・定款違反や、会社の信用を著しく低下させたりするような不祥事があれば指名諮問委員会の役割としてある以上、理屈のうえではありうるかもしれないのですが、実際はやはり想定しづらいのではないでしょうか。

▷高良（野村ホールディングス）

　解任基準はあったほうがよいかもしれないですが、これを日本の会社でうまく定めるためのインセンティブといいますか、何かこれを乗り越えるような仕組みを今後 CG コードなどで議論されるといいなという感想を持っております。

6)　CGS ガイドライン 34、35 頁。
7)　Q34（223 頁）、Q35（224 頁）。

▷塚本（アンダーソン・毛利・友常法律事務所外国法共同事業）

　「解任」という言葉を使うと、イレギュラーな対応のように聞こえてしまいますが、実際にありうるのは、「解任」よりも「不再任」なのではないかと思っています。

　先ほど後藤先生がおっしゃった3期6年の企業を例にして、中計が3か年で、一人の社長が中計2期分で6年務めるというのが慣行であるとすると、1回目の中計3年で目標未達であった場合、では本当にその社長に予定どおり次の中計もやってもらっていいのかということを、1回目の中計が終わった時点で議論する必要があるということになります。そうすると、CGSガイドラインに書かれている定量基準の話も割と自然に出てくるかと思います。

　「解任」という言葉だけが独り歩きすると、あまり関係のない話になってしまうかもしれませんが、定款で取締役の任期を1年にしていれば、1年ごとの判断、また、中計の期間に合わせての判断もありますが、いずれにしろ、その判断軸がなくていいのだろうかということは、これからまた議論があると思います。

▷後藤（東京大学）

　今の塚本先生の話につなげて申し上げると、1回目の中計が未達になった時に、すぐに不再任の議論を始めますということにはならず、なぜ未達だったのだろうかというところの分析から始まると思うのです。たとえばウクライナの紛争などコントロールできない事情の影響なので仕方ないという時もあるかもしれませんし、そうはいっても同業他社はしっかり対応できているのになど、いろいろな議論がある中で、「もう駄目じゃない？」というのがどこかで出てきて、そこから不再任へとつながるのだと思います。中計まで待たず、1年でも駄目ではないかという時もあるでしょうから、理想論ではありますが、定量基準よりはむしろ常にこれは考えておくべきであると思います。

　CGSガイドラインは、これが最後の仕事ですよということを強調するために書かれているのだと思いますが、ここだけが独り歩きするとおそらく拒否反応が起きて、不祥事が起きた時には解任しますという当たり前の

ことしか書かれず意味がないという話だと思います。あくまで最後の手段がこれであって、社長の評価は常にしっかりと議論しておくべきであるということをそろそろいってもいいのかなという気もします。また、会社が基準を作るというよりは、もう少し現実味があるのは、アクティビストからも社長を代えろという要求がきた時にどう対応するかという話かもしれません。その場合は、数値基準を達成しているかではなく、その時にどうするかをしっかりと真摯に議論しましょうということかと思います。CGSガイドラインの問題提起はよかったと思いますが、受け止め方は各社によるということでいいのかなと思います。

指名委員会と報酬委員会の活動について

▷リクルートホールディングス

　コーポレートガバナンス改革を行ううえで、取締役会が執行を監督することを担保するための最も強力な権限として、「指名」と「報酬」にかかる監督体制を強化することの必要性が指摘され久しく、CGコード等を背景に、本邦上場企業の多くが、指名や報酬にかかる客観性と透明性を確保し、説明責任を強化するために、独立社外取締役を主要な構成員とする指名委員会・報酬委員会を設置しています。一方で、「指名」と「報酬」に関しては、現経営陣が主導してきた時代が長く、社外取締役が参画し、組織的に監督する体制の運用面では課題を抱えている企業が多いとの指摘があります。

　株式会社リクルートホールディングス様では、CG報告書等において、取締役会の諮問委員会である指名委員会・報酬委員会の役割、活動プロセス、各委員会の指名や業績評価の判断根拠など、ステークホルダーの理解を促進するために多様な事項を積極的に開示されています。

　開示の背景にある、指名・報酬にかかる客観性・透明性の確保・向上に向けたお取組みについて、委員会の実務担当者にお話をお伺いしました。

（インタビューの受け手）

西村優子様：株式会社リクルートホールディングス　人事統括部、サステナビ
　　　　　　リティトランスフォーメーション部、IR部のESGチームと、3
　　　　　　つのチームを兼務。人事統括部の責任者として、指名委員会と報
　　　　　　酬委員会の運営実務をご担当。

中島孝裕様：株式会社リクルートホールディングス　人事統括部とサステナビ
　　　　　　リティトランスフォーメーション部を兼務し、指名委員会、報酬
　　　　　　委員会の運営実務をご担当。

川口智広様：株式会社リクルートホールディングス　経営企画部において、
　　　　　　コーポレートガバナンス全般の実務をご担当。

――まず、貴社における指名委員会および報酬委員会の役割について教えてください。

　当社は機関設計として、監査役会設置会社を採用しており、取締役および執行役員の指名、評価、報酬決定に当たっては、透明性および客観性を高めるために、取締役会の諮問機関である任意の指名委員会および報酬委員会において、社外委員を中心に審議を行う方針です。各委員会の委員長（議長）は独立役員である社外取締役が務めています。

　毎期、指名委員会は、CEOの指名およびサクセッション、また、取締役候補者および執行役員の指名プロセスの妥当性、解任について審議を行います。また、報酬委員会は取締役および執行役員の報酬決定に関する方針、報酬制度、評価制度ならびに取締役の個別報酬額および個別評価について審議を行います。これらの審議内容について各委員会から取締役会へ答申した後に、取締役会で決議を行います。

――貴社では上場された2014年には、指名委員会と報酬委員会を設置されていましたね。

　はい、監査役会設置会社である上場企業として、取締役および執行役員の指名、評価、報酬について透明性、中立性の高いガバナンスを行いたいと考え、上場を準備する段階で、指名委員会、報酬委員会、評価委員会の

3つの委員会を設置しました。評価委員会は取締役の実績評価、評価基準について審議を行う機関、報酬委員会は取締役および執行役員の実績評価に基づく報酬額、報酬水準・制度について審議を行う機関とし、取締役の実績評価の透明性・健全性を高める意図で評価委員会と報酬委員会を区別していましたが、現実的には両委員会のアジェンダは関連性が高く、委員も基本的には同じでした。また、グローバルなトレンドをみても、評価を報酬委員会と区分しない傾向があったので、2020年度から両委員会の機能を集約するなどの見直しを行いました。

――このような任意の委員会の体制の見直しにかかるご提案は、社外役員をはじめとする委員の方から挙げられましたか、それとも執行側からでしたか？

　本件については両委員会の事務局から提案し、取締役会で検討しました。そもそも、各委員会の事務局の役割の捉え方として、独立社外取締役である委員長のサポートと位置づけるか、執行の一部と位置づけるかについては、いずれの概念もあると考えています。そのうえで、事務局は目的合理的な会議運営の観点から報酬委員会と評価委員会のアジェンダの関連性が高いこと、議論の重複感が懸念されることなどの課題仮説を立て、ベンチマークするグローバル企業の取組みやトレンドを把握し、各委員会の委員長と協議を重ね、原案を作りこんで提案しました。この提案に対して、社外役員の皆様から想定されるリスクなど、多面的にご指摘、ご助言をいただき、反映し、見直しを行いました。

――貴社の指名委員会・報酬委員会の年間スケジュールについて教えてください。

　まず、報酬委員会については年2回、秋頃と春頃に開催しています。例年、秋には翌年の役員の報酬水準について審議します。ベンチマークするグローバル企業の傾向を把握し、報酬テーブルや個別の取締役の報酬水準について議論を行います。

　春は、事業年度が終了する頃に開催し、個別の取締役について、当該事業年度の業績評価と、翌年度の業績評価のため、個々の取締役のミッションや全体の業績の連動のロジックについて審議します。この2回以外に

も、株主総会議案に必要な事項や戦略的なアジェンダがあれば、アドホックに開催する方針です。

　指名委員会も年2回で、夏頃と秋頃に開催しています。秋には、CEOの選解任や翌年の取締役の人事について検討しており、夏には、その前提となる「あるべきガバナンス体制」について、具体的には取締役会の実効性評価の結果も参照しながら、ガバナンス体制の進化に向けた方針や、今後の取締役任用を通じて一層の充実を目指すべき具体的なスキルなどについて議論を行っています。CEOのサクセッションプランニングについては、CEOの交代が近づくタイミングかどうかで議論の頻度は変わりますが、2回の開催のいずれかで中長期の経営戦略に基づいて定めた人材要件を前提に、現任の交代時期を見据えた後継者候補の育成計画とその進捗について、妥当性を確認しています。

　指名委員会・報酬委員会の双方の連動という意味では、例年、夏に指名委員会でガバナンス体制について議論し、秋に翌年度の取締役・執行役員の人事等の審議を行い、それを前提に報酬委員会で評価や報酬について審議を行っていることになります。

――各委員会、基本的には年2回という限られたお時間の中で、社外役員を中心として実効的な議論を行っていただくために、運営上工夫されていることを教えてください。

　多くの企業でやっていらっしゃると思いますが、委員に就任していただいた際に、当社の取組みにご理解を深めていただくためのオンボーディング（新しく会社・組織に加わった人材の組織への定着・戦力化を促進するための取組み）の説明を丁寧に行うことを心がけています。

　当社の指名・評価・報酬について、そもそもの歴史的背景も含めて、経営思想・戦略にも続くスキームやロジックの組み立て、それに則ってものごとを決めていることをご説明します。特に報酬制度について、当社は期待する役割や成果に対してきちんと報酬で報いる「Pay For Performance」など、トップマネジメント層から新入社員まで一貫したロジックに基づく報酬体系を組んでおり、個別判断の入り込む余地が少ない傾向にあります。

もちろん、ベンチマーク企業の動向などを踏まえ、スキームの見直しにかかる議論は適宜行っており、その見直し実務は難しいものですが、基本的なロジック、法則性に根差して行っています。このような体制が構築されていることで、社外役員の皆様にもご理解いただきやすく、議論に参画しやすくなっていると考えています。

　また、委員の皆様とのコミュニケーションを重視しています。委員会の開催前には委員長とご相談したうえで、事前に各委員に個別の説明を行っています。個別の説明では議題にかかる疑問を小さなものでも明らかにし、委員会本番は論点にかかるディスカッションに絞れるよう心がけています。社外役員の皆様も委員会の場でも、事前のミーティングなどでも、率直にご指摘くださり、事務局もその指摘や疑問に適時に答えています。もちろん、ご指摘の中には、やや大局的なテーマで議論に時間を要するものもありますが、次回までに解決できるようにと真摯に取り組んでおり、このようなコミュニケーションややりとりが委員との信頼関係の醸成や効果的な運営に功を奏していると感じています。

——定例的な議題の他、貴社の持続的な成長や、指名委員会と報酬委員会の実効性向上に向け、事務局が課題を識別し、委員会の審議事項として提案する場合があると伺いました。事務局としてこのような課題を識別するために、平素からアンテナを立てていることや収集されている情報などはありますか？

　やはり株主、機関投資家の皆様の目線は常に意識しています。現在、私自身がIRのESGに関するコミュニケーションを管掌しており、特に国内外の機関投資家の皆様と年間数十件のダイアログを行っています。皆様からは、ガバナンスや、優秀な経営人材の確保に向けた取組み、指名や育成にかかるご意見などをダイレクトにいただいています。これは大きな情報源の一つになっていると同時に、資本市場対応に関して、経営企画部と連携して、議決権行使のシミュレーション、株主の皆様から信任を得られるのかといったモニタリングを行っています。

　株主、機関投資家の皆様からのご要望の中には、必ず守らないといけないものや、非常にチャレンジングで先進的なものなどがありますが、我々の実現したい方向性と合致しているものであれば、積極的に取組み、開示

に反映できるよう心がけています。このようなプロセスはとても有効であると思っています。

　また、報酬について、世の中の流れ、トレンドは捉えていかなければならないという意識を持っており、法改正や世の中の主要な報酬に関する動向、シンクタンクや発言力のあるESG関連機関のリリース等は、年度ごとに確認しています。加えて、当社がグローバルでベンチマークしている企業群について、毎年開示資料を確認し、新しい動きがあるか確認しています。

　加えて、当社の組織上の特徴も影響していると思います。当社グループ全体では約54,000人の従業員がいるのですが、持株会社である当社自体には約130人しかおらず、ガバナンスという機能に特化をした小さなヘッドクオーターの形態をとっています。もちろん、どのような形態にも良い面も悪い面もあるものだと思いますが、たとえば私自身も人材統括部やサステナビリティトランスフォーメーション部、IRなどの機能を複数兼務しており守備範囲が広いので、資本市場の要請など経営環境の変化に気づきやすいですし、CEO、COOや社外役員との距離感が近いことも課題の認識には有用です。この組織形態は、当社が非常に変化の激しいテクノロジー事業を行うに際し、環境に応じて柔軟に変化をし続けなければ生き残れないという強い危機感と緊張感に基づいているものと認識しています。

——変化しつづけることの必要性の認識という観点では、貴社では、他の上場企業と比較してやや早い時期から、CEOの選解任にかかる基準とプロセスを明示されました。

　指名委員会を立ち上げる頃から議論されていたと聞いています。この議論自体は、当時の経営層が、経営はいずれ次世代の経営陣に受け渡すものであり、その選任や自らの再任などについて、客観性、透明性を確保した自律的な体制が必要との認識から始まっており、機関投資家など外部からの要請が起点ではなかったと聞いています。

　委員会が設置されてからは、社外役員の方にCEOの選任等を審議いただいています。再任や解任については、経営環境によって判断が大きく変

わるもので、業績が芳しくないケースや何らかの事象が生じた場合などの判断は難しいものとなると考えますが、組織として、CEOの選任、解任を律し続けるという概念と、これを毎年確認をする仕組みをもっていることは大事なことであると考えています。そのため、ステークホルダーの皆様に、当社の考え、取組みについてご理解をいただきたいという意図で、これらの基準やプロセスを開示しています。

——今後、指名・報酬の客観性・透明性の維持、向上の観点から、事務局が課題と認識されていることはありますか？

2014年の上場以降、ガバナンス関連の取組みを強化してきました。これは日本の上場企業のコーポレートガバナンス改革の進展と並行しており、これまでの当社の取組みの多くは、国内の企業として、ガバナンス優良企業をベンチマークして、改善点を見つけ、対応していくというキャッチアップのフェーズであったと感じています。一方で、当社の事業、ステークホルダーもグローバル化が進んでおり、我々の事業戦略ではグローバルなビジネスをさらに拡大していく方針を掲げています。その方針に基づいて、当社グループが社会に貢献し続けるために、どのような組織、ガバナンス形態が望ましいのか、問われ続けることになります。この組織・会社が生き残るにあたり、ガバナンスの重要性は小さくはならないと捉えています。

ガバナンス形態について、グローバルの機関投資家からはモニタリング型など、欧米の企業と同様の体制などが期待されていることは理解しています。しかし、多様なステークホルダーの期待を実現した事業が成功することが、ガバナンスの本懐だと考えていますので、単にキャッチアップすることを目的とせず、冷静な視点で当社にとって望ましい方向を模索していきたいです。

三菱 UFJ 信託銀行の視点

指名・報酬実務における近時の論点

1　はじめに

　コーポレートガバナンス改革元年といわれる 2015 年以降、コーポレートガバナンスの世界で「取締役会の監督機能強化」が大きなキーワードとなっています。

　この実現のために様々な考え方やベストプラクティスが示されてきました。その中でも、役員の指名・報酬に関する論点は、取締役会の実質的な監督機能発揮の手段として重要性が強調されています。

　一方、役員の指名・報酬に関する論点はきわめてセンシティブな内容を含むため、その議論の実態は、ごく一部の関係者に閉じる傾向にあります。実際、取締役会運営担当であり自社のコーポレートガバナンス対応全般を所管する部署であっても、役員の指名・報酬は別部署が担当しているため、検討の経緯が知らされることなく、決定済みの内容の連携を受けるのみといった事例もお見受けします。

　上述を踏まえ、本稿では、指名・報酬の論点について主だったものに絞ってその実務の概観やポイントを紹介します。指名・報酬実務を担当していなくとも、指名・報酬実務の現場で主に何が検討され、担当者は何に悩んでいるのかを理解することは、コーポレートガバナンスに関するより深い議論に繋がると考えます。

　指名・報酬実務を担当されている読者の皆様においては、本稿で紹介するいくつかの考え方が実務を行う上でのヒントになれば幸いです。

2 指　名

(1)　論点①：サクセッションプラン（後継者計画）

サクセッションプラン（後継者計画）は CG コード[1] 等の中でも言及され、その必要性は広く認識されていると思われます。一方、次期 CEO[2] の人事は大変センシティブな問題であり、開示される範囲も限られているため、その実務の実態に触れる機会は必ずしも多くないのではないでしょうか。

加えて、そもそもサクセッションプランが文書化されていない[3] ため、自社の関係者であってもその全体像を把握するのが困難であるという会社も多いように思われます。こういった状況も踏まえ、以下では実際にサクセッションプランの検討を開始するに際しての主な検討ポイントについて述べます。

サクセッションプランの実務運用については、CGS ガイドラインの別冊[4] が参考になります。本ガイドラインでは、後継者計画の策定・運用を 7 ステップに分けて解説しています（図表 3-1）。筆者の経験上、実際にサクセッションプランの策定・運用に取り組む企業は、まずこのガイドラインを参照して検討を始めることが多いように思われます。

各ステップの詳細は同ガイドラインをご参照いただければと思いますが、候補者選出の前に、まずはサクセッションプランのロードマップ（スケジュール感や、現 CEO・取締役会等の関係者の関与の在り方等）と、「あるべき CEO 像」を定義することが重要です。これは、今後のサクセッションプランの運用における重要な拠り所になるものですので、同ガイドライ

---

1) 補充原則 4 - 1 ③等。
2) サクセッションプランの対象として CEO 以外の経営陣幹部を含めるかという論点もあります。本来的には、経営の"ラストパーソン"であり、取締役会の監督を一義的に受ける対象である CEO と、その CEO の傘下で経営に参画するその他経営陣とは分けて考えるべきと思われますが、本稿では詳細な議論は割愛し、主に CEO のサクセッションを念頭に述べます。
3) ガバナンスリサーチでも、サクセッションプランが文書化されている会社は 13.4% と少数にとどまっています（Q32（222 頁））。
4) 経済産業省「指名委員会・報酬委員会及び後継者計画の活用に関する指針 ―コーポレート・ガバナンス・システムに関する実務指針（CGS ガイドライン）別冊 ―」（2022 年 7 月 19 日）。

図表 3-1　サクセッションプラン策定・運用の 7 ステップ

ステップ	主な内容
1	後継者計画のロードマップの立案
2	「あるべき社長・CEO 像」と評価基準の策定
3	後継者候補の選出
4	育成計画の策定・実施
5	後継者候補の評価、絞込み・入替え
6	最終候補者に対する評価と後継者の指名
7	指名後のサポート

（出所）CGS ガイドライン別冊 22 頁。

ンでは、社外取締役を中心とした指名委員会で十分議論したうえで、取締役会の了解を得ることが望ましいとされています。

　「あるべき CEO 像」の定義の実務上の進め方は各企業によりますが、まずは現 CEO の意見をまとめたうえで、指名委員会や取締役会に諮る運営が実効的であると考えられます。これは、次世代のリーダー像を検討するのに必要な自社カルチャーやビジネス環境、成長ステージについて一番理解しているのは現 CEO であると考えられるためです。研究会のディスカッション（本書 167〜170 頁）において、次世代を担う層に向けた各社の育成の取組みが披露されていますが、これらの取組みをより効果的なものとするためにも、「あるべき CEO 像」を定義することは重要であると考えられます。また、「自社のラストパーソン」からの景色を実際に見たことがあるのは自社 CEO 経験者しかおらず、その意見は重要視されるべきでしょう。

　具体的には、事務局が次期 CEO に求められるコンピテンシーや経験を仮説的にピックアップして現 CEO に示し、そこでのフィードバックを踏まえて修正の上、指名委員会や取締役会に上程する方法が想定されます。また、ここでいう求められるコンピテンシーや経験は必ずしも普遍的なものではなく、企業のステージ等によっても変化することに留意が必要です。極端に言えば、現 CEO とは全く違った種類のリーダーシップを持っ

た人材を後継者とすることもあり得ます。

　一方、自らの後継者について考えることは、自らの退任について考えることであり、CEO によっては難色を示す場合があるかもしれません。この場合、自社の継続的な成長のためには後継者育成が重要課題である旨をご理解いただくことが肝要となりますが、社外取締役や外部顧問等に経営経験者がいれば、その経験を踏まえて現 CEO にアドバイスをいただく機会を設けるといった方法が考えられます。

(2)　論点②：CEO の選解任

　CG コード[5]では、CEO の選解任は「最も重要な戦略的意思決定」であるとされており、選解任の基本的方針・手続きの開示も求められています。

　CEO の「選任」の方針・手続きについては、CEO のサクセッションプランが明確化されていれば、その内容を選任の基本的方針・手続きに反映させることが考えられます。また、明確なサクセッションプランがない場合でも、多くの会社では「どういった人材を役員にするのか」といった考え方は、明文化の有無に関わらず存在していると考えられますので、この作成・開示自体に悩むことは少ないように思われます。

　課題として捉えられやすいのは、CEO の「解任」の方針・手続きです。コーポレートガバナンスをめぐる議論の中では、CEO の「解任」は重要な論点として捉えられてきました。論者によってやや論調は異なると思いますが、概ね監督機関が、いざとなれば本当に CEO を解任する姿勢を見せることで実効的な監督を効かせるべき旨が指摘されていると認識しています。一方、実務の現場において現 CEO の解任について議論することは、大きな不祥事やそれに伴う外部圧力等がない限り、難しいというのが実情ではないでしょうか。

　そこで考えられる方法としては、たとえば、解任の方針には、解任の発議基準のみを定めておき、これに抵触する場合は機械的に発議をして指名委員会や取締役会で議論をすることが考えられます。一方、たとえば業績

---

5)　補充原則 4 - 3 ②。

等の定量基準を定めたところ、これに抵触するとなった場合、その業績の不芳が本当に現 CEO の責任によるものなのかは、注意深く判断する必要があります[6]。

したがって、実質的には、「解任の発議基準に該当した場合、ケースバイケースで判断する」程度の記載とせざるを得ないように思われます。この場合、重要になるのは「審議のプロセス」であると考えられます。すなわち、「○○に該当した時は解任」ということを定量的に明確化できない以上、解任するかしないかの結論の妥当性は、この検討プロセスが合理的であるかに求めざるを得ないように考えられます。具体的には、当該基準に基づき解任が発議された場合、執行から独立した社外役員だけで審議を行って結論を出す、といった透明性・納得感のあるプロセスをあらかじめ明確化していくことが望ましいと考えられます。

この解任基準の運用については、研究会のディスカッション（本書 172 〜175 頁）や株式会社リクルートホールディングス様のインタビュー(本書 181〜182 頁）でも、実務上の対応や悩み、専門家の見解が示されているため、ご参照ください。

3　報　　酬

(1)　論点①：業績連動報酬比率・報酬水準

役員報酬の議論は、伝統的には「お手盛り防止」に焦点が当たっていました。すなわち、役員が必要以上に報酬を受け取る（＝会社財産・株主利益を毀損する）ことが無いように、株主総会や取締役会が監視するということがメインテーマであったと思われます。

一方、昨今のわが国のコーポレートガバナンス改革の中では、「インセンティブ付け」に焦点が当たっています。これは、いわゆる「稼ぐ力」の

---

6)　「CEO の責任かどうか」を判断するには、「CEO 以外の経営陣幹部の選解任や評価の権限を CEO が有しているか」も重要なポイントです。すなわち、当該期の業績が不芳に終わった際、その具体的実行を担当した経営幹部も CEO が選任したのか（＝経営チームも CEO が作ったものなのか)、実質的に CEO に選任権限はなく、指名委員会や取締役会が選任した経営チームなのかによって、CEO の責任の所在の判断は変わってくると考えられます。

不足が指摘される中、経営陣幹部に適切なインセンティブ付けをすることが会社の収益力向上に資するといった考え方に基づいています。

この「インセンティブ付け」の観点からは、「業績連動報酬」の割合・金額が重要な論点になります。欧米各国に比して、伝統的に役員報酬全体に占める業績連動報酬の比率が低いわが国においては、この引き上げをどうするかが実務上のポイントになっています。

業績連動報酬の具体的な比率は各社ごとに検討する必要がありますが、参考になるガイドラインとして以下の2つを紹介します。1つは、日本取締役協会の「経営者報酬ガイドライン」[7] です。ここでは報酬割合について、「基本報酬：年次インセンティブ（業績連動賞与）：長期インセンティブ＝1：1：1程度の比率をめざし、中長期的（10年後）には、1：2〜3：2〜3程度の比率を目指す」[8] とされています。もう1つは、既出のCGSガイドラインで、「執行側のトップである社長・CEOについて、業績連動報酬の比率をグローバルにベンチマークする企業の水準まで高めることや、長期インセンティブ報酬の比率の目安をグローバル水準である40〜50%程度とすることも考えられる」とされています。

他方、上記2つのガイドラインを参照する場合も、注意を要するのが報酬水準です。前述のとおり、わが国では「業績連動報酬の比率を上げること」に焦点が集まっている一方で、そもそもの報酬水準を変えないまま業績連動比率を上げると、基本報酬、すなわち安定的な金銭報酬額が少なくなることになります。もちろん、高い業績を上げれば報酬総額は増えることが一般的ですが、従前と同等の業績時の金銭報酬額が減ることや、株式報酬比率を増やした場合は標準的な業績時の金銭報酬額が減ることも考えられます。

「業績連動比率を上げるべきで、金銭報酬の額が減ることになっても構

---

7)　日本取締役協会「経営者報酬ガイドライン（第四版）—経営者報酬ガバナンスのいっそうの進展を—」（2016年10月）。

8)　報酬構成は、「基本報酬（ABS：Annual Base Salary）」「年次インセンティブ（STI：Short Term Incentive）」「長期インセンティブ（LTI：Long Term Incentive）」の3要素で考えることが一般的です。そして、このSTIとLTIを合わせた比率を、一般に「業績連動報酬比率」「変動比率」等と呼んでいます。

わない」と明言する経営者も存じ上げています。しかし、一般的には、対象役員のモチベーションを下げる結果にならないように[9]、業績連動比率を上げる際には、報酬水準の引き上げも併せて検討されるべきと思われます。

　一方で、わが国においては、報酬水準の引き上げを自ら求めることが難しい風土があることも事実であると思います。もちろん、会社財産や株主利益の保護の観点からは無尽蔵に報酬水準を引き上げることは避けるべきですが、事務局や社外取締役が報酬の在り方についてバランス感を持った議論を主導することが重要です。

　報酬水準の検討は、ベンチマーク比較が基本です。具体的には、まず役員報酬に関するサーベイ等を用いて、自社がベンチマーク対象とする業界や企業規模ごとの報酬水準を明らかにします。そのうえで、自社の報酬水準を当該ベンチマーク群のどのあたりに位置づけるかを決め、現在の自社の報酬水準と見比べながら具体的な報酬水準を決定します。

⑵　論点②：報酬 KPI

　前述のとおり、役員報酬の議論において「インセンティブ付け」に焦点が当たっている中では、報酬 KPI の設定も外せない論点です。報酬 KPI の決定は、「何に対してインセンティブ付けをするのか（＝対象の役員にどのような行動を起こさせるのか）」の議論であるので、まさに「インセンティブ付け」の議論の本丸ともいえます。

　報酬 KPI の設定に際しては様々な論点がありますが、報酬 KPI を増やしすぎない（＝報酬制度を複雑にしすぎない）ということに留意する必要があります。

　既に業績連動報酬を導入している会社では、伝統的に売上や利益といったいわば P/L 指標を報酬 KPI として設定していることが多いです[10]。一方、昨今では、サステナビリティのほか、ROE といった効率性、PBR と

---

9)　現実的には、モチベーションの観点のほか、役員自身の生活資金や納税資金等の確保といった観点も一定程度考慮されるべきです。

10)　ガバナンスリサーチからも、売上や利益系の指標が多く採用されていることが見受けられます（Q36（224 頁））。

いった株価・企業価値に着目した経営も求められており、報酬 KPI に非財務指標や、効率性指標、株主価値関連指標を追加することで、経営陣幹部にこのような経営アジェンダを意識した行動を求める動きもみられます。

　これらの報酬 KPI にも妥当性があると考えられるものの、意識しておかないと、報酬 KPI が増えすぎることに繋がります。報酬 KPI が増えすぎると、その分一つ一つの報酬 KPI が報酬総額に与えるインパクトが小さくなることになります。また、同時に複数の指標を追いかけることになり、結局何を頑張れば報酬が増えるのかがわかりづらくなることで、実現したかった経営陣の行動変容（＝インセンティブ付け）が果たせなくなる可能性があります。加えて、事務局による報酬額の算定事務とその妥当性の説明が複雑になり、報酬委員会や取締役会が報酬制度の全容を正確に理解することが困難になることで、本来果たすべき報酬に対する監督が十分にできなくなる可能性も考えられます。

　意識すべき経営アジェンダが多様化する昨今では、経営アジェンダに応じた報酬 KPI の追加は避けて通れない論点であると考えられます。一方、単純な KPI の追加は上述のような問題点も生じさせるため、会社の収益力向上に資する経営陣の行動変容は何か、そして自社において本当に報酬 KPI に設定すべき指標は何であるのかを検討し、本来の目的であるインセンティブ付け[11] の観点から報酬 KPI を絞り込んだうえで、最も効率的な報酬 KPI のポートフォリオを検討することが重要であると考えられます。

　また、CEO と CxO、上席執行役員といったレイヤーごとの役割責任に応じてそれぞれ違った報酬 KPI を設定[12] することや、たとえば STI の KPI は P/L 指標を中心にし、LTI の KPI は非財務指標や効率性指標を中心にするといった工夫も検討されるべきであると考えられます。

（文責：志村保）

---

11)　本文中は「インセンティブ付け」に焦点を当てていますが、対外的な説明責任（例えば、環境保護のメッセージを外部にアピールするために、環境系指標を報酬 KPI に設定する等）といった観点からも検討が必要です。

12)　同一の報酬 KPI を設定したとしても、各レイヤーの役割責任に応じて、各 KPI のウエイトは変えることが考えられます。

指名・報酬委員会の実効性の向上に向けて

弁護士　倉橋　雄作

1　はじめに

CG コードが契機となって、監査役会設置会社や監査等委員会設置会社でも指名・報酬委員会を任意に設置することが実務で定着している。指名・報酬委員会は取締役会の監督機能を強化するうえで重要な機能を担っており、その実効性向上はコーポレートガバナンスの優先的な課題である。そこで本稿では、指名・報酬委員会の実効性向上をテーマに取り上げ、委員会の設計・運営の在り方、指名委員会と報酬委員会がそれぞれの機能を実効的に発揮するための取組みについて考えたい。

2　指名・報酬委員会の意義・設計・運営・開示

(1)　指名・報酬委員会の意義

任意の指名・報酬委員会は文字通り各社が任意で設置するものであり、その設計は各社の裁量に委ねられている。一般的には、取締役会の諮問機関として位置づけられることが多い。

会社法の観点でいえば、指名・報酬委員会の権限は取締役会の諮問に対して、答申をすることにある。諮問は専門的な機関に対して意見を求めることを意味し、答申は諮問事項について調査・審議し、意見を述べることを意味する。諮問をした機関は答申を尊重すべきであるが、拘束されることはない。実際にも、取締役候補者の指名（株主総会の議案決定を意味する）、代表取締役の選定・解職、個人別報酬等の決定方針などは取締役会の決議事項であり（会社法 298 条 4 項・1 項 2 号・5 号、会社法施行規則 73 条 1 項 1 号、会社法 362 条 2 項 3 号、361 条 7 項）、指名・報酬委員会の決定が取締役会を拘束することはできない。ただし、取締役の個人別報酬等は、

株主総会決議の枠内で取締役会決議をもって代表取締役に再一任すること
さえ判例で許容されており、報酬委員会に再一任することも可能である。

　コーポレートガバナンスの観点でいえば、指名・報酬委員会は経営監督
機能の強化を支える重要な舞台装置となる。取締役会による経営監督機能
は事前に経営方針を定め、経営陣に対するインセンティブを設計し、事後
に経営を評価し、経営陣の再任当否や報酬を決定することによって発揮さ
れる。CEO の人事をはじめとして経営のリーダーシップを設計すること
も取締役会の重要な職務である。これらは取締役の指名・報酬にかかわ
る。指名・報酬委員会が経営陣からの独立性を確保しつつ、同時に経営陣
と対話を重ねながら、取締役の指名と報酬について審議し、その意見を答
申することは取締役会の経営監督機能強化につながる。

(2)　委員会の設計

　指名・報酬委員会が任意設置の組織であったとしても、実務上は標準的
な設計に収斂しつつある。

　委員の構成については、CG コードの補充原則 4 - 10 ①がプライム市場
上場会社では構成員の過半数を独立社外取締役とすることを基本とすべき
と定めている。委員会の意義からしても、経営陣からの独立性確保が重要
であり、社外取締役を過半数とすることは事実上必須と言ってよい。

　委員長は社外取締役に委嘱するのが委員会の独立性という観点に資す
る。指名・報酬委員会の委員長を務める社外取締役には、対内的には事実
上の筆頭社外取締役に等しい立場で CEO との連携を深め、他の社外取締
役に対してもリーダーシップを発揮してもらうのがよい。対外的にはス
ポークスパーソンとしての役割を期待することができる。たとえば統合報
告書や招集通知でインタビューを掲載したり、IR・SR の活動に積極的に
関わってもらうことが考えられる。付随して、委員長にはその職務執行の
負担に応じた追加報酬を支給することとしてもよい。

　指名・報酬委員会を 1 つの委員会にまとめるか、それぞれ別の委員会と
するかも検討事項となる。これまでは社外取締役の数も限られていたた
め、1 つの委員会とする会社が多かった。今後、社外取締役の増員が進め
ば、社外取締役による役割分担や社外取締役の相互牽制という発想で、指

名委員会と報酬委員会を分けることも考えられる。その場合でも、一部の社外取締役が両委員会の委員を兼ねることはもちろんあってよい。

(3)　委員会の運営

委員会の運営は各社で定着しつつある。定例取締役会の前後に委員会を開催する。アジェンダは委員長・執行・事務局が相談して年間計画を定めておく。委員会では執行が原案を作成し、提案・説明する。重要な検討事項については複数回にわたって審議を重ねる。株主総会の招集決議を取締役会で行うに際し、事前に委員会で答申内容を決議し、取締役会に答申する。報酬決定も同様に、取締役会での最終決議の前に委員会で決議・答申する。委員会が開催されれば議事録を作成し、委員会メンバーで共有する。

最近は事務局の増強が課題となることが多い。取締役会事務局の強化が進められているのであれば、委員会の事務局を兼ねればよい。実務上は人事部が委員会の事務局にかかわることも多い。ただし、取締役の指名・報酬はコーポレートガバナンスの基本設計そのものであり、従業員の人事施策とは必要とされる知見や考え方が全く異なることへの留意が不可欠である。どのような体制とするにしても、委員会の事務局としての職務を全うするには、会社法やコーポレートガバナンスの最新動向を常にフォローし、社内外のガバナンス課題に目配りした対応が求められる。

指名・報酬委員会と取締役会の連携も課題となる。委員会は取締役会が設置する諮問機関であり、委員会の職務執行状況は取締役会に報告したほうがよい。指名委員会等設置会社では、各委員会による取締役会への職務執行報告が義務づけられている（会社法417条3項）。任意の委員会でも取締役会への職務執行報告を定例的に行うことで、委員ではない取締役にも委員会が何をしているかを共有することができる。職務執行報告が十分でなければ、取締役会にとって指名・報酬委員会の活動が見えず、委員会からの答申に対する信頼度・納得感が薄れかねない。もちろん、指名・報酬委員会が扱うテーマは全てオープンにすることが望ましいわけではなく、適切でもない。委員会の職務執行報告も外形的・概括的でよい。たとえば、いつ委員会を開催し、どのようなアジェンダについて、どのような問

題意識・観点で議論しているのかなどを報告するだけでも有意義である。実務上は、短時間で、あるいは書面だけでもよいので、指名・報酬委員会の職務執行報告を定例的に行っておくとよい。

指名・報酬委員会の実効性評価も実務で広がりつつある。委員会の実効性向上にとって有効な取組みである。ただし、委員の数も限られているため、大仰に考える必要はない。たとえば、取締役会の実効性評価を実施する際に、アンケートで委員向けの質問項目を追加し、「指名・報酬委員会の実効性を高めるために実施すべき取組みや改善すべき課題があればご指摘ください」といったように包括的に確認すればよい。

(4) 開示対応

委員会の運営を考える際には、開示対応も関係する。有価証券報告書では委員会の名称、目的、権限、委員の氏名、委員長の役職名、委員会の活動状況（開催頻度、具体的な検討内容、個々の取締役又は委員の出席状況等）の記載が義務づけられている（開示府令・第3号様式・記載上の注意（35）・第2号様式・記載上の注意（54）a・i）。

プライム市場上場会社であれば、「構成の独立性に関する考え方・権限・役割等」をコーポレート・ガバナンス報告書で開示することも求められている（CGコード補充原則4-10①）。

法定開示だけでなく、統合報告書や招集通知で任意に委員会の体制や職務執行状況について積極的に説明することも有効である。

実務上の対応としては、委員会のアジェンダを適切に設定し、そのアジェンダについて十分に審議するためのスケジュールを組み、委員の出席を確保するなどの取組みを真摯に行っていれば、現状を有り体に開示することで自然と株主への説明責任を尽くすこともできる。

3 指名委員会による実効的な機能発揮

次に、指名委員会にて取り上げるべき重要なトピックについて考えたい。指名委員会が特に発揮すべき機能は次の2点である。
- CEOの人事をめぐり、経営のリーダーシップを考える機会として機能すること

・　取締役会のサクセッションプランを主導すること

これらについて指名委員会が実質的に機能すれば、取締役会による経営監督機能の実効性も当然に高まるはずである。以下、これらの機能について詳述する。

なお、CEO 以外の業務執行取締役の人事は CEO が考え、指名委員会は CEO がその人事権の行使について説明責任を果たす場として機能すればよい。ここでは詳細を割愛する。

(1)　CEO 人事についての検討の在り方

理念的には、指名委員会が CEO の仕事ぶりを評価し、CEO の再任・解任を判断し、CEO のサクセッションプランを主導することが望ましいと言われる。

しかし実際上は、指名委員会が独自に CEO の人事を主導できるわけではない。CEO の仕事ぶりは業績や株価などの目に見える指標のみで簡単に評価できるものではない。指名委員会の過半を占める社外取締役にとって、CEO の代替候補を自ら探索・評価することも容易でない。その責任をとれるわけでもない。最近では Board3.0 の議論にて、パートタイムで、情報をマネジメントに依存し、積極的なリスクテイクへのインセンティブを必ずしも十分に備えるわけではない社外取締役に実効的なモニタリングができるのか、持続的な成長のための経営の後押しを期待できるのか、という根本的な問いかけもなされている。

実践的に考えれば、指名委員会は経営トップと社外取締役が CEO の人事をめぐる経営上のリーダーシップをともに考える機会として機能することに実質的意義がある。そして経営トップに対する信頼が維持されている限り、CEO 人事はいまの経営トップがリードすればよい。

(2)　CEO の再任判断

指名委員会が特に注視すべきは、いまの経営トップが信頼可能であるか否かを確認し続けることにある。いわば CEO の再任判断である。

経営に対する監督は、事前のコミットメントと事後の評価によって機能する。事前のコミットメントという観点では、指名委員会は CEO のビ

ジョンやミッションを確認する必要がある。中期経営計画を新たに定めた
タイミングであれば、その対象期間中に何を成し遂げたいのかを聞く。社
長交代のタイミングでは、新社長のビジョンを聞く。そうした大きなイベ
ントがなければ、CEO が現下の経営環境や経営課題についてどのように
認識し、どのような経営上の問題意識を抱いているかを聞く。事後の評価
という観点では、CEO が直近事業年度の業績をどのように自己評価して
いるのか、中期経営計画などで定めた重点施策の進捗をどのように見てい
るのか、1 年前に聞いたビジョンやミッションの実現度合いをどのように
自己評価しているのかを聞く。これらを通じて、CEO に経営を委ね続け
てよいか、信頼可能であるかを確認することができる。

　実務上はたとえば年に一度、指名委員会で「CEO ヒアリング」のよう
なアジェンダを設定するとよい。本音での議論となるよう、作り込んだ資
料も求めずに、時間をゆったり取って会話すればよい。疑問や確認すべき
ことがあれば直接指摘し、説明を求める。一年を振り返り、また次の一年
に向けたビジョンを聞くセッションとすることで、CEO の働きぶりも見
えてくる。特に疑念が生じなければ、CEO の続投を明示または黙示に認
めればよい。これらの議論をもって、指名委員会として CEO の再任判断
をしていると評価してよい。

(3)　CEO のサクセッション

　CEO のサクセッションも重要な検討事項である。会社の経営環境や経
営課題、中長期の戦略などを踏まえ、どのような経営上のリーダーシップ
が必要であるのか、それとの関係で CEO にはどのような知見・経験・人
格・スキルが求められるのか、CEO の交代は具体的にいつのタイミング
を見越すことがベストであるのか、次の CEO 候補者をいかに絞り込み、
いかに育成していくのか。これらについて、指名委員会で CEO とざっく
ばらんに本音の議論ができることが指名委員会の真の実効性を意味する。

　実務上の対応としては、年に一度でもよいので、「CEO のサクセッショ
ン」を議題に取り上げ、CEO が次のサクセッションをどのように考えて
いるかを聞く機会とすればよい。

⑷　指名委員会にとっての情報源の多様化

以上のように、指名委員会が CEO との対話の機会を持ち、ビジョンやミッション、経営の成果、次の CEO への承継などについて議論することで、CEO 人事をめぐる客観性・独立性・透明性を高める契機となる。

指名委員会が注意すべきは、その情報源が CEO に依存しがちな点にある。日頃から、取締役会の内外でのさまざまな機会に会社の経営状態を注視し、CEO についてのネガティブ情報が直接入ってくるようなチャネルを持てるように努めておく必要がある。たとえば監査等委員会としての職務、社外取締役と経営陣幹部の対話機会などである。そうした多様な情報源を確保し、経営トップの機能不全や腐敗が起きようとしていないか、その兆候に敏感であり続ける必要がある。いまの経営体制への疑念が深まれば、指名委員会は取締役会にて経営体制の変更を検討する機会が持たれるよう、ポジティブな意味での「政治」のきっかけを作り出す重大なミッションを担うことになる。

実務上の対応としては、社外取締役が普段から経営体制の現実を知ることができるよう、CEO 以外の経営陣幹部や事務局をはじめとした関連部門の担当者らとの接点を確保しておくことが重要である。

⑸　取締役会のサクセッションプラン

指名委員会の実効性向上のためには、取締役会のサクセッションプランをアジェンダとして実質的に取り上げることが重要課題となる。

取締役会のサクセッションについての検討事項として想定しているのは、以下である。

第 1 に、取締役会の役割を定義する。我が社の経営戦略・経営環境・経営課題との関係で取締役会がどのような役割を果たすべきかを明確にする。これは取締役会全体で審議すべき事項でもあり、取締役会の実効性評価などで取り上げてもよい。取締役会が具体的に果たすべき役割はその時々で変わるはずであり、定期的に確認する必要がある。これが取締役会のサクセッションプランを考える軸になる。

第 2 に、取締役会の最適な構成を明確にする。全体人数、社外取締役が占める割合、社内取締役に求めるスキル、社外取締役に求めるスキル、国

197

際性やジェンダーの観点での多様性などの考慮要素を踏まえ、取締役会がその役割を実効的に果たすためにどのような構成であることが望ましいかを考えるということである。「取締役会の全体としての知識・経験・能力のバランス、多様性及び規模に関する考え方」はコーポレート・ガバナンス報告書での開示事項でもある（補充原則4−10①）。最適な構成をいかに具体的に定義するかは指名委員会のミッションといえる。

　第3に、現状との比較を行う。取締役会の最適な構成と現状を比較したときのギャップは何かを見極め、これから優先的に選任すべき取締役はどのような属性・スキル・知見・経験を備えた者であるかを検討する。現状分析はいわゆるスキルマトリックスの開示と重なり合う。2021年のCGコードの再改訂により、「各取締役の知識・経験・能力等を一覧化したいわゆるスキル・マトリックスをはじめ、経営環境や事業特性等に応じた適切な形で取締役の有するスキル等の組み合わせを取締役の選任に関する方針・手続と併せて開示すべき」とされた（補充原則4−10①）。実務上も、取締役会の構成についてスキルマトリックスとして開示する取組みが進んでいる。いまは「現状肯定型」の開示が多いものの、少なくとも内部では最適な構成と比較したときのギャップ、つまり今後優先的に補強すべきスキルについて検討することが望ましい。

　第4に、取締役の選任基準をより精緻化する。取締役の選任基準はCGコードでも開示事項とされている（原則3−1(iv)）。特に、社内取締役と社外取締役を分けて、それぞれが担うべき役割は何か、それぞれの役割に即した選任基準は何かを具体的に定めることが望ましい。社内取締役については、執行役員制度が実務に定着し、監督と執行の分離が図られている。そうした中で執行役員にとどまらず、取締役の地位にも選任する業務執行者には社内取締役として何を期待し、どのような選任基準を採用するのか。社外取締役については、具体的にどのような役割を期待し、独立性に加えていかなる資質、属性、知見、経験、スキルを求めるのか。これらは取締役の指名を検討するうえで不可欠であり、指名委員会で検討すべき優先度は高い。

　第5に、社外取締役の計画的な交代を検討する。取締役会がその機能を実効的かつ持続的に発揮しつづけるには、社外取締役が一斉に交代するよ

うな事態は避けるべきである。順々に、計画的に交代することが望ましい。在任期間の長短は会社の事業への精通と独立性の減退のトレードオフがある。最近は機関投資家の議決権行使基準でも、在任期間 12 年で独立性が失われるとする基準の導入が増えている。また、期待に反して実効性を伴わない社外取締役の退任を促すきっかけとしても、在任期間を上手く使うこともできる。たとえば、在任期間の目安を 4 年としつつ、特に継続してほしい社外取締役には 6 ～ 10 年の在任を求める運用とすることが考えられる。これらの諸要素を考えながら、社外取締役の在任期間がばらけるような運用を検討する。

　第 6 に、個々の取締役の実効性評価も本来は指名委員会の検討事項となる。社内取締役の評価は執行サイドで検討されるであろう。指名委員会が特に担うべきは社外取締役の実効性である。社外取締役が取締役会の 3 分の 1 以上、さらには半数や過半数を占めるようになった。社外取締役をとりあえず選任すればよいという時代ではない。取締役会は戦略的かつ大局的な観点での助言と経営監督を担い、その一員である社外取締役も当然に、企業価値の維持・向上に対して貢献することが求められる。それぞれの社外取締役が期待される役割を実効的に果たし、選任基準を満たしているかを評価することは中長期的には指名委員会の重要な検討事項となる。

　指名委員会にとって、「取締役会のサクセッションプランの検討」を定期的にアジェンダとして取り上げ、上記のような観点で検討をしていくことは本来的な職務である。これらの検討がなされることで、取締役会の実効性の維持向上が図られることになる。そしてまた、付随的な効果として、社外取締役にはそれぞれに期待される役割があり、個々の実効性が問われるという当然のことを理解してもらう機会にもなる。

4　報酬委員会による実効的な機能発揮

　次に、報酬委員会の機能発揮について考えたい。報酬委員会の果たすべき役割は、取締役・経営陣幹部の報酬決定における客観性・透明性・独立性を確保すること、そして報酬体系が適切なインセンティブとして機能するよう設計・運用することにある。報酬委員会がこれらの役割を実効的に果たすために取り上げるべき重要なトピックについて、以下詳述する。

(1) 報酬水準の適否

第1に、取締役や経営陣幹部の報酬水準を検討する必要がある。検討の視点としては、垂直方向での検討として従業員の給与体系との比較があり、水平方向での検討として同規模・同業他社との比較がある。

グローバルに見れば経営者報酬が過剰に高額となり、格差拡大という文脈での問題提起がなされている。日本ではこれとは逆に、経営者にとってのインセンティブが十分かという文脈で、報酬引き上げが議論されてもよい。

その際に重要となるのは同規模・同業他社との比較である。特に、比較対象の設定が重要となる。比較対照群の設定で報酬水準の設定も大きく変わるからである。

報酬委員会での審議方法としては、同規模・同業他社と比較した現状の報酬水準を分析・確認することが最初に必要となる。その際、同規模・同業他社として選定した比較対照群の選定理由を明らかにすることが報酬決定の客観性・透明性・独立性を高めるうえで有効である。

(2) 報酬方針・報酬体系の検討

第2に、報酬方針・報酬体系の検討が必要不可欠である。CGコードでも、取締役会が経営陣幹部・取締役の報酬を決定するに当たっての方針と手続を開示すること（原則3-1(iii)）、経営陣の報酬では中長期的な業績や潜在的なリスクを反映させたインセンティブ付けを行うこと（原則4-2）、経営陣の報酬は中長期的な業績と連動する報酬の割合や現金報酬と自社株報酬との割合を適切に設定することが求められている（補充原則4-1①）。会社法でも、「個人別の報酬等の内容についての決定方針」を取締役会で決議することが求められている（会社法361条7項、会社法施行規則98条の5）。この決定方針を取締役会で決議するのは当然として、報酬委員会での実質審議を経ておくことが事実上必須である。そうすることで、客観性・透明性・独立性を確保することができる。「決定方針」の決定方法自体が事業報告記載事項であり（施行規則121条6号イ）、報酬委員会の検討・答申を経ていることを開示することができる。

具体的な検討としては、いまの実務では固定報酬・業績連動報酬・株式

報酬の3点セットが標準形になっている。典型的には、短中期の時間軸でのインセンティブは事業年度毎の業績に連動させる報酬として賞与を活用し、長期の時間軸でのインセンティブは株式報酬を活用することが多い。報酬委員会にとっての重要な検討課題は、固定報酬・業績連動報酬・株式報酬の構成割合である。「個人別の報酬等の内容についての決定方針」の内容としても、構成割合の決定が求められている（会社法施行規則98条の5第4号）。構成割合は業種・事業特性、成長段階、経営環境などによって異なる。まずは同業・同規模会社のデータを整理・分析し、自社の現状を位置づける。次に、中長期の方向性として、業績連動報酬や株式報酬の構成割合をどこまで高めていくかなどを議論していく。

(3)　業績連動報酬の検討

報酬方針・報酬体系の中身として、経営方針・経営計画との整合性を確認することも重要な検討事項となる。

取締役会が経営戦略と経営指標（KPI）を定め、その実現のために報酬制度をインセンティブとして設計・運用について実質的に審議することが報酬委員会の役割である。

実際には取締役会での経営戦略や経営指標についての審議がまずもって重要となる。(i)中期経営計画で目標とする経営指標が明確に定められているか、(ii)経営指標の内容は妥当か、合理的か、高すぎず、低すぎない、適切なストレッチ目標となっているか、(iii)単年度の事業計画で、目標とする経営指標が明確に定められているか、(iv)単年度の経営指標の内容は妥当か、合理的かが取締役会で実質的に検討されていなければならない。

そのうえで報酬委員会にて、業績連動報酬が経営指標と連動するように設計されているかを確認する。業績連動報酬の設計においては何と連動させるかの設計が鍵を握る。インセンティブの業績指標として、売上高、利益（営業利益・経常利益・当期純利益）、EBITDA、EPS、TSR などのいかなる指標を採用するのか。短中期の業績連動報酬と長期の業績連動報酬の役割分担をいかに考えるのか。経営戦略と連動したストーリーのある検討が必要となる。特に中期経営計画の改定のタイミングでは、報酬委員会の開催スケジュールをうまく関連させ、中期経営計画の経営指標と業績連動報

酬・株式報酬の制度設計が連携するようにしなければならない。

　税務上の損金算入要件との関係での難しさもあるが、業績や株価とは異なる指標を取り込むことも有効である。新規会員数、製品・サービスの安全性、ESG 関連指標などである。中期経営計画などで掲げている重点施策との関係で、その進捗を測定するための指標として何らか着目すべきものがないかを検討してもよい。

　これらの検討は開示にも関係する。業績連動報酬の指標、その選定理由、業績連動報酬の算定方法、業績連動指標に関する実績は事業報告での記載事項とされている（会社法施行規則 121 条 5 号の 2）。有価証券報告書ではこれらに加え、業績連動指標の目標も記載事項とされている（開示府令・第 3 号様式・記載上の注意（38）・第 2 号様式・記載上の注意（57）b）。報酬委員会ではこれらの開示内容も事前に確認しておいたほうがよい。

(4)　株式報酬制度の検討

　株式報酬制度の設計・運用も報酬委員会のアジェンダとなる。最近は株式報酬制度が多様化・精緻化しており、実務の動向・潮流について、税制面も含めて理解を深めることが検討の第一歩である。外部アドバイザーを活用するのも有意義である。

　主要なポイントとして、(i)株式を交付するタイミングについて、事前交付型（特定譲渡制限付株式が典型）とするのか、事後交付型（株式給付信託やストックオプションが典型）とするのか、(ii)譲渡制限の期間や譲渡制限解除事由、あるいは無償取得やクローバックの条件をいかに設定し、不合理・不当な職務執行に対する牽制・規律効果をいかに確保するか、(iii)業績条件を設定すべきか、どのような業績条件を設定するか、(iv)付与者に生じる課税負担にいかに配慮するかなどが着眼点となる。

　取締役が自社の株式を相当程度保有するよう、就任後何年以内に保有すべき株式数の目安などを定めた「株式保有ガイドライン」を策定する実務も一部で始まっている。その要否や内容を報酬委員会で検討してもよい。

　社外取締役に対して株式報酬を支給することもありうる。社外取締役が戦略的かつ大局的な観点での助言・監督機能を発揮することは中長期の企業価値向上と理念的には関連性がある。そこで、社外取締役に対しても業

績連動性のない株式報酬を支給することが選択肢となる。ただし、機関投資家は賛成と反対で意見が分かれており、IR・SRでの議論状況も踏まえながら検討する必要がある。

(5)　取締役の個別の報酬額の決定

取締役の個別の報酬額について、取締役会で決議していない会社であれば、少なくとも報酬委員会で決定することを推奨したい。会社法は取締役の報酬等について株主総会決議か定款で定めることを義務づけている（会社法361条1項各号）。そして判例により、株主総会決議で報酬総額を決定し、その枠内での個別の報酬額の決定を取締役会に一任すること、さらには取締役会が代表取締役に再一任することが許容されている。

しかしいまでは、代表取締役社長への再一任には批判が高まっている。個別の報酬額を取締役会で決定する会社はすでに漸増傾向にあり、今後も増え続けるであろう。実務上は報酬決定の客観性・透明性・独立性を確保するため、取締役会で決定しないのであれば少なくとも報酬委員会に再一任し、報酬委員会で個別報酬額を決定することが次善といえる。

(6)　執行役員・重要子会社経営陣の報酬制度

監督と執行の分離が進んでいる会社や持株会社では、執行役員や重要子会社の経営陣の報酬制度を報酬委員会でのアジェンダとすることも意味がある。

会社法は手続規制という面では、「自社の取締役」にしか配慮していない。しかし実務上は、執行役員が経営陣幹部としての機能を担うようになっており、業績連動指標や株式報酬の支給対象に含まれるようになっている。持株会社や重要子会社がある会社では、子会社の経営トップに高額の報酬を支給するようになっている。そうした役職者の報酬水準・報酬体系について報酬委員会で検討することは、経営陣幹部の報酬決定についての客観性・透明性・独立性の確保に資する。

資料編

データ

三菱 UFJ 信託銀行 ガバナンスリサーチ®2023 調査結果

座談会

上場企業のコーポレートガバナンスの現在地と今後の課題（初出：旬刊商事法務 2292 号（2022）、2293 号（2022）掲載）

三菱 UFJ 信託銀行 ガバナンスリサーチ®2023 調査結果

特徴	・時価総額・業種別でガバナンス状況を比較。本邦最大級のコーポレートガバナンスに関するアンケート ・ガバナンスリサーチ® 独自スコアで各社の立ち位置・課題を可視化。同業他社、時価総額別のピア比較を充実 ・企業価値向上の重要テーマであるサステナビリティ、情報開示、PBRの論点にも対応

調査期間	調査回答期間：2023年7月3日（月）～8月10日（木）
回答社数	**上場企業1,306社（プライム企業のうち、約5割をカバーするプライム811社が回答）**
設問内容	・コーポレートガバナンス・コード対応を中心に、ガバナンスに関する足元の取り組みや企業価値・サステナビリティに関する設問 ・11の領域に分類した設問設計 　- サステナビリティ、経営・事業・財務戦略、情報開示の充実、政策保有株式、取締役会の構成、社外取締役の活用、取締役会の運営、指名委員会・報酬委員会、取締役会実効性評価、役員報酬制度、CEOの選解任・後継者計画
設問数	全86問　※本書には調査結果の一部を掲載
監修者	倉橋雄作弁護士（倉橋法律事務所）

調査参加企業属性（1,306 社）

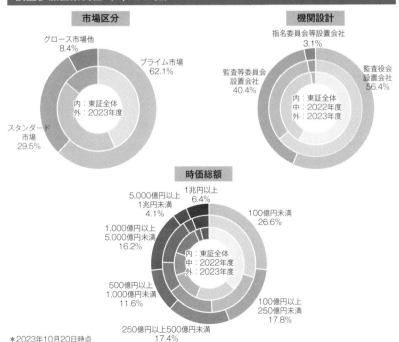

市場区分

グロース市場他 8.4%
プライム市場 62.1%
スタンダード市場 29.5%

内：東証全体
外：2023年度

機関設計

指名委員会等設置会社 3.1%
監査等委員会設置会社 40.4%
監査役会設置会社 56.4%

内：東証全体
中：2022年度
外：2023年度

時価総額

5,000億円以上1兆円未満 4.1%
1兆円以上 6.4%
1,000億円以上5,000億円未満 16.2%
100億円未満 26.6%
500億円以上1,000億円未満 11.6%
100億円以上250億円未満 17.8%
250億円以上500億円未満 17.4%

内：東証全体
中：2022年度
外：2023年度

＊2023年10月20日時点

Q1 独立社外取締役の理想の構成割合 （時価総額別）

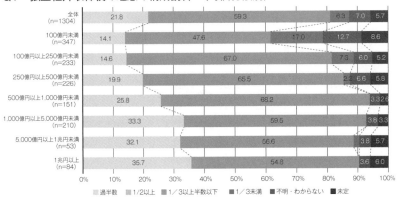

（2023年度データを掲載）

Q2 取締役の員数

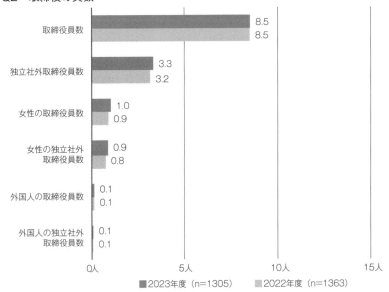

Q3 取締役会の多様性の検討状況（複数回答）

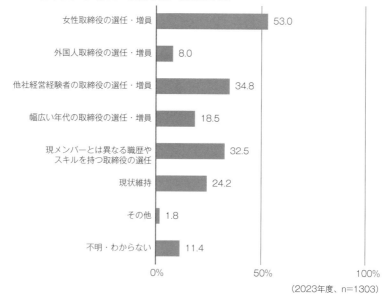

女性取締役の選任・増員 53.0
外国人取締役の選任・増員 8.0
他社経営経験者の取締役の選任・増員 34.8
幅広い年代の取締役の選任・増員 18.5
現メンバーとは異なる職歴や
スキルを持つ取締役の選任 32.5
現状維持 24.2
その他 1.8
不明・わからない 11.4

（2023年度、n=1303）

Q4 女性役員比率の向上に対する中長期的な取組方針（複数回答）

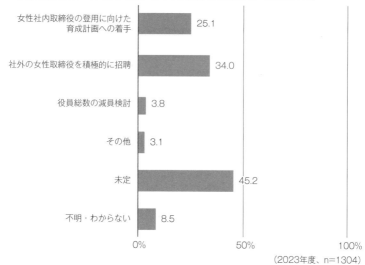

女性社内取締役の登用に向けた
育成計画への着手 25.1
社外の女性取締役を積極的に招聘 34.0
役員総数の減員検討 3.8
その他 3.1
未定 45.2
不明・わからない 8.5

（2023年度、n=1304）

Q5　独立社外取締役に求める役割（3つまで複数回答）

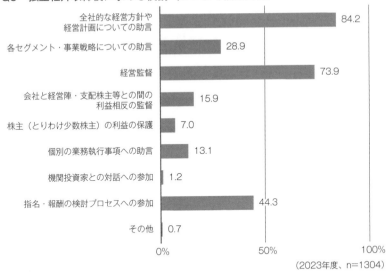

全社的な経営方針や経営計画についての助言	84.2
各セグメント・事業戦略についての助言	28.9
経営監督	73.9
会社と経営陣・支配株主等との間の利益相反の監督	15.9
株主（とりわけ少数株主）の利益の保護	7.0
個別の業務執行事項への助言	13.1
機関投資家との対話への参加	1.2
指名・報酬の検討プロセスへの参加	44.3
その他	0.7

（2023年度、n=1304）

Q6　独立社外取締役に求める経験、スキル（複数回答）

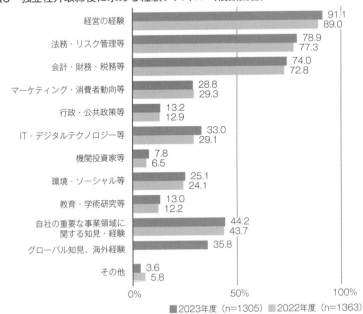

	2023年度	2022年度
経営の経験	91.1	89.0
法務・リスク管理等	78.9	77.3
会計・財務・税務等	74.0	72.8
マーケティング・消費者動向等	28.8	29.3
行政・公共政策等	13.2	12.9
IT・デジタルテクノロジー等	33.0	29.1
機関投資家等	7.8	6.5
環境・ソーシャル等	25.1	24.1
教育・学術研究等	13.0	12.2
自社の重要な事業領域に関する知見・経験	44.2	43.7
グローバル知見、海外経験	35.8	
その他	3.6	5.8

■2023年度（n=1305）　■2022年度（n=1363）

Q7　スキル・マトリックス作成に伴う工夫のポイント（複数回答）

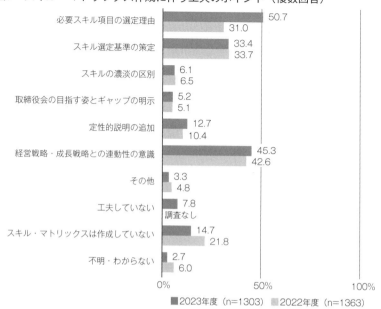

項目	2023年度	2022年度
必要スキル項目の選定理由	50.7	31.0
スキル選定基準の策定	33.4	33.7
スキルの濃淡の区別	6.1	6.5
取締役会の目指す姿とギャップの明示	5.2	5.1
定性的説明の追加	12.7	10.4
経営戦略・成長戦略との連動性の意識	45.3	42.6
その他	3.3	4.8
工夫していない	7.8	調査なし
スキル・マトリックスは作成していない	14.7	21.8
不明・わからない	2.7	6.0

■2023年度（n=1303）　■2022年度（n=1363）

Q8　取締役会議長の属性　（時価総額別）

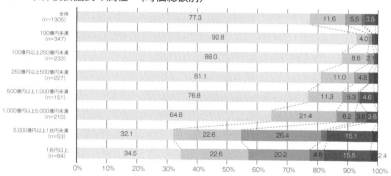

	社長（会長兼社長を含む）	会長（社内・代表権あり）	会長（社内・代表権なし）	非業務執行取締役（社外取締役を除く）	社外取締役	その他
全体（n=1305）	77.3			11.6	5.5	3.5
100億円未満（n=347）	92.8				4.0	
100億円以上250億円未満（n=233）	88.0			8.6	2.1	
250億円以上500億円未満（n=227）	81.1			11.0	4.8	
500億円以上1,000億円未満（n=151）	76.8			11.3	5.3	4.6
1,000億円以上5,000億円未満（n=210）	64.8		21.4	6.2	3.8	3.8
5,000億円以上1兆円未満（n=53）	32.1	22.6		26.4	15.1	
1兆円以上（n=84）	34.5	22.6	20.2	4.8	15.5	2.4

（2023年度データを掲載）

Q9　社外役員（社外取締役を含む）の活躍に向けた取り組み（複数回答）

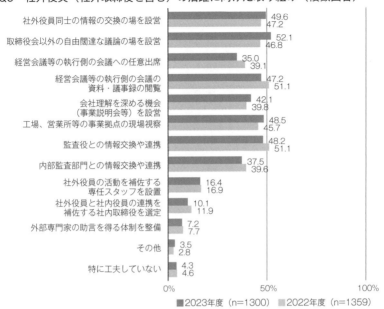

社外役員同士の情報の交換の場を設営　49.6 / 47.2
取締役会以外の自由闊達な議論の場を設営　52.1 / 46.8
経営会議等の執行側の会議への任意出席　35.0 / 39.1
経営会議等の執行側の会議の資料・議事録の閲覧　47.2 / 51.1
会社理解を深める機会（事業説明会等）を設営　42.1 / 39.8
工場、営業所等の事業拠点の現場視察　48.5 / 45.7
監査役との情報交換や連携　48.2 / 51.1
内部監査部門との情報交換や連携　37.5 / 39.6
社外役員の活動を補佐する専任スタッフを設置　16.4 / 16.9
社外役員と社内役員の連携を補佐する社内取締役を選定　10.1 / 11.9
外部専門家の助言を得る体制を整備　7.2 / 7.7
その他　3.5 / 2.8
特に工夫していない　4.3 / 4.6

■2023年度（n=1300）　■2022年度（n=1359）

Q10　取締役会における戦略的な議論を強化するための取り組み（取り組み済みのものを含む）（複数回答）

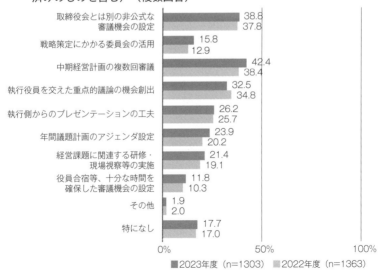

取締役会とは別の非公式な審議機会の設定　38.8 / 37.8
戦略策定にかかる委員会の活用　15.8 / 12.9
中期経営計画の複数回審議　42.4 / 38.4
執行役員を交えた重点的議論の機会創出　32.5 / 34.8
執行側からのプレゼンテーションの工夫　26.2 / 25.7
年間議題計画のアジェンダ設定　23.9 / 20.2
経営課題に関連する研修・現場視察等の実施　21.4 / 19.1
役員合宿等、十分な時間を確保した審議機会の設定　11.8 / 10.3
その他　1.9 / 2.0
特になし　17.7 / 17.0

■2023年度（n=1303）　■2022年度（n=1363）

Q11 社外取締役への事前説明の運営方法 （複数回答）

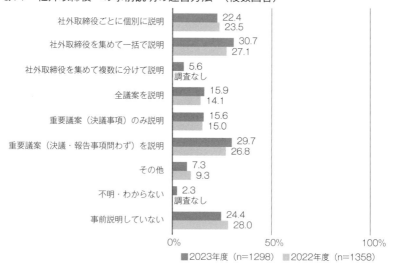

	2023年度	2022年度
社外取締役ごとに個別に説明	22.4	23.5
社外取締役を集めて一括で説明	30.7	27.1
社外取締役を集めて複数に分けて説明	5.6	調査なし
全議案を説明	15.9	14.1
重要議案（決議事項）のみ説明	15.6	15.0
重要議案（決議・報告事項問わず）を説明	29.7	26.8
その他	7.3	9.3
不明・わからない	2.3	調査なし
事前説明していない	24.4	28.0

■2023年度（n=1298）　■2022年度（n=1358）

Q12 取締役会での重点的審議事項 （複数回答）

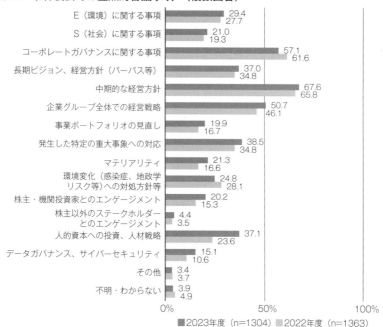

	2023年度	2022年度
E（環境）に関する事項	29.4	27.7
S（社会）に関する事項	21.0	19.3
コーポレートガバナンスに関する事項	57.1	61.6
長期ビジョン、経営方針（パーパス等）	37.0	34.8
中期的な経営方針	67.6	65.8
企業グループ全体での経営戦略	50.7	46.1
事業ポートフォリオの見直し	19.9	16.7
発生した特定の重大事象への対応	38.5	34.8
マテリアリティ	21.3	16.6
環境変化（感染症、地政学リスク等）への対処方針等	24.8	28.1
株主・機関投資家とのエンゲージメント	20.2	15.3
株主以外のステークホルダーとのエンゲージメント	4.4	3.5
人的資本への投資、人材戦略	37.1	23.6
データガバナンス、サイバーセキュリティ	15.1	10.6
その他	3.4	3.7
不明・わからない	3.9	4.9

■2023年度（n=1304）　■2022年度（n=1363）

Q13　取締役会での議論を活性化させるための取り組み（取り組み済みのものを含む）（複数回答）

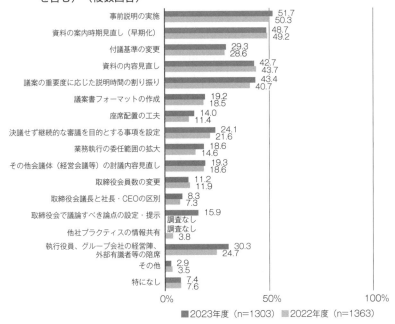

項目	2023年度	2022年度
事前説明の実施	51.7	50.3
資料の案内時期見直し（早期化）	48.7	49.2
付議基準の変更	29.3	28.6
資料の内容見直し	42.7	43.7
議案の重要度に応じた説明時間の割り振り	43.4	40.7
議案書フォーマットの作成	19.2	18.5
座席配置の工夫	14.0	11.4
決議せず継続的な審議を目的とする事項を設定	24.1	21.6
業務執行の委任範囲の拡大	18.6	14.6
その他会議体（経営会議等）の討議内容見直し	19.3	18.6
取締役会員数の変更	11.2	11.9
取締役会議長と社長・CEOの区別	8.3	7.3
取締役会で議論すべき論点の設定・提示	15.9	調査なし
他社プラクティスの情報共有	3.8	調査なし
執行役員、グループ会社の経営陣、外部有識者等の陪席	30.3	24.7
その他	2.9	3.5
特になし	7.4	7.6

■2023年度（n=1303）　■2022年度（n=1363）

Q14　取締役会の審議時間を確保するため、定期的な業務執行状況の報告にあたり工夫している取り組み　（複数回答）

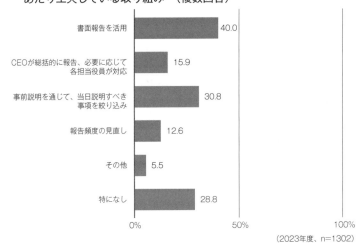

項目	割合
書面報告を活用	40.0
CEOが総括的に報告、必要に応じて各担当役員が対応	15.9
事前説明を通じて、当日説明すべき事項を絞り込み	30.8
報告頻度の見直し	12.6
その他	5.5
特になし	28.8

（2023年度、n=1302）

Q15 業務執行の決定のうち執行側で決定している事項（当該事項の一部を決定している場合を含む）（複数回答）

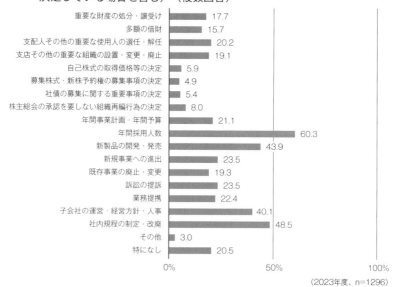

項目	割合
重要な財産の処分・譲受け	17.7
多額の借財	15.7
支配人その他の重要な使用人の選任・解任	20.2
支店その他の重要な組織の設置・変更・廃止	19.1
自己株式の取得価格等の決定	5.9
募集株式・新株予約権の募集事項の決定	4.9
社債の募集に関する重要事項の決定	5.4
株主総会の承認を要しない組織再編行為の決定	8.0
年間事業計画・年間予算	21.1
年間採用人数	60.3
新製品の開発・発売	43.9
新規事業への進出	23.5
既存事業の廃止・変更	19.3
訴訟の提訴	23.5
業務提携	22.4
子会社の運営・経営方針・人事	40.1
社内規程の制定・改廃	48.5
その他	3.0
特になし	20.5

（2023年度、n=1296）

Q16 サステナビリティ対応について実施済みのアクション（複数回答）

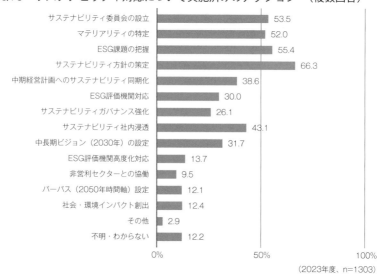

項目	割合
サステナビリティ委員会の設立	53.5
マテリアリティの特定	52.0
ESG課題の把握	55.4
サステナビリティ方針の策定	66.3
中期経営計画へのサステナビリティ同期化	38.6
ESG評価機関対応	30.0
サステナビリティガバナンス強化	26.1
サステナビリティ社内浸透	43.1
中長期ビジョン（2030年）の設定	31.7
ESG評価機関高度化対応	13.7
非営利セクターとの協働	9.5
パーパス（2050年時間軸）設定	12.1
社会・環境インパクト創出	12.4
その他	2.9
不明・わからない	12.2

（2023年度、n=1303）

Q17　投資家との対話で重要視しているサステナビリティ関連テーマ
（複数回答）

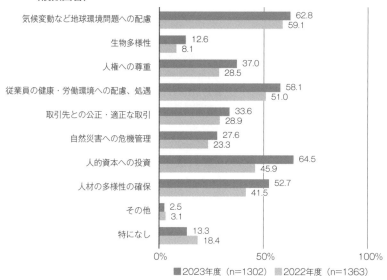

気候変動など地球環境問題への配慮　62.8 / 59.1
生物多様性　12.6 / 8.1
人権への尊重　37.0 / 28.5
従業員の健康・労働環境への配慮、処遇　58.1 / 51.0
取引先との公正・適正な取引　33.6 / 28.9
自然災害への危機管理　27.6 / 23.3
人的資本への投資　64.5 / 45.9
人材の多様性の確保　52.7 / 41.5
その他　2.5 / 3.1
特になし　13.3 / 18.4

■2023年度（n=1302）　■2022年度（n=1363）

Q18　サステナビリティ関連情報の発信手段　（複数回答）

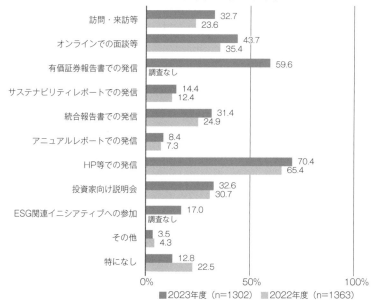

訪問・来訪等　32.7 / 23.6
オンラインでの面談等　43.7 / 35.4
有価証券報告書での発信　59.6 / 調査なし
サステナビリティレポートでの発信　14.4 / 12.4
統合報告書での発信　31.4 / 24.9
アニュアルレポートでの発信　8.4 / 7.3
HP等での発信　70.4 / 65.4
投資家向け説明会　32.6 / 30.7
ESG関連イニシアティブへの参加　17.0 / 調査なし
その他　3.5 / 4.3
特になし　12.8 / 22.5

■2023年度（n=1302）　■2022年度（n=1363）

Q19 機関投資家との対話の中で言及があった課題 （複数回答）

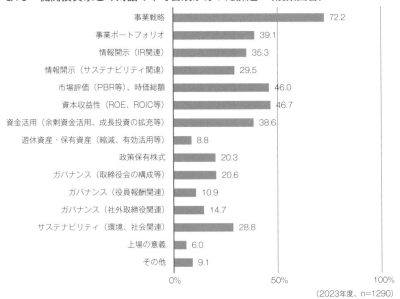

事業戦略	72.2
事業ポートフォリオ	39.1
情報開示（IR関連）	35.3
情報開示（サステナビリティ関連）	29.5
市場評価（PBR等）、時価総額	46.0
資本収益性（ROE、ROIC等）	46.7
資金活用（余剰資金活用、成長投資の拡充等）	38.6
遊休資産・保有資産（縮減、有効活用等）	8.8
政策保有株式	20.3
ガバナンス（取締役会の構成等）	20.6
ガバナンス（役員報酬関連）	10.9
ガバナンス（社外取締役関連）	14.7
サステナビリティ（環境、社会関連）	28.8
上場の意義	6.0
その他	9.1

（2023年度、n=1290）

Q20 社外取締役が常時取得できる社内情報 （複数回答）

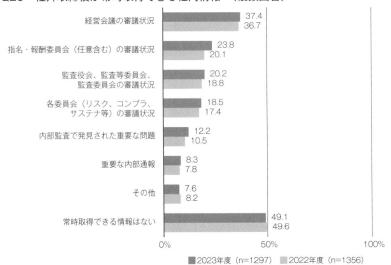

	2023年度	2022年度
経営会議の審議状況	37.4	36.7
指名・報酬委員会（任意含む）の審議状況	23.8	20.1
監査役会、監査等委員会、監査委員会の審議状況	20.2	18.8
各委員会（リスク、コンプラ、サステナ等）の審議状況	18.5	17.4
内部監査で発見された重要な問題	12.2	10.5
重要な内部通報	8.3	7.8
その他	7.6	8.2
常時取得できる情報はない	49.1	49.6

■2023年度（n=1297） ■2022年度（n=1356）

Q21 取締役会での議論を活性化させたい項目 （複数回答）

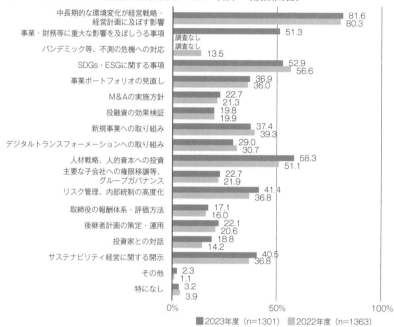

中長期的な環境変化が経営戦略・経営計画に及ぼす影響 81.6 / 80.3
事業・財務等に重大な影響を及ぼしうる事項 51.3
パンデミック等、不測の危機への対応 調査なし / 調査なし / 13.5
SDGs・ESGに関する事項 52.9 / 56.6
事業ポートフォリオの見直し 36.9 / 36.0
M&Aの実施方針 22.7 / 21.3
投融資の効果検証 19.8 / 19.9
新規事業への取り組み 37.4 / 39.3
デジタルトランスフォーメーションへの取り組み 29.0 / 30.7
人材戦略、人的資本への投資 58.3 / 51.1
主要な子会社への権限移譲等、グループガバナンス 22.7 / 21.9
リスク管理、内部統制の高度化 41.4 / 36.8
取締役の報酬体系・評価方法 17.1 / 16.0
後継者計画の策定・運用 22.1 / 20.6
投資家との対話 18.8 / 14.2
サステナビリティ経営に関する開示 40.5 / 36.8
その他 2.3 / 1.1
特になし 3.2 / 3.9

■2023年度（n=1301） ■2022年度（n=1363）

Q22 経営会議の運営 （複数回答）

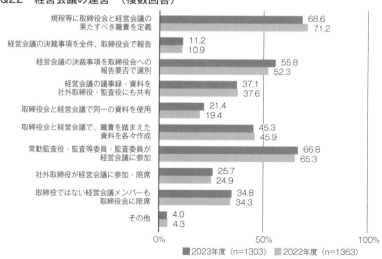

規程等に取締役会と経営会議の果たすべき職責を定義 68.6 / 71.2
経営会議の決裁事項を全件、取締役会で報告 11.2 / 10.9
経営会議の決裁事項を取締役会への報告要否で選別 55.8 / 52.3
経営会議の議事録・資料を社外取締役・監査役にも共有 37.1 / 37.6
取締役会と経営会議で同一の資料を使用 21.4 / 19.4
取締役会と経営会議で、職責を踏まえた資料を各々作成 45.3 / 45.9
常勤監査役・監査等委員・監査委員が経営会議に参加 66.8 / 65.3
社外取締役が経営会議に参加・陪席 25.7 / 24.9
取締役ではない経営会議メンバーも取締役会に陪席 34.8 / 34.3
その他 4.0 / 4.3

■2023年度（n=1303） ■2022年度（n=1363）

Q23　取締役会の実効性評価の手法（直近実施したもの）（複数回答）

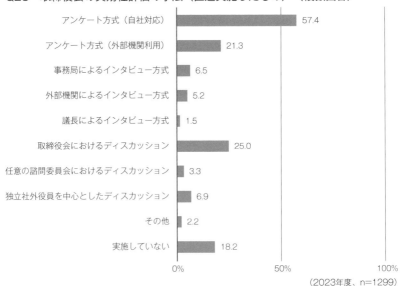

手法	%
アンケート方式（自社対応）	57.4
アンケート方式（外部機関利用）	21.3
事務局によるインタビュー方式	6.5
外部機関によるインタビュー方式	5.2
議長によるインタビュー方式	1.5
取締役会におけるディスカッション	25.0
任意の諮問委員会におけるディスカッション	3.3
独立社外役員を中心としたディスカッション	6.9
その他	2.2
実施していない	18.2

（2023年度、n=1299）

Q24　取締役会の実効性評価への外部機関利用の有無　（時価総額別）

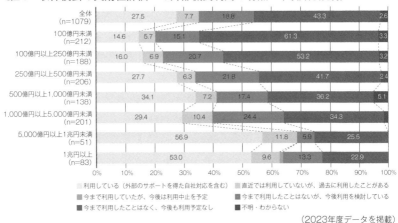

- 利用している（外部のサポートを得た自社対応を含む）
- 直近では利用していないが、過去に利用したことがある
- 今まで利用していたが、今後は利用中止を予定
- 今まで利用したことはないが、今後利用を検討している
- 今まで利用したことはなく、今後も利用予定なし
- 不明・わからない

（2023年度データを掲載）

Q25 取締役会実効性評価に付随して実効性を評価している対象（複数回答）

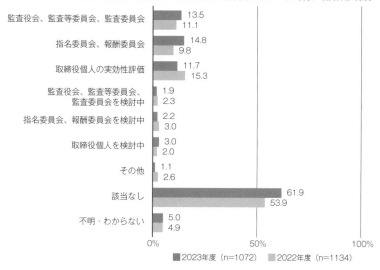

監査役会、監査等委員会、監査委員会　13.5 / 11.1
指名委員会、報酬委員会　14.8 / 9.8
取締役個人の実効性評価　11.7 / 15.3
監査役会、監査等委員会、監査委員会を検討中　1.9 / 2.3
指名委員会、報酬委員会を検討中　2.2 / 3.0
取締役個人を検討中　3.0 / 2.0
その他　1.1 / 2.6
該当なし　61.9 / 53.9
不明・わからない　5.0 / 4.9

■2023年度（n=1072）　■2022年度（n=1134）

Q26 取締役会の実効性評価により抽出された課題（複数回答）

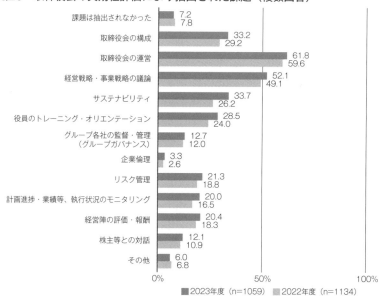

課題は抽出されなかった　7.2 / 7.8
取締役会の構成　33.2 / 29.2
取締役会の運営　61.8 / 59.6
経営戦略・事業戦略の議論　52.1 / 49.1
サステナビリティ　33.7 / 26.2
役員のトレーニング・オリエンテーション　28.5 / 24.0
グループ各社の監督・管理（グループガバナンス）　12.7 / 12.0
企業倫理　3.3 / 2.6
リスク管理　21.3 / 18.8
計画進捗・業績等、執行状況のモニタリング　20.0 / 16.5
経営陣の評価・報酬　20.4 / 18.3
株主等との対話　12.1 / 10.9
その他　6.0 / 6.8

■2023年度（n=1059）　■2022年度（n=1134）

Q27 取締役会の実効性評価の結果を受けた改善策（複数回答）

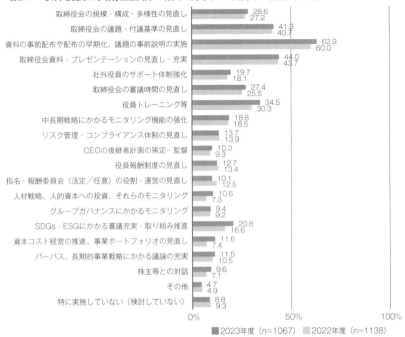

項目	2023年度	2022年度
取締役会の規模・構成・多様性の見直し	28.6	27.2
取締役会の議題・付議基準の見直し	41.3	40.7
資料の事前配布や配布の早期化、議題の事前説明の実施	62.9	60.0
取締役会資料・プレゼンテーションの見直し・充実	44.0	43.7
社外役員のサポート体制強化	19.7	18.1
取締役会の審議時間の見直し	27.4	25.5
役員トレーニング等	34.5	30.3
中長期戦略にかかるモニタリング機能の強化	18.8	18.5
リスク管理・コンプライアンス体制の見直し	13.7	13.9
CEOの後継者計画の策定・監督	10.3	9.3
役員報酬制度の見直し	12.7	13.4
指名・報酬委員会（法定／任意）の役割・運営の見直し	10.1	12.5
人材戦略、人的資本への投資、それらのモニタリング	10.6	7.3
グループガバナンスにかかるモニタリング	9.4	9.2
SDGs・ESGにかかる審議充実・取り組み推進	20.8	16.6
資本コスト経営の推進、事業ポートフォリオの見直し	11.6	7.4
パーパス、長期的事業戦略にかかる議論の充実	11.5	10.5
株主等との対話	9.6	7.1
その他	4.7	4.9
特に実施していない（検討していない）	8.8	9.3

■2023年度（n=1067）　■2022年度（n=1138）

Q28 取締役会の実効性評価についてのコーポレートガバナンス報告書等への開示事項 （複数回答）

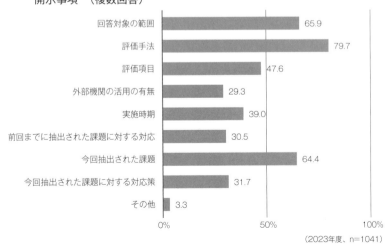

項目	割合
回答対象の範囲	65.9
評価手法	79.7
評価項目	47.6
外部機関の活用の有無	29.3
実施時期	39.0
前回までに抽出された課題に対する対応	30.5
今回抽出された課題	64.4
今回抽出された課題に対する対応策	31.7
その他	3.3

（2023年度、n=1041）

Q29 取締役会の実効性評価を実施するにあたっての課題 （複数回答）

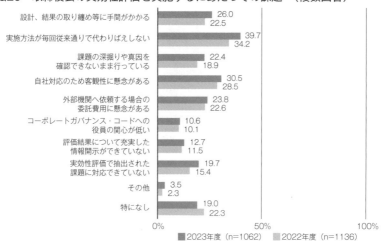

	2023年度	2022年度
設計、結果の取り纏め等に手間がかかる	26.0	22.5
実施方法が毎回従来通りで代わりばえしない	39.7	34.2
課題の深掘りや真因を確認できないまま行っている	22.4	18.9
自社対応のため客観性に懸念がある	30.5	28.5
外部機関へ依頼する場合の委託費用に懸念がある	23.8	22.6
コーポレートガバナンス・コードへの役員の関心が低い	10.6	10.1
評価結果について充実した情報開示ができていない	12.7	11.5
実効性評価で抽出された課題に対応できていない	19.7	15.4
その他	3.5	2.3
特になし	19.0	22.3

■2023年度（n=1062） ■2022年度（n=1136）

Q30 社外取締役における期待役割の遂行状況の確認のための取り組み （複数回答）

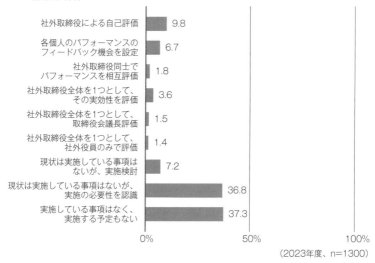

	2023年度
社外取締役による自己評価	9.8
各個人のパフォーマンスのフィードバック機会を設定	6.7
社外取締役同士でパフォーマンスを相互評価	1.8
社外取締役全体を1つとして、その実効性を評価	3.6
社外取締役全体を1つとして、取締役会議長評価	1.5
社外取締役全体を1つとして、社外役員のみで評価	1.4
現状は実施している事項はないが、実施検討	7.2
現状は実施している事項はないが、実施の必要性を認識	36.8
実施している事項はなく、実施する予定もない	37.3

（2023年度、n=1300）

Q31 指名委員会、報酬委員会（任意の諮問委員会、指名と報酬の両方の機能を付与された委員会を含む）の委員長（議長）の属性（時価総額別）

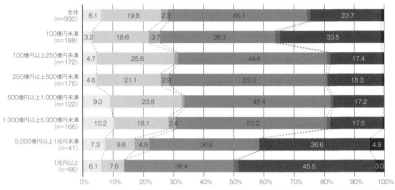

Q32 CEOの後継者計画（サクセッションプラン）の有無　（時価総額別）

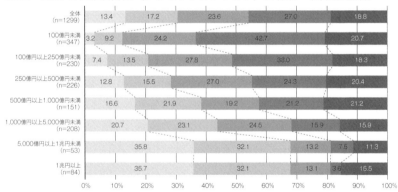

222

Q33 CEO の後継者計画（サクセッションプラン）の内容 （複数回答）

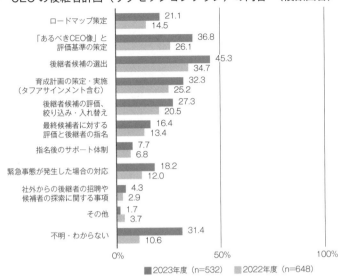

ロードマップ策定　21.1 / 14.5

「あるべきCEO像」と評価基準の策定　36.8 / 26.1

後継者候補の選出　45.3 / 34.7

育成計画の策定・実施（タフアサインメント含む）　32.3 / 25.2

後継者候補の評価、絞り込み・入れ替え　27.3 / 20.5

最終候補者に対する評価と後継者の指名　16.4 / 13.4

指名後のサポート体制　7.7 / 6.8

緊急事態が発生した場合の対応　18.2 / 12.0

社外からの後継者の招聘や候補者の探索に関する事項　4.3 / 2.9

その他　1.7 / 3.7

不明・わからない　31.4 / 10.6

■2023年度（n=532）　■2022年度（n=648）

Q34 CEO の選解任基準の有無 （複数回答）

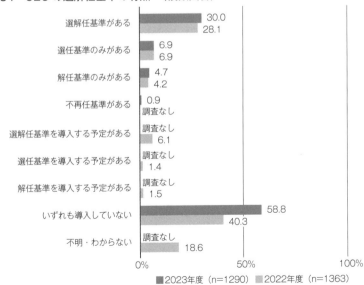

選解任基準がある　30.0 / 28.1

選任基準のみがある　6.9 / 6.9

解任基準のみがある　4.7 / 4.2

不再任基準がある　0.9 / 調査なし

選解任基準を導入する予定がある　調査なし / 6.1

選任基準を導入する予定がある　調査なし / 1.4

解任基準を導入する予定がある　調査なし / 1.5

いずれも導入していない　58.8 / 40.3

不明・わからない　調査なし / 18.6

■2023年度（n=1290）　■2022年度（n=1363）

Q35　CEO の解任基準の項目　（複数回答）

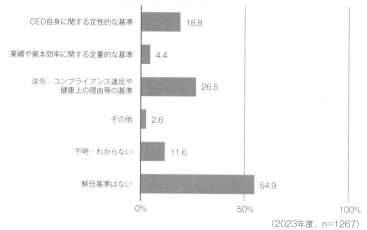

項目	%
CEO自身に関する定性的な基準	18.8
業績や資本効率に関する定量的な基準	4.4
法令・コンプライアンス違反や健康上の理由等の基準	26.5
その他	2.6
不明・わからない	11.6
解任基準はない	54.9

（2023年度、n=1267）

Q36　業績連動報酬の指標（複数回答）

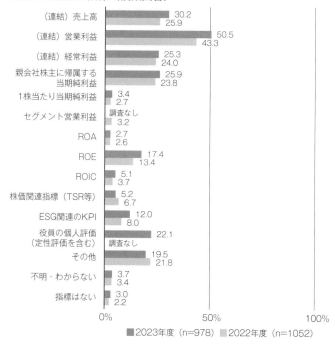

指標	2023年度	2022年度
（連結）売上高	30.2	25.9
（連結）営業利益	50.5	43.3
（連結）経常利益	25.3	24.0
親会社株主に帰属する当期純利益	25.9	23.8
1株当たり当期純利益	3.4	2.7
セグメント営業利益	調査なし	3.2
ROA	2.7	2.6
ROE	17.4	13.4
ROIC	5.1	3.7
株価関連指標（TSR等）	5.2	6.7
ESG関連のKPI	12.0	8.0
役員の個人評価（定性評価を含む）	22.1	調査なし
その他	19.5	21.8
不明・わからない	3.7	3.4
指標はない	3.0	2.2

■2023年度（n=978）　■2022年度（n=1052）

上場企業のコーポレートガバナンスの現在地と今後の課題

▷コーポレートガバナンス実務者研究会

（司会）中川雅博　三菱 UFJ 信託銀行 法人コンサルティング部 部付部長

（注）本稿は、旬刊商事法務 2292 号（2022）、および 2293 号（2022）に掲載したものを当時のまま収録したものである。よって本稿に掲載されているガバナンスリサーチのデータは 2021 年度までのものである。

1　はじめに

中川　本日は、「コーポレートガバナンス実務者研究会」[1]（図表 1）の企業メンバー、また、東京大学の後藤元先生、弁護士の倉橋雄作先生、塚

図表 1　コーポレートガバナンス実務者研究会第 2 期メンバー

加藤　崇司	J.フロント リテイリング 法務部長
井田　英次	T&Dホールディングス 総務部総務課長
金森　宗義	ピジョン 法務部シニアマネージャー
桐野　哲平	富士通 コーポレートガバナンス法務部シニアマネージャー
西堀　知徳	本田技研工業 取締役会室企画推進課課長
倉橋　雄作	弁護士
後藤　　元	東京大学教授
塚本　英巨	弁護士
事務局：三菱UFJ信託銀行 法人コンサルティング部	
※　各メンバーの肩書は研究会開催時点。	

1)　上場企業のあるべきガバナンス体制、運営等についての議論・研究を行うことを目的として、三菱ＵＦＪ信託銀行の主催で運営されている。

本英巨先生にお集まりいただき、コーポレートガバナンスに対する各社の
お考えや取組みをご紹介いただくなどしながら、今後の実務の方向性など
について議論していきたいと思います。

　2021年のコーポレートガバナンス・コードの改訂内容にもみられるよ
うに、上場企業にはガバナンスの一層の高度化が求められています。その
ような状況下、上場企業のコーポレートガバナンスに関する取組みや検討
状況を明らかにするため、当社では上場企業向けの大規模調査「ガバナン
スリサーチ」[2] を実施しました。本日は、ガバナンスリサーチの調査項目
の中から、実務家の関心が特に高いと思われる、取締役会議長の属性
（2）、筆頭独立社外取締役の設置状況（3）、社外取締役が活躍するため
の施策（4）、社外取締役に求める役割・経験等（5(1)）、社外取締役がよ
り機能するためのインセンティブ（5(2)）、取締役会の実効性を高めるた
めの運営上の取組み（6）、取締役会の実効性評価の高度化（7）を取り
上げます。

2　取締役会議長の属性

(1)　取締役会議長の属性の現状と議論の背景

　中川　最初のテーマとして、取締役会議長の属性を取り上げます。

　取締役会議長の属性について、ガバナンスリサーチでは、「社長」との
回答が、全体の80％以上を占め、「社長以外」では、「会長」が約15％、
「社外取締役」が約3％、（社外取締役以外の）「非業務執行取締役」が約
1％となっていますが、時価総額が大きくなるにつれて、「社長以外」との
回答が増える傾向にあり、5,000億円以上の企業では、「社長」との回答は
半数未満となっています（図表2）。

　また、取締役会議長が「社外取締役」と回答した企業は全体ではごく僅
か（約3％）ですが、時価総額1兆円以上の企業に限った場合は2割弱と
の回答結果になっています。

　まず倉橋先生から、取締役会議長の属性についての議論の背景を教えて

---

　2)　調査対象は国内上場企業で、2021年度調査においては1,432社が参加。中村直
　　人弁護士、倉橋雄作弁護士が監修を務めた。

図表 2　取締役会議長の属性

		社長[1]	会長	社外取締役	非業務執行取締役[2]	その他
	全体 （n=1,432）	80.9%	15.2%	2.5%	1.0%	0.5%
時価総額	1,000億円以上 5,000億円未満 （n=201）	68.7%	24.4%	4.0%	3.0%	0.0%
	5,000億円以上 1兆円未満 （n=51）	39.2%	56.9%	2.0%	0.0%	2.0%
	1兆円以上 （n=78）	37.2%	39.7%	17.9%	3.8%	1.3%

※1　「社長」は会長兼社長を含む。
※2　「非業務執行取締役」は社外取締役を含まない。

いただけますか。

　倉橋　背景としては、グローバルな実務で社外取締役が議長に就くことがベストプラクティスとされていることがあります。まずその理論的な背景を申し上げますと、取締役会の議長を社外取締役が務めることによって、社外取締役に対して執行サイドから説明をして、説明責任を果たしていくという構図に取締役会がなりやすいということで、取締役会の経営監督機能を強化する上で、議長を社外取締役が務めることが有効と考えられていることがあります。さまざまなガバナンスのレーティングでも、議長とを分けているかどうかが評価指標とされています。議長と CEO の分離は機関投資家からも要求され、アクティビストによるキャンペーンの対象になることも少なくないと認識しています。他方で、世界の時価総額の上位企業に着目したときに、議長と CEO が一致していたり、自律的かつ実質的な分離が必ずしもなされていないことも指摘されています。

(2)　取締役会議長の属性に関する各社の考え方

　中川　社外取締役が議長を務めることについては、2021 年のコーポレートガバナンス・コードの改訂では盛り込まれませんでしたが、投資家

と企業の対話ガイドラインには「必要に応じて独立社外取締役を取締役会議長に選任することなども含め、取締役会が経営に対する監督の実効性を確保しているか」（3-8）との規定が盛り込まれました。取締役会議長の属性の現状と今後の方針について、各社のお考えを確認させてください。

ア　社外取締役が議長を務める企業

桐野（富士通）　当社では、現在は独立社外取締役が取締役会議長を務めています。2015年に当社としてのガバナンスの考え方をまとめた「コーポレートガバナンス基本方針」を制定したのですが、その中で、取締役会議長と、執行の最高責任者である社長を分離することを明示しています。その基本方針の下、取締役会議長は社長以外が務めてきましたが、2019年6月に、はじめて社外取締役が務めることとなりました。

社外取締役に今後も取締役会議長を務めてもらうのかという点については、今後も議論を深めていくべきところであると認識しています。といいますのも、今取締役会議長を務めている社外取締役は、取締役会議長になっていただくまでにも、数年間、当社の社外取締役を務めてきた方です。つまり、この間に築いてきた執行側との信頼関係などを踏まえて、この人であればということで2019年6月に取締役会議長になっていただいたものです。社外取締役が取締役会議長を務める体制を今後も継続できるかどうかは、今後の課題と理解しています。

イ　非業務執行の取締役が議長を務める企業

加藤（J. フロントリテイリング）　当社の現在の取締役会議長は、非業務執行の取締役が務めています。2017年に当社が指名委員会等設置会社になった際に、「監督と執行の分離」の観点から、取締役会議長は非業務執行の取締役が務めることとしたものです[3]。指名委員会等設置会社では、取締役会は経営の監督の場と位置づけられますので、そのファシリテーターである議長を社長が務めることは必ずしも適切ではないとの考え

---

3)　山本良一ほか「〈座談会〉取締役会の新時代──コロナ禍を乗り越えて」旬刊商事法務2251号（2021）8頁以下参照。

があったものです。

　コーポレートガバナンス・コードの中には、CEO の選解任が、会社にとって、取締役会にとって最も重要な戦略的な意思決定であるとの文脈があります（補充原則 4-3 ②・③）。塚本先生のご著作にも「社外取締役の役割は業績の悪い経営トップのクビを切ること」とあります[4]。取締役会の一番重要な仕事が CEO の選解任だとすると、それをするにふさわしい取締役会の構成や運営がどのようなものであるべきか、そして取締役会をファシリテートする人が誰であるべきなのかという順序で考えるのが自然です。そして、CEO の選解任が取締役会の一番重要な仕事なのであれば、CEO が議長を務めてその議論をリードするのは、実効性の観点からも日本人のメンタリティからしても事実上難しいのではないでしょうか。

　なお、取締役会議長と CEO を分離することについては、当社のように株主構成が分散し、特段の支配株主がいない会社には、比較的その意義が見出しやすいと思う一方で、たとえばオーナー系の会社、支配株主がいらっしゃる会社においては、必ずしもその意義が大きいかというと、個人的には、それは違うのではないかと思います。

　西堀（本田技研工業）　当社では、現在、執行役を兼務しない取締役、具体的には会長が取締役会議長を務めています。当社は自動車メーカーであり、非常に事業構造が複雑です。また、事業の数も多岐にわたっていますので、そのような中で、当社の取締役会議長には、事業に精通した上で、情報を咀嚼して理解する素養や、重要な情報とそうでない情報を適切に判断する能力などが必要と考えています。一方で、判断が執行サイドに偏ることを避ける必要があり、また、取締役会の主な役割は、社長をはじめとした執行サイドの監督だととらえています。以上の観点から、現時点では非業務執行の取締役が取締役会議長を務める、という形で有効に機能していると考えています。

4）塚本英巨『基礎から読み解く社外取締役の役割と活用のあり方』（商事法務、2021）1 頁。

ウ　代表取締役社長が議長を務める企業

井田（Ｔ＆Ｄホールディングス）　当社は現在、代表取締役社長が議長を務めています。「経営・監督と業務執行の分離」を一層進めるため、2020年に監査等委員会設置会社に移行しましたが、この観点から、取締役会議長とCEOの分離について俎上にのることはあります。ただし、当社のコア事業である生命保険事業に精通した者でないと、当社グループの経営課題や取組み等を踏まえた適切な議事進行ができないと思います。よって、現時点では、社長が適任であると考え、議長を務めていると認識しています。

中川　Ｔ＆Ｄホールディングスは持株会社ですので、持株会社の社長の役割はグループ全体の監督であるとの側面もあるように思われました。そうしますと、社長が議長をお務めになることの意義も大きいように感じます。

(3)　小　　括

中川　取締役会議長の属性に関する各社の考え方を聞かれてのコメントをお願いできますか。

塚本　取締役会議長の属性については、自社の取締役会の役割をどのように位置づけるかと密接に関係すると考えられます。

取締役会の監督機能を強化するために取締役会議長と社長・CEOを分離すべきであるとか、社外取締役が取締役会議長を務めるべきであるというのは、もちろんガバナンス上有効な対応の一つではあります。しかし、たとえば10名から成る取締役会で、社外取締役が2名しかいない中で、そのうちの1名が議長を務めても、はたして、取締役会の監督機能における実効的な効果があるのか、そもそも、そのような構成の取締役会は監督機能を重視する取締役会であるのかという疑問が生じます。また、加藤さんがおっしゃったように、創業者や大株主がいる会社において、社外取締役を議長にすることによって取締役会の監督機能を発揮することができるようになる関係があるのかという論点もあろうかと思います。

したがいまして、自社の取締役会議長の属性を考える上では、まずは取締役会の監督機能をどれほど重視するか、または監督機能の強化を推進し

ていくかという点が重要です。その点を踏まえて取締役会議長と社長・
CEO を分離することにするのであれば、たとえば取締役会のアジェンダ
を、監督に重点を置いたものに変えていくという対応を併せて行うことも
必要になります。また、先ほどの桐野さんのお話にもありましたが、議長
への就任については、ある程度在任期間が長くないと実際には難しい面が
あると思いますし、さらに、議長となる以上は、準備を含めてかなり時間
をかけないといけませんので、そこまで社外取締役としての職務に本当に
コミットしてくれるのか、あるいはできるのか、そこが大きなネックにな
ると感じています。取締役会議長と社長・CEO の分離については、社外
取締役を 3 分の 1 にすることに比べてもはるかに難しい課題であると思い
ます。

倉橋　取締役会議長の属性についての論点はそれぞれの会社の取締役会
の役割をどう考えるべきかにつながるというのは私も同じ考えです。

　たとえば加藤さんのご指摘のとおり、上場子会社、あるいはオーナー系
の会社の場合は、取締役会議長と CEO を必ずしも分ける必要はないと、
私も思います。そういった会社の場合、親会社によるモニタリングであっ
たり、オーナーによる強いリーダーシップと超長期の時間軸での経営が、
その会社の強さを支えることもあるかと思います。親会社やオーナーがい
る場合にコーポレートガバナンスの観点で先鋭化するのは株主間の利益相
反問題であり、一般的なエージェンシー問題への対処として想定されてい
る議長と CEO の分離による経営監督機能強化の必要性は後退するはずで
す。

　創業家の強いリーダーシップが企業の競争力の源泉になっている会社で
どのようなガバナンスや監督が必要かというと、強烈なリーダーシップが
狂い始めた場合の歯止めの機能だと思います。平時はリーダーシップに任
せておき、ただその経営に黄色信号がともり始めたときに、「社長、それ
は違うんじゃないですか」といった重みのあることを言えるストッパー機
能を、取締役会が持つことが重要ではないかと思います。それさえできれ
ば、平時から取締役会議長と CEO を分ける必要はないのではないかと思
います。もちろん、普段から議長と CEO を分けておくことで、いざとい
うときに歯止めの機能を発揮しやすくする効果はあるかもしれませんが。

先ほど中川さんから持株会社の社長の役割についてご指摘がありました。これも重要と思います。持株会社の場合、取締役会自体が事業子会社に説明責任を果たさせる場となりますので、そこは各中核事業会社の事業に精通した持株会社のCEOに対し、各事業会社を預かる事業子会社のCEOが一生懸命説明をしていく場となり、わざわざ持株会社の取締役会で社外取締役に議長を務めてもらう必要はないという考え方もあるかと思います。この議論は取締役会の役割がどうあるべきなのかを考える上で、非常にいい試金石になると思いました。

　さらに、執行との信頼関係が議長の選定条件になるという桐野さんのご発言も非常に重要と思います。何でも社外取締役にイニシアチブを与えればよいというわけではなく、やはり執行サイドとの建設的な信頼関係が大前提になるはずで、議長とCEOを分離するのであれば、議長のサクセッションプランがガバナンスの重要課題になると思います。

中川　CEOではない非業務執行の取締役というと、基本的には会長、それまで社長だった方をイメージします。ただ、この間まで社長だった方であれば、実際にはまだ権力を持っていて、業務執行にも実は口出しをしていることも実際にはあるのかもしれないと思ってしまうのですが、このあたりはどのようにお考えでしょうか。

西堀　当社（本田技研工業）の会長には代々社長経験者ではない者が就いていますが、監督と執行との分離の観点で、やはり取締役会議長の役割をきちんと整理することが重要だと考えています。監督する立場の者として必要な情報、出席しないといけない会議、持たないといけない権限は、執行する立場の者としてのそれとおのずと違っているはずだと思います。ですので、会社として、どの会議に出席してもらい、それぞれの会議でどのような役割を果たしてもらうのかを整理さえすれば、ご本人にとっても、周囲の人間にとっても、どのような意見を求めるべきなのか、どのような情報をインプットするべきなのかということが明確になると思います。つまり、やり方次第できちんと機能するはずであり、これは元社長であってもなくても同じではないかと考えています。当社では、今申し上げた点を整理しながら進めており、おおむねうまくいっていると感じています。

232

　中川　ガバナンスリサーチの結果にも表れていますが、会長やそのほかの非業務執行の社内の取締役が取締役会議長を務めるのは日本に比較的多くみられる実務です。この点、投資家からみた場合には、やはり不十分ということになるのでしょうか。塚本先生からコメントをいただけますか。

　塚本　社外取締役が取締役会議長を務めることは、なかなか容易でないため、次善の策として、社外取締役ではないが非業務執行の取締役、たとえば直前まで社長をしていたが現在は代表権のない非業務執行の取締役会長が議長を務めるという実務があると理解しています。現職の社長が議長をすることに比べれば、一歩前進ではあると思いますが、機関投資家目線からしますと、物足りないというとらえ方となってしまい、次なる対応として社外取締役が議長を務めることを検討してほしいということになるのだと思います。

3　筆頭独立社外取締役の設置状況

(1)　筆頭独立社外取締役の設置状況と議論の背景

　中川　次に、筆頭独立社外取締役の設置状況を取り上げます。

　ガバナンスリサーチの結果によれば、設置済みとの回答が、独立社外取締役がいる企業の14・6％（前年度調査比1・9ポイント増）でした。筆頭独立社外取締役については、前年度と比べ設置済みの企業の割合は増えていますが、設置しておらず設置の予定もないとの回答が依然大半を占めています。また、筆頭独立社外取締役を設置済みの企業、設置を検討中の企業の割合は、企業規模の大小に関係なくおおむね同程度となっています。

　倉橋先生、筆頭独立社外取締役の設置に関する議論の背景を教えていただけますか。

　倉橋　CEO が取締役会の議長を務めるのであれば、少なくとも筆頭独立社外取締役を選定することがセカンドベストだろうと、グローバルな議論ではいわれています。その背景としては、社外取締役の数が多くなってきているので、社外取締役の中でのリーダーシップを明確にしたほうが、社外取締役の連携による経営監督機能強化も図れるし、監督と執行の橋渡しも期待できるといった考え方があるのではないかと思います。

(2) 筆頭独立社外取締役設置に関する各社の考え方

中川 倉橋先生からはセカンドベストという表現でご紹介いただきました。筆頭独立社外取締役については、コーポレートガバナンス・コードの補充原則4−8②に、「独立社外取締役は、例えば、互選により『筆頭独立社外取締役』を決定することなどにより、経営陣との連絡・調整や監査役または監査役会との連携に係る体制整備を図るべきである」と規定されています。

本日ご参加の各社では筆頭独立社外取締役は選定されていませんが、その理由などをご紹介いただけますか。

桐野 補充原則4−8②では、筆頭独立社外取締役の役割としては経営陣との連絡・調整等とあるところ、その役割を担うのは誰なのだろうという議論をコーポレートガバナンス・コードができたときに社内でしました。その結果、それはやはり取締役会議長なのではないかという整理がされまして、当社（富士通）の場合は筆頭独立社外取締役を置かずに、その役割を議長が務めることになっています。

先ほどご紹介したように、今は独立社外取締役の方が取締役会議長を務めていますので、その方が社外取締役の意見を取りまとめて、社長に伝えていただくといったことが行われています。

西堀 当社（本田技研工業）では、筆頭独立社外取締役を選定していませんが、たとえば社外取締役だけの会合を設定しようという話になれば、取締役会事務局が対応することにしていますし、また、社外取締役と経営陣との連絡・調整の観点は、取締役会議長である会長がその役割を果たしています。また、社外取締役が、もし会長を通さずにほかの社外取締役と直接やりとりしたいということがあれば、事務局が調整する対応をしています。このように、社外取締役の中でどなたか1位の順位の方を決めて、その方に何かをやっていただかないと回らないような事項が特段ないというのが実態であり、筆頭独立社外取締役を置く必然性を感じていません。

(3) 筆頭独立社外取締役の役割

中川 コーポレートガバナンス・コードの補充原則4−8②からは、筆頭独立社外取締役の主な役割は経営陣との連絡・調整であることが読み取

れますが、グローバルな実務を踏まえますと、筆頭独立社外取締役の役割は、本来はより広いものなのでしょうか。

　倉橋　補充原則4−8②の規定を文字通りとらえてしまうと、筆頭独立社外取締役の職責の重要性が認識されにくくなると思います。筆頭独立社外取締役の存在がなぜ重要かというと、執行に対する監督機能、牽制機能が強化されるためです。つまり、たとえば内部監査部門が経営トップの不正などを発見した場合に、デュアルレポートで筆頭独立社外取締役に情報が入ってきて、社外取締役の動きが活発化すること等も期待されているものと思います。

　また、社外取締役に対する監督機能という観点もあると思います。社外取締役の存在感がこれだけ高まってきますと、「監督者の監督問題」、つまり経営監督機能を担う社外取締役の実効性を誰が監督するのかという問題が新たに発生します。エージェンシー問題が無限ループするということです。個々の社外取締役の実効性を評価し、仮に、本来期待される役割を実効的に果たしていない社外取締役がいる場合、退任していただく必要があります。また、取締役会に必要なスキルとの関係で、社外取締役の計画的な交代を進め、新陳代謝を図る必要もあります。そういった対応をする上で、執行側からは監督者の実効性を評価しづらい面があります。「監督者の監督問題」には、社外取締役の相互牽制、相互監督が必要になり、社外取締役からも、執行からも信頼された社外取締役がいらっしゃれば、そうした社外取締役相互の牽制や監督の契機も確保されやすい面もあるかと思います。特に、指名委員会の委員長が重要で、そうした役割を果たすことが期待される社外取締役が委員長に就任し、明示的、あるいは事実上、筆頭独立社外取締役としての役割を担っていくことが有効かと思います。

　本日皆様の議論を聞いておりますと、皆様の会社では、自然とそういった方がいらっしゃるということなのかなと思っています。

　塚本　2021年の投資家と企業の対話ガイドラインの改訂において、筆頭独立社外取締役が「株主との面談の対応者」として掲げられました（4−4−1）。実務的には筆頭独立社外取締役を置く意義がわからなくて困っている会社もあると思いますが、実際に筆頭独立社外取締役として選定するかどうかとは別に、投資家と企業の対話ガイドラインを踏まえて、株主

との対話の役割を担う社外取締役が増える可能性があると思います。機関投資家も、社長等の執行側だけではなく、社外取締役とも面談したいというリクエストを出すことが今後増えると思います。そのようなリクエストに応えるに当たり、これまで実質的に筆頭の役割を果たしてきた方が正式に筆頭独立社外取締役に選定されていくという実務の流れもあり得るかもしれません。

4　社外取締役が活躍するための施策

(1)　社外取締役の選任状況と機能発揮

中川　次に、社外取締役が活躍するための施策を取り上げます。

2021年のコーポレートガバナンス・コードの改訂後、独立社外取締役については、プライム市場で3分の1以上（必要に応じて過半数）、その他の市場では2名以上の選任が求められています。ガバナンスリサーチにおいて、独立社外取締役の員数変更や割合変更の検討状況を聞いたところ、現状維持との回答が半数となり、前年度と比べ低下しているものの、増員、割合増との回答割合を依然大きく上回る結果となっています。また、わからないとの回答割合（約3割）が増加しており、コーポレートガバナンス・コードの改訂を受けて対応を検討中の企業が増えていることもうかがえる結果となっています。

そのような状況の中で、社外取締役が実効的に機能発揮するために、社外取締役だけの会合を開催したり、執行側の情報へのアクセスを確保したり、あらゆる取組みが各社で行われています（**図表3**）。

倉橋先生からコメントをいただけますか。

倉橋　独立社外取締役が少なくとも取締役会の3分の1を占めることになってきますと、社外取締役をボトルネックにしてはいけない、社外取締役にはきちんと監督者としてのパフォーマンスを発揮していただく必要がある、つまりその有効活用がますます重要になってくると思います。中川さんが例示された取組みは、社外取締役の実効性を高める上でも重要です。

中川　以上を踏まえ、各社の取組みをご紹介いただけますか。

井田　当社（T&Dホールディングス）では、取締役等がその役割・責

図表3　社外取締役を含む社外役員が活躍するために実施している事項（複数回答）

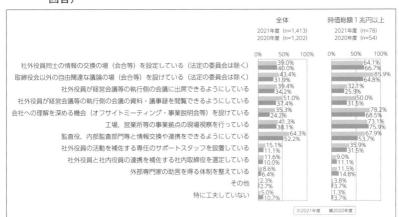

務を適切に果たすために必要となる知識の習得・更新に関する機会の提供などの役員トレーニングを計画に沿って行っています。その中で、社外取締役は、当社だけでなく子会社（太陽生命、大同生命等）も含め、さまざまな立場のグループ役職員との意見交換会を定期的に実施しています。また、社外取締役同士の情報交換も従来の公式な形式に加え、2021年度から事務局が関与しない形式でも開始し、充実させています。

　また、2020年度は、当社グループが、社外からどのようにみえるのかをテーマに、各社外取締役から、その知見を踏まえた社内研修をグループの役職員に対して行い、忌憚のないご意見をいただくなど、年間を通じて、いろいろな取組みを行っています。

　桐野　社外取締役の活用の観点で、当社（富士通）は試行錯誤しており、社外取締役による監督が機能するように、また、取締役会での議論が活性化するように、いろいろな仕組みを設けています。

　たとえば、社外取締役はどうしても社内の役員に比べて当社事業についての情報量が足りないため、それを補う仕組みとして、2015年から「独立役員会議」を開催しています。これは、社外取締役に対して、できるだけ当社事業に関する情報をお渡しするべく、その都度いろいろなテーマを設けて、深く議論してもらい、理解を深めてもらうという場です。何か結

論を出す場ではありません。また、最近では、取締役会に重要案件をかける前に、社外取締役の意見を吸い上げる場としても、この「独立役員会議」を活用したりもしています。

　また、社外役員の活用のため、執行側と社外役員のコミュニケーションを充実させていく観点で、2020年から、「プライベートセッション」という取組みを始めています。これは取締役会議長である社外取締役が招集し、取締役会の直後などに開催するものですが、「独立役員会議」には事務局がつくのと対照的に、こちらは事務局も含めて社内の者を一切呼ばず、本当に社外役員だけで意見交換する場です。直前に開かれていた取締役会での議案についての懸念事項や問題意識などを意見交換する場として活用されています。そこで取りまとめられた意見を社長に伝達し、社長からも社外役員に対して意見がフィードバックされます。そういうコミュニケーションをとって、案件をスムーズに進めるための仕組みとして機能しています。

　それ以外にも、できる限り当社について知ってもらうための仕組みとして、「事業概要説明会」という取組みもしています。これは基本的には新任の役員向けに、当社の事業、どの部門がどのようなことをやっているのかを説明する場なのですが、新任の役員以外にも案内しており、当社の状況や課題などに関する情報を各事業等を担当する本部長クラスから直接収集できる場になっています。

　さらに、社外役員一人一人に若手の支援メンバーをつけています。これは業務執行取締役から入ってくる情報だけではなく、それ以外の情報入手ルートを作るためのものです。何か特定の事項について知りたい場合に、社外役員がその支援メンバーに指示をすれば、情報を集めて提供します。

　このようにいろいろな工夫をして、できる限り取締役会の議論を活性化させ、社外取締役により実質的に関与していただけるような仕組みづくりを進めているところです。

　西堀　当社（本田技研工業）での取組みをご紹介します。社外取締役と社内取締役、および社外取締役同士のコミュニケーションを強化すること、さらには当社についての理解を深めていただくこと、大きくはこの2つが重要ととらえています。その上で、2021年からは、社外取締役の経

営上の関心事項について、執行側の取組みの状況を深く知ってもらうことを3つ目の柱として施策を進めています。

　1つ目のコミュニケーションの面では、一般的かもしれませんが、たとえば取締役会の日に、会長や社長、副社長と一緒に食事をとっていただいたり、社外取締役の皆さんで食事をとっていただいたり、といった機会を設けています。また、少し別の観点としては、当社には女性の監査委員がいらっしゃいますが、その方が監査の活動で事業所を訪問されたときに、女性従業員と座談会をしていただいたこともあります。

　また、2つ目の会社や事業を知ってもらうために一番有効と感じているのが、やはり事業所の訪問でして、たとえば自動車を作っている工場の現場を見ていただいたりしています。

　3つ目の経営上の関心事項については、先ほど申し上げたように、当社では、会長が取締役会の議長として社外取締役とのパイプ役を務めていますので、2021年は、社外取締役が今当社の経営のどこに関心をお持ちかを、会長がヒアリングをしました。そして、抽出した関心事項を社内で咀嚼して、どのような情報を議論するのがよいのか検討しました。また、逆に執行側でも、何について社外取締役の方々から知見を得たいかを議論して、いくつかテーマを設定し、社内外の取締役で議論をする、という取組みを行いました。これを実施することで、社外取締役の方々に当社の事業についても理解を深めていただき、「今このような課題感を持って、こういうことに取り組もうとしている」ということについて、従前よりも早く、特に新任の方には理解を深めていただけているという感触を持っています。さらに、中長期的な視点で考えていることについて執行側と意見交換をしていただく中で、相互の理解が深まり、また、執行側は、社外取締役の方々からいろいろな示唆、知見をいただいて、今後の執行に活かしていく、そういったサイクルを回していただけるように、事務局として運営を工夫して取り組んでいます。

(2)　小　　括

　中川　社外役員が活躍するために実施している事項（図表3）について印象的な点はありますか。

塚本　社外役員が経営会議等の執行側の会議の資料・議事録を閲覧でき
るようにしているという回答が、全体で51％あるという点が、私の肌感
覚と比べるとやや多い印象でした。

　経営会議の資料等を社外取締役に見せることについて後ろ向きな会社が
あるとすれば、社外取締役がなぜ経営会議の議論を見たいのかを考えてい
ただくとよいと思います。社外取締役からよく聞かれるのは、取締役会資
料がきれいに出来上がりすぎている、ストーリーとしてバラ色のことばか
りが書かれているということです。経営会議やその他現場レベルではいろ
いろな議論がなされ、ネガティブな意見やデメリットの指摘もあったので
はないか、そういうことを知りたいということです。そうしますと、たと
えば、取締役会資料の書き方を工夫し、ネガティブな情報等も記載するよ
うにすれば、社外取締役が経営会議の資料を閲覧できるようにするかと
か、経営会議にもオブザーバー参加してもらうかという論点はそれほど重
要ではなくなってくるのではないかと思います。

後藤　私も、社外取締役が経営会議の審議内容をすべて見たり、経営会
議に参加したりすることは必ずしも必要ではないと思います。経営陣に経
営を委任したことの意味がなくなってしまいますから。それより、経営会
議で議論されたもののうち取締役会に上がってくるべきものについて、反
対意見などがあったのか、あるとすればそれにどう対処しようとしている
のかということを、きちんと整理して伝えることが重要だと思います。そ
うすれば、たとえば、経営会議の議事録はすべてもらったが大量すぎて読
み切れない、またはすべてもらったために細かな所が気になってしまいマ
イクロマネジメントに陥ってしまうということを防ぐこともできると思い
ます。

中川　たしかに、社外役員が経営会議等の執行側の会議の資料・議事録
を閲覧できるようにしているという回答は、全体では51％ですが、時価
総額1兆円以上の会社でも50％です。ほかの設問ですと、会社の時価総
額に比例して実施比率等が上がるのですが、この設問については、時価総
額が大きくなってもほとんど変化がありません。閲覧できるようにするこ
とに対する一定の抵抗感の表れでしょうか。

倉橋　会社の規模が大きければ大きいほど、経営会議で議論される事項

の範囲も広く、内容も細かくなっていくと思いますので、社外取締役がその資料や議事録自体を見ることの意義が乏しいという側面もあると思います。また、規模の大きな会社では事務局も充実していると思いますので、取締役会資料の工夫などがなされ、経営会議の資料や議事録自体を閲覧しなくても、社外取締役に共有すべき情報がうまく共有されているということではないかと思いました。つまり、ネガティブに情報を封殺しているということではないという印象を持ちました。

　監督と執行の分離の観点で、経営会議の情報等を執行側からすべて網羅的に説明するといったことは実務の方向性として不要だと思います。他方で、経営会議での議論や資料へのアクセスを拒否することは適切ではないと思います。それは、社外取締役を含めて取締役はお互いに監視義務を負っていると考えられるためです。ただし、何らか監視・監督できる合理的なシステムや体系がある場合には、自らすべてを監視しなくてもよいはずです。監督と執行の分離を進め、執行側に権限を委譲していく場合、広範に委譲された権限の下で経営が適切に行われていることを監視・監督することが両輪で必要となりますが、たとえば経営会議でどのような意思決定がなされているかをいつでもチェックできるように、見ようと思えばいつでも情報にアクセスできるということ自体が執行に対する監視・監督の基盤にもなります。執行側から経営会議などの状況をすべて説明することはマイクロマネジメントにもつながり、非効率で不要だと思いますが、議事録や資料にいつでもアクセス可能な体制としておくことが重要です。

5　社外取締役に求める役割・経験等、社外取締役がより機能するためのインセンティブ

(1)　社外取締役に求める役割・経験等

中川　次に社外取締役に求める役割・経験等を取り上げます。

　ガバナンスリサーチでは、全体では、独立社外取締役に求める役割として最も重視するものとして、「経営方針や経営改善についての助言」（49・9％、前年度比5・5ポイント減）との回答が最も多いですが、回答割合は前年度比で低下し、「経営監督」（36・4％、同3・3ポイント増）との回答割合が上昇しています（**図表4**）。なお、時価総額が大きい企業ほど、「経営監

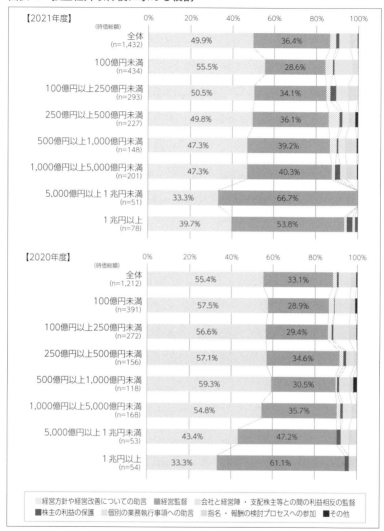

図表 4　独立社外取締役に求める役割

【2021年度】

（時価総額）	経営方針や経営改善についての助言	経営監督
全体 (n=1,432)	49.9%	36.4%
100億円未満 (n=434)	55.5%	28.6%
100億円以上250億円未満 (n=293)	50.5%	34.1%
250億円以上500億円未満 (n=227)	49.8%	36.1%
500億円以上1,000億円未満 (n=148)	47.3%	39.2%
1,000億円以上5,000億円未満 (n=201)	47.3%	40.3%
5,000億円以上1兆円未満 (n=51)	33.3%	66.7%
1兆円以上 (n=78)	39.7%	53.8%

【2020年度】

（時価総額）	経営方針や経営改善についての助言	経営監督
全体 (n=1,212)	55.4%	33.1%
100億円未満 (n=391)	57.5%	28.9%
100億円以上250億円未満 (n=272)	56.6%	29.4%
250億円以上500億円未満 (n=156)	57.1%	34.6%
500億円以上1,000億円未満 (n=118)	59.3%	30.5%
1,000億円以上5,000億円未満 (n=168)	54.8%	35.7%
5,000億円以上1兆円未満 (n=53)	43.4%	47.2%
1兆円以上 (n=54)	33.3%	61.1%

凡例：経営方針や経営改善についての助言　経営監督　会社と経営陣・支配株主等との間の利益相反の監督　株主の利益の保護　個別の業務執行事項への助言　指名・報酬の検討プロセスへの参加　その他

督」と回答した割合が高くなっています。

　また、独立社外取締役に求める経験、スキルとしては、「自社の重要な事業領域に関する知見・経験」（42・5％、同5・4ポイント減）との回答が

図表5　独立社外取締役に求める経験、スキル（複数回答）

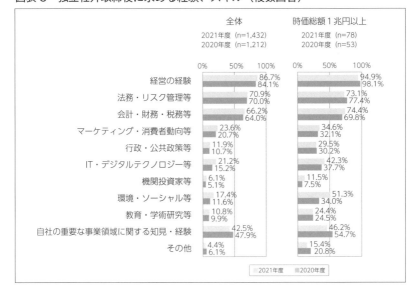

最も多いですが、その回答割合は前年度比低下し、「ＩＴ・デジタルテク
ノロジー等」（21・2％、同6・0ポイント増）、「環境・ソーシャル等」（17・
4％、同5・8ポイント増）との回答割合が上昇しています。なお、時価総
額1兆円以上の企業では過半数が「環境・ソーシャル等」を挙げており、
ESGへの関心の高さがうかがえる結果といえます（**図表5**）。

　金森（ピジョン）　社外取締役の役割については、昨今、モニタリン
グ・モデルの取締役会を前提とした監督機能が注目されていると思いますが、そこばかりが注目されることに問題意識を持っています。社外取締役
を活用する観点から、助言機能もあってもよいと考えています。

　当社において社外取締役の助言機能が発揮された事例を紹介します。当
社には女性の社外取締役が3名おり、そのうち2名は子育て中のお母さん
なのですが、その社外取締役と事業部門とがコラボレーションしていま
す。当社は育児用品を提供する会社ですので、お母さん目線でのアドバイ
スが非常に重要です。また、お母さんである社外取締役からいただける、
それぞれの専門性を活かしたアドバイスは非常に貴重で、これを商品開発

に活かしていく取組みをしています。取締役会の実効性評価のアンケートでも、社外取締役の有効活用に関して、このコラボレーションを理由に、ポジティブな結果が出ており、この取組みを通じて社外取締役が有効に機能していると実感しました。社外取締役の助言機能がすべての会社に必要とは思いませんが、1つの事例としてご紹介させていただきました。

　加藤　前半の取締役会議長の議論でも出ていたかと思うのですが、社外取締役の役割がどうあるべきかは、取締役会の役割をどのようなものとして位置づけるのかによって変わってくるのではないかと思います。

　当社（Ｊ．フロントリテイリング）は指名委員会等設置会社ですので、取締役会の一番大きな役割は、代表執行役（CEO）や執行役の選解任です。したがって、当社においては、それを前提に社外取締役の役割を考えなければならないと思っています。たしかに助言や示唆なども、もちろん否定はされないと思います。とはいえ、そういったものは「社外取締役でなければならない役割」ではないと考えています。そうすると、社外取締役を本当に活用するというのは、CEOや執行役の選解任を適切に実施するためにどうあるべきかが本論のはずです。たとえば、取締役会で中期経営計画を決議するのは、CEOや執行役の選解任に際しての評価の「ものさし」を決めるということです。また、取締役会のスキル・マトリックスは、「取締役からその分野でアドバイスやコンサルをしてもらう」ということではなく、「その分野に知見のある取締役がCEOや執行役を評価（選解任）する」というもの、要するに「CEOや執行役の評価者（選解任者）としての分野」を記載したもののはずです。

　このモデルがモニタリング・モデルというものかどうか、私はよくわかっていません。少々疑問なのは、社外取締役は良いCEOや執行役を選ぶこと、それからパフォーマンスの悪いCEOや執行役のクビを切ることに、どれだけインセンティブを持っているのでしょうか。そういった形での仕事をしてもしなくても定額の報酬がもらえるのなら、あえてそのようなことをしないということはあり得るわけです。一般に多くの社外取締役は皆さんもちろん真面目に仕事をされているわけですが、CEOや執行役の選解任が本当の意味での社外取締役のインセンティブとして機能する仕組みになっているのか疑問があります。その一方で、大きな不祥事があっ

たり、それこそガバナンス不全などといわれるようなものがあったりと、社外取締役個人としての名誉や評判を大きく毀損するマイナス方向のインセンティブはあるわけです。

(2)　社外取締役のインセンティブ

中川　社外取締役のインセンティブについて問題提起いただきました。この点をどのようにお考えになりますか。

金森　その会社が好きだ、つまり、その会社のファンであるというのも1つのインセンティブになるのではないかと私は思っています。先ほど社外取締役とのコラボレーションについてご紹介しました。女性が当社の取締役や監査役に就任される際は、もちろんそれぞれの専門性を発揮いただくという面はありながらも、当社（ピジョン）の商品をより良くして世の中のお母さんの困り事を解決したいという気持ちを持っていると感じます。社外役員の立場でそのような貢献ができることは金銭とは別のインセンティブになり得ると思っています。会社への職務遂行の意識も、より強くなり得るのではないでしょうか。

後藤　この論点は、社外取締役は誰のために働いてほしいのかというところとかかわってくると思います。ここは議論があり得るところだとは思いますが、一般的には投資家・株主のためといわれています。ESG やSDGs などいろいろな側面がありますが、それらを全部ひっくるめて、基本的に社外取締役は、株主が自分たちの代理人として選任しているものだとされています。そうすると、株主にとっては、その社外取締役を選任することで、会社が成長してくれるということが重要です。

今、日本で社外取締役になられている方は、基本的には功成り名を遂げた方だと思いますので、おそらくそういった方々にとり、社外取締役を務める主なインセンティブは、その立場に就くことによる名誉などであろうと思います。このような方ももちろん重要ではあるのですが、株主の観点から会社を成長させていくという観点からは、もう少し違ったインセンティブを持つ社外取締役がいてもよいように思われます。たとえば、社外取締役としてのステップアップ、つまり、最初は規模の小さな会社の社外取締役を務めていた方が、最終的に大きな会社の社外取締役を務めるまで

になったり、または非常に注目されている、成長している会社の社外取締役になったりといったことです。このようなステップアップがあると、社外取締役が機能発揮するための良いインセンティブになるのではないかと思います。現状は、まだ社外取締役のマーケットが確立されておらず、一部の社外取締役に人気が集中したり、流動性がなかったりします。何をもって社外取締役の業績を評価するのかよくわからないという面もあるでしょう。このような課題が解決されていけば、今申し上げたようなインセンティブが社外取締役に生まれやすくなるのではないでしょうか。

倉橋 私は金森さんの問題提起は非常に重要だと受け止めました。社外取締役は戦略的かつ大局的な観点での助言機能や経営監督機能を担うわけですが、それらが実効的に果たされるためには情報、インセンティブ、時間とエネルギーの十分な投下などの前提条件が必要となります。社外取締役が執行と一緒になって適切なリスクテイクのために額に汗するインセンティブはどこにあるのか。株式報酬を支給することなどが新しい論点になりつつありますが、それだけで解決できる簡単な話ではないはずです。

たしかに、社外取締役のインセンティブは感情の側面などでも考える必要があると思います。社外取締役が会社のファンであれば、その会社の企業価値向上に貢献しようという内発的動機づけにつながりますし、そのような姿勢は執行側にも伝わり、自然と良い信頼関係ができると思います。そうしたメンバーで取締役会が構成されていれば、風通しも良くなり、良い議論もできると思います。逆に、たとえば議長になると報酬がいくら加算されるなどといった金銭的な面が強調されすぎると、社外取締役の中で悪い意味での「政治」が発生して、おかしな取締役会になってしまうこともあり得るのではないかと思います。ご指摘をうかがって、社外取締役がその会社のファンであるということを強調するのは、今の日本の企業実務において非常に重要なメッセージになるのではないかと思います。

ただ、もう少し考えていくと、社外取締役がその会社のファンであるというのは、もともとその会社が良い企業文化を培い、結果として良い商品やサービスを市場に提供し続けることができているからではないか、とも思われます。社外取締役に会社のファンになってもらって、内発的動機づけを高めてもらうにはどうするのか。それは外形的なコーポレートガバナ

ンスの取組みを進めても効果が期待できず、結局は経営の力に起因するもので、やはり簡単な問題ではないなと感じました。

　井田　社外取締役がより機能するためのインセンティブという議論は、個人的に非常に興味深いと思います。当社（Ｔ＆Ｄホールディングス）でも社外取締役との関与がここ数年非常に強くなっており、取締役会、その事前説明、個別案件の説明や役職員との意見交換会への参加などで、週1回ぐらいの頻度で来社あるいはWEBミーティングを実施しています。また、監督の立場として役割を発揮するため、時にはあえて空気を読まずに厳しい意見を発し、嫌われ役になることが求められていると思います。このような責務を果たすためのモチベーションを維持するために、どういう気持ちで社外取締役は当社にかかわってくれているのか、そのためのインセンティブはどうあるべきか、ということは、今後ますます重要な問題と思います。たとえば、取締役会の実効性評価の外部機関によるヒアリングの場や非公式の社外取締役懇談会などを通じて、当社が社外取締役に期待している役割なども踏まえながら、本音のコミュニケーションをとっていくことが重要ではないかと感じました。

　桐野　当社（富士通）の場合は、先ほどご紹介させていただいたように「独立役員会議」や「プライベートセッション」を開くなど、取締役会以外の負担もありますので、それを理解いただいた上で引き受けてくださる方を探す必要があります。そうしますと、当社のファンになってもらう、当社に共感してもらうということが最初に必要なのだろうと思いました。そして、この会社のためだったら役に立ちたいと思ってもらえるような価値を持ち続けなければならないと思いました。

　西堀　当社（本田技研工業）では、当社のファンになっていただいている株主様は多いように感じますが、社外取締役はどうだろうと考えながら議論を聞いていました。当社は2021年に指名委員会等設置会社に移行し、監督と執行をいかに分離していくかということを意識している状況です。そして、これを突き詰めれば突き詰めるほど、社外取締役が果たすべき役割は、「経営の監督」であり、主には大所高所からの意見を述べることであろうと認識しています。当社の社外取締役に就任していただいているのは、多様な経験・知見を有し、地位も名誉も相応に備えた方々ですので、

そのモチベーションは、「プロフェッショナルとして一定の報酬を得てその役務を提供すること」にあるのではないかと思います。

社外取締役の「ファン化」に関していうと、社外取締役に就任していただいた後に当社のことを知っていただくための取組み、たとえば工場見学などを定期的に実施していきますので、そういった取組みを通じて、少しずつ会社に共感・共鳴していき、「当社」もしくは大きくいえば「日本」の持続的な成長に自らの知見や経験を活かすこと、さらには、それによって社会課題を解決することを一層強く意識いただくようになるということはあると思います。そして、これと並行して、経営陣と共により良い戦略とは何かを議論していただき、また個別の事案についてはリスクがないか、またはもう少しチャンスがあるのではないかといった議論をしていただきながら、監督機能を果たしていただくことになります。これを社外取締役の「ファン化」というのかはわかりませんが、このように会社の運営や理念に共鳴をしながら、執行側も社外取締役もお互いがより良い方向性に向かって協力するということがあるのではないかと思いました。

6　取締役会の実効性を高めるための運営上の取組み

中川　次に取締役会の実効性を高めるための運営上の取組みを取り上げます。

取締役会における審議について、内容、時間、独立社外取締役への情報共有の面からガバナンスリサーチの結果をみますと、まず審議内容について、「ESG・SDGs・サステナビリティに関する事項」を直近1年で重点的に審議したことのある企業が前年度比大幅に増加しており（23・9％、前年度比12・8ポイント増）、特に時価総額1兆円以上の企業では過半数を占めています。また、取締役会での議論を活性化させたい項目については、「中長期的な経営環境の変化が経営戦略・経営計画に及ぼす影響」を挙げる企業が最も多く（79・5％、前年度比1・8ポイント減）、「SDGs・ESGに関する事項」との回答割合は前年度比約2倍に増加しています（57・8％、前年度比29・3ポイント増）。

取締役会の1回当たりの平均所要時間は1時間～2時間との企業が約半数を占め、説明時間の割合は5割前後（5割～7割または3割～5割との回

答）が過半数を占めています。また、取締役には取締役会の1日～4日前に資料を提供する企業が多く、事前説明も多くの企業が実施していますが、個別訪問やWEB会議にて説明している企業は、時価総額1兆円以上の企業を除くと半数未満となっています。

取締役会において経営上の重要事項を重点的に審議するために、資料の事前提供や事前説明が定着しており、また当日の運営としても、資料の説明で時間を使ってしまうのではなく、ディスカッションのための時間が相応に確保されていることがわかります。

後藤　取締役会事務局がどのように取締役会の議題を設定するかが最も重要ではあると思いますが、一方で取締役会事務局は執行側の一部だとすると、執行側からは出てこない観点をいかに社外取締役から出てくるようにするか、そのルートをどのように作るかという課題もあるように思います。それは必ずしも正式な議題にするということではなく、よりカジュアルなレベルで、社外取締役が気になっていることを取り込むルートということでもよいと思います。取締役会の前後にインフォーマルな議論の場を設け、自由な意見交換を促している会社もあるようで、とても良い取組みだと思いました。

西堀　当社（本田技研工業）では、2021年から取締役会を議論の場、審議の場とあらためて位置づけました。説明時間をかなり短縮し、限りある時間をより審議に使えるよう事務局として動いています。1つの工夫としては、議題ごとに必ず内容を端的にまとめたサマリーを用意し、説明してもらうようにしています。議論を効率的に行うため、これが非常に有用と感じています。

取締役会における中長期の経営方針・計画の策定や進捗状況に関する議論が少しずつ充実してきているという感触を持っていますが、本当に議論すべきものが何なのかが難しいところで、昨今専門家・実務家の皆さんが議論される中で、「取締役会で議論することが望ましいとされる経営上の方針や戦略」の種類が増えてきていると理解しています。直近では、たとえば、事業ポートフォリオマネジメントやサステナビリティなどです。そういったものの基本方針を取締役会で議論し、実施状況を取締役会が監督すべきといったことがコーポレートガバナンス・コードにも謳われていま

すが、それは中長期の経営方針・計画とは別の議題、別の機会で議論すべきなのか、またはそこも含めた全体像を中長期の経営方針・計画の中に落とし込んで議論すべきなのか、その辺りの運営・実務については、関係部門とも相談し、少し悩みながら進めているという状況です。

塚本 取締役会において中長期の経営戦略や事業計画についての議論の時間をなかなか確保することができないという問題意識を強く持っている取締役会の事務局も少なくないと感じています。そこで、お聞きしたいのですが、御社では、取締役会で中長期の戦略についてもっと時間をかけて議論すべきだという流れになったのは、何か具体的なきっかけがあったのでしょうか。

西堀 中長期の方針・戦略の審議により集中すべきという課題認識は、もともと取締役会事務局にありました。ただ、明確なきっかけとなったのは取締役会の実効性評価です。取締役会の実効性評価を通じ、社外取締役の方々も同様に感じておられるということが明確になりましたので、それを踏まえてあらためて事務局から方向性を提案し、議長や経営陣の了解を得ながら進めています。取締役会の実効性評価は、取締役の課題意識を明らかにするため非常に有用だと感じています。

7 取締役会の実効性評価の高度化

中川 次に取締役会の実効性評価の高度化について取り上げます。

取締役会の実効性評価については、ガバナンスリサーチでは、アンケート方式を採用する企業が6割超を占め、企業規模が大きい企業ほど実施率は高いという結果になっています。また、インタビュー方式は全体での採用率は低いものの、時価総額1兆円以上の企業では、事務局、第三者による実施がそれぞれ2割強を占めており、採用が広がりつつある状況がうかがえます。

また、外部機関のサポートを利用している割合は全体で約2割、時価総額5,000億円以上の企業では4割超を占め、前年度と比べ検討中の企業の割合も上昇しており、外部機関の活用が広がりつつあるといえます。

実効性評価を通じ、運営、戦略の議論、構成等を中心に課題が浮き彫りとなり、資料の見直し、資料の事前提供・事前説明等の実施、付議基準の

見直し等の対応策が実施されています。

　まずは倉橋先生より取締役会実効性評価についての問題意識等についてコメントをいただければと思います。

　倉橋　2015 年にコーポレートガバナンス・コードができ、取締役会の実効性評価というメニューが提示されました。多くの会社はこれに真面目に取り組まれていると思います。PDCA サイクルなどといわれますが、取締役会の現状を評価して、何らか課題があるのだったらその課題を把握する。課題が把握されれば、その課題の取組方針が検討されまして、改善に取り組んでみる。そして 1 年後の取締役会実効性評価で、前年度の振り返りということで、課題に対する取組みが進んでいるかどうかをレビューする。そういったことで PDCA を回していくということです。このように取締役会の実効性を高めていくということは、実務に定着したといえるのではないかと思います。

　他方で取締役会の実効性評価の実施方法自体についてもいろいろ課題があって、やはり一番よく聞くのはアンケート方式によるマンネリ化であるかと思います。ガバナンスリサーチでは、外部評価の利用の検討が進んでいることもわかりました。

　以上を踏まえ、各社における取組状況や課題についてお聞きできればと思います。

　桐野　当社（富士通）は、最初は毎年テーマを変えて評価をしていましたが、2019 年度の評価からは定点観測のため数値評価のアンケート形式を採用し、質問項目も基本的に同じ内容にしました。取締役会議長の評価を行ったことをきっかけに、2020 年度の評価から取締役、監査役自身による自己評価を始めており、取締役会における議論への貢献度などを自己評価する質問項目を設けています。現在は、取締役の相互評価にまで踏み込んで実施するのかが課題になっています。

　金森　当社（ビジョン）でもアンケート方式で継続実施していますが、定点観測という面を重視していますので、マンネリ化というようにネガティブにはとらえていません。

　ぜひお聞きしたいのは、第三者機関を使ったインタビュー等の有用性についてです。積極的に考えたいと思う一方で、本当に効果があるのか、や

や疑問もあるところです。

井田 当社（Ｔ＆Ｄホールディングス）はこれまで自社で取締役会実効性評価に対応してきましたが、直近の実効性評価ではじめて第三者機関による評価を導入しました。従来から実効性評価を起点に取締役会の機能向上に向けたPDCAに取り組んではきましたが、取締役会の機能が企業価値向上に真につながっているのか、取締役会で議論すべきテーマの網羅性や実効性の高い意思決定・監督の状況をより客観的に評価したいなどの思いから、外部の知見をとり入れたいと事務局主導で経営に諮りやってみようということになりました。第三者機関からの評価結果の報告書についてはこれからになりますが、インタビューを受けた複数の取締役からは、第三者機関なので従来よりも突っ込んだ発言をした等のコメントもあり、客観的な立場による評価という導入目的としては一定程度の効果があったのではと考えています。

西堀 当社（本田技研工業）では、取締役会実効性評価を開始した初年度から第三者を使っています。外部の弁護士です。この方がアンケートの受領と結果の集計、そして役員へのインタビューを行います。当社の顧問弁護士ではなく、評価の中立性が保てる立場の方にお願いしています。

実効性評価のアンケートには自由記述欄を設けており、そこにコメントを書いていただくのですが、コメントの集約後、誰が書いたかはわからない状態でそれを事務局と弁護士とで確認し、インタビューの準備をします。コメントの内容からさらに深掘りして聞くべきことなどを整理します。第三者がインタビューすると、やはり匿名で聞きたいことを具体的に聞き出せますので、課題抽出に非常に役立っていると考えています。

また、当社では、実効性評価に取り組む目的の１つとして「取締役会・委員会の機能発揮の強化」を明確に掲げているため、今年の評価結果が実際にどういう施策に結び付いていくのか、そして次年度何が行われてどうなったのかを継続してみていく、ということがマンネリ防止に資するものであり、さらなる実効性の向上につながるだろうと強く感じています。経済産業省が策定しているコーポレート・ガバナンス・システムに関する実務指針（ＣＧＳガイドライン）や社外取締役の在り方に関する実務指針（社外取締役ガイドライン）等で提唱されているPDCA型というものをより強

く意識した形でやっていこうと考えているところです。

　加藤　当社（J．フロントリテイリング）では、コーポレートガバナンス・コードができた時から、第三者を活用した実効性評価を実施しています。定点観測的なアンケートと定性的な意見を集約する第三者インタビューを併用するかたちです。

　第三者がインタビューすると、各取締役からかなり厳しい意見が集まります。もっとも、厳しい意見というのは、悪意があるとか誰かを攻撃するとかいうものではなく、その取締役が真の課題だと考えていることがズバッと出てくるということです。こういったものの集約になるので、率直にいって実効性評価の中身をみるのは非常に怖い。非常に怖いものなのですが、集約された意見・課題にしっかり取り組んでいくことで、本当に良くなるのではないかと考えています。

　倉橋　外部のサポートを受けるという点では、たとえばイギリスのコーポレートガバナンス・コードで3年に1回の外部評価が推奨されているといったことも日本でよく紹介されており、第三者評価や第三者によるインタビューが日本でも広がってきたのではないかと思います。ここ1、2年ほどは新型コロナの関係でその流れが少し止まったかなという感じも受けていたのですが、経営環境が大きく変わる中で、取締役会での戦略的かつ大局的な議論をいかに促していくかという問題意識の下、実効性評価を活用しようとする企業も見受けられるようになってきた印象があり、第三者評価の事例も再び増えてくるのではないかなと見込んでいます。

　そういった観点で、今後は取締役会実効性評価の高度化が実務の課題でして、たとえば、毎年総花的な評価をするのではなく、当年度の重点評価項目を設定してやってみることや、手法の工夫に取り組むなど、さまざまな改善の余地はあるかと思います。

8　おわりに

　中川　本日はガバナンスリサーチの結果も参照しながら議論を進めてきましたが、最後に、同リサーチを監修いただいた倉橋先生より、一言いただいて座談会を終わりたいと思います。

　倉橋　私は、日本のガバナンスは最適なバランスが形成されつつあるの

ではないかと思っています。社外取締役が取締役全体の3分の1以上を占めるようになり、次は過半数とするかが今後の検討事項になるかもしれませんが、ここから先は各社一律に外形的に特定のモデルを適用するのではなく、各社各様の判断で企業価値向上に最適と考える設計をしていけばよいように思います。日本の今のガバナンスは、外形面では十分な水準まで行き着いたのではないかと思います。今の典型的な取締役会というのは、事業に精通した業務執行取締役が一定数いて、取締役会が現場から乖離していない。そういった中で社外取締役も一定程度の存在感を持って、真面目に仕事をし、経営経験を踏まえた社外取締役が加わっている。執行側も社外取締役の意見を尊重して、その活用を進めようとしていて、取締役会の戦略的・大局的な観点での議論の必要性が広く共有されている。そうした実質を重視した取組みが進められていることが今回のガバナンスリサーチの結果から浮かび上がってきました。

　あとは方法論の知恵と工夫で、自社の取締役会の改革を自律的に進めていく上で、自社の今の経営環境、経営課題との関係で、取締役会がどのような役割を果たすべきなのか。そのような目的の関係と実務対応をいかに合理化して進めていくのか。取締役会が果たすべき職責は、たとえば創業者の方がいらっしゃる会社であったり、外国人株主比率が高い会社であったり、成長段階であったり、さまざまであるかと思います。他方で、多くの会社に共通して求められる取締役会の機能としては、重要な経営課題を取り上げて、戦略的・大局的な観点での議論の機会を創出し、経営の質向上に寄与することが中心になるのではないかと思います。今後は、そうした機能をいかに発揮していくか、それを考える上でもガバナンスリサーチのような取組みは有意義であろうかと思います。

　中川　皆様、本日は長時間にわたり充実したご議論をいただき、ありがとうございました。

実務家が語る取締役会のいまと今後の展望
──上場企業のコーポレートガバナンスに関する大規
　模実態調査を踏まえて

2024年5月31日　初版第1刷発行
2024年6月30日　初版第2刷発行

編 著 者　三菱UFJ信託銀行
　　　　　コーポレートガバナンス実務者研究会

発 行 者　石　川　雅　規

発 行 所　株式会社　商 事 法 務
　　　　　〒103-0027 東京都中央区日本橋 3-6-2
　　　　　TEL 03-6262-6756・FAX 03-6262-6804〔営業〕
　　　　　TEL 03-6262-6769〔編集〕
　　　　　https://www.shojihomu.co.jp/